Dieses Buch ist der unveränderte Reprint einer älteren Ausgabe.

Erschienen bei FISCHER Digital

Hedderichstr. 114, D-60596 Frankfurt am Main

Printed in Germany
ISBN 978-3-596-31591-8

Fischer

Weitere Informationen finden Sie auf
www.fischerverlage.de.

*Dr. Fitzhugh Dodson*

# Väter sind die besten Mütter

*Der umfassende Ratgeber für werdende, wißbegierige und glückliche Väter*

*Scherz*

*Ins Deutsche übersetzt und bearbeitet*
*von Ernst Gustaf Hauser*
*Titel der amerikanischen Originalausgabe:*
*«How to Father»*
*Erste Auflage 1975*

*Schutzumschlag von Contexta*

# Inhalt

# Einleitung

Noch vor fünfundzwanzig Jahren pflegte ein Vater seinen Sohn auf ein Leben vorzubereiten, das in ähnlichen Bahnen verlief wie sein eigenes. Heute ist das nicht mehr möglich, denn unsere Kultur verändert sich ständig mit ungeheurer Schnelligkeit. Soziologische Untersuchungen haben ergeben, daß von hundert Kindern, die heute in die Schule kommen, fünfzig später einmal Berufe ausüben werden, die es jetzt noch gar nicht gibt!

In dieser sich ständig weiterentwickelnden Welt haben sich auch die sozialen Verhaltensmuster und die Familienrollen gewandelt. Wenn früher Eltern, Lehrer, Beamte und ältere Leute kraft des Altersunterschiedes bei Jugendlichen als Respektspersonen galten, so sind sie für die heutigen Teenager gar nicht zwangsläufig Autoritäten.

Es zeigt sich in allen Erziehungsbereichen, daß ein Vater, der seine Aufgabe verantwortungsbewußt (und für sich selbst befriedigend) erfüllen möchte, seinen heranwachsenden Kindern gegenüber ein ganz anderes Vertrauensverhältnis herstellen muß, als er es früher als traditionelles Familienoberhaupt hatte.

Da heute die Kluft zwischen Eltern und Jugendlichen besonders kraß ist, habe ich die frühen und späten Jahre der Adoleszenz besonders ausführlich behandelt. Dieses Thema ist für den Vater wie auch für die Mutter von größter Wichtigkeit.

Zwar wird in diesem Buch hauptsächlich die Position des Vaters berücksichtigt, doch sollte es ebensosehr Hilfe und Leitfaden für die Mutter sein, denn auch sie muß die einzelnen Entwicklungsphasen ihres Kindes kennen.

In diesem Sinne ist das Buch für beide Eltern da, und ich hoffe und wünsche, daß es ihnen eine Hilfe sein wird.

# Die Aufgabe des Vaters 1

«Herzlichen Glückwunsch, Sie sind soeben Vater eines gesunden Babys geworden.»

Jeder Mann reagiert anders auf diese Worte, die für ihn den Beginn seiner Karriere als Vater bedeuten. Der eine ist ganz einfach glücklich; der andere macht sich Sorgen, ob er seiner Aufgabe gewachsen sein wird. Manche Männer haben sich schon viel mit Kindern beschäftigt, andere gar nicht.

Meine eigenen ersten Erfahrungen im Umgang mit Kindern machte ich als junger Gruppenleiter in einem Sommerlager für Kinder in West-Virginia, also lange Zeit bevor ich selbst Vater wurde. Damals unterstanden zehn quirlige, energiegeladene und wilde Jungen im Alter von fünf bis sieben Jahren meiner Aufsicht, und ich war weder erfahrungs- noch ausbildungsmäßig auf diese Aufgabe vorbereitet.

Ich hatte nicht die leiseste Ahnung von Kinderpsychologie. Wenn man mich aufgefordert hätte, den Unterschied zwischen einem fünf-, einem sechs- und einem siebenjährigen Jungen zu definieren, hätte ich kläglich versagt. Die psychologischen Methoden der Kindererziehung waren für mich ein Buch mit sieben Siegeln.

Die einzige halbwegs intelligente Maßnahme, die ich in jenen ersten Wochen im Lager befolgte, bestand darin, daß ich jeden Nachmittag mit den Kindern stundenlange Wanderungen unternahm. Die frische Luft und die körperliche Anstrengung boten wenigstens die Gewähr, daß die Kinder abends müde sein und sofort einschlafen würden.

Aber bald konnte ich das Gefühl, meiner Aufgabe hilflos gegenüberzustehen, nicht mehr ertragen, und so fuhr ich regelmäßig zur Universitätsbibliothek und verschlang alle Bücher über Kinderpsychologie, deren ich habhaft werden konnte. Die auf diese Weise gewonnenen Kenntnisse halfen mir, das Verhalten der Jungen besser zu begreifen und richtig darauf zu reagieren.

Wie ich aus langjähriger Erfahrung weiß, befinden sich die meisten jungen Eltern – und zwar beide Teile – in einer ähnlichen Lage wie ich damals. Sie verstehen nicht viel von Kindern. Die Mütter lernen allmählich einiges, und zwar meist aus ihren eigenen Fehlern. Die Väter haben nicht einmal diese magere Chance.

Und genau das ist es, was die Sache so tragisch macht.

Die Vaterschaft sollte eine zutiefst befriedigende Erfahrung sein. Es gibt kaum etwas, das für einen Mann emotional lohnender sein könnte als die Freude, seine Kinder von der Geburt an durch die einzelnen Entwicklungsstadien zu führen, bis sie eines Tages selbständig geworden sind.

Ein Kind ist ein vielfältiges Wesen. Sein Schädel enthält ungefähr zehn Milliarden Gehirnzellen. Das ist ein viel komplizierterer Apparat als der ausgeklügeltste Elektronenrechner. Aber wie kann ein Vater Freude und emotionale Befriedigung daran finden, einem so komplexen Lebewesen vom Tag der Geburt an bis zum Erwachsenenalter helfend zur Seite zu stehen, wenn niemand ihm sagt, was er tun soll? In unserer Gesellschaft wird der Mann nicht auf die Vaterschaft vorbereitet, ehe er tatsächlich Vater geworden ist. Und danach hat er kaum Gelegenheit, praktische Erfahrungen zu sammeln.

Unsere Zeit ist so vielen und abrupten Veränderungen unterworfen, daß es für einen Vater immer schwieriger wird, seine Rolle zu definieren und zu erfüllen.

## *Studieren geht über Probieren*

Niemand wird als guter Vater geboren. Es kostet viel Geduld, Nachdenken und Liebe, ein guter Vater zu werden. Aber es ist auch eine Frage des *Informiertseins!* Und deshalb ist es wichtig, so viel wie möglich über zwei grundsätzliche Themen zu lernen: Kinderpsychologie und pädagogische Methoden.

Jeder Vater, ob er sich dessen bewußt ist oder nicht, übt gleichzeitig die Funktion eines Kinderpsychologen aus. Er muß über die Psyche seiner Kinder Bescheid wissen, damit er sie anleiten und lenken kann. Wenn er nicht weiß, wie groß der psychologische Unterschied zwischen einem dreijährigen und einem vierjährigen Kind ist, wie kann er dann sein eigenes Kind in diesen beiden Lebensaltern angemessen und intelligent erziehen?

Informationen über pädagogische Methoden sind deshalb so notwendig, weil die Eltern die wichtigsten Lehrer sind, die ein Kind haben kann. Schon lange vor seinem ersten Schultag erhält das Kind Unterricht – von Ihnen und Ihrer Frau. Und auch wenn es dann zur Schule geht, wird es die «Lektionen», die seine Persönlichkeit prägen, zu Hause lernen.

Die moderne wissenschaftliche Forschung hat viel Material über die Psychologie des Kindes und erfolgreiche Erziehungsmethoden zusammengetragen. Jeder Mann, der ein guter Vater sein will, muß in ausreichendem Maße mit diesen Informationen vertraut sein.

Es ist nicht Sinn und Zweck dieses Buches, Sie dazu zu bringen, Ihr Kind noch mehr zu lieben, als Sie es bereits tun. Wenn Sie Ihr Kind nicht lieb hätten, würden Sie sich ja erst gar nicht die Mühe machen, diese Zeilen zu lesen. Aber Sie müssen zwischen der Liebe zu Ihrem Kind und den Informationen, die Sie befähigen, es liebevoll zu lenken und zu erziehen, unterscheiden können.

An dieser Stelle erscheint es mir angebracht, ein paar Worte zum Thema elterlicher Schuldgefühle zu sagen. Leider haben nur allzu viele Bücher über Kindererziehung die Wirkung, in den Eltern Schuldgefühle und Zweifel zu wecken, ob sie wirklich alles tun, was sie tun sollten, und ob sie es richtig tun. Das möchte ich auf jeden Fall vermeiden. Es könnte aber sein, daß Sie nach der Lektüre dieses Buches denken: «Na, als Martin jünger war, habe ich ziemlichen Mist gemacht. Ich erinnere mich sehr gut, wie ich ihn damals behandelt habe, und hier steht, daß ich es ganz anders hätte machen sollen.» Und dann plagen Sie sich vielleicht mit Vorwürfen ab und belasten sich mit Schuldgefühlen.

Bitte tun Sie das nicht. Schuldgefühle helfen Ihnen keineswegs, ein besserer Vater zu werden. Es ist grundfalsch, Eltern wegen der Fehler, die sie begangen haben oder begehen, Vorwürfe zu machen. Jedes Elternpaar sollte von sich selbst den Eindruck haben, daß es sein möglichstes tut, um seine Kinder gut und richtig zu erziehen. Wenn man die Tatsache berücksichtigt, daß die meisten von uns ihre Elternrollen völlig unvorbereitet übernehmen, muß man zugeben, daß wir unsere Sache recht ordentlich machen.

Wenn wir darangehen, etwas Neues zu lernen, machen wir zuerst Fehler – eine Unmenge von Fehlern, aus denen wir dann lernen. Kein Mensch entwickelt Schuldgefühle, wenn er nach der dritten Golfstunde noch nicht so gut spielen kann wie der Trainer. Ebensowenig brauchen Sie sich wegen der Fehler Vorwürfe zu machen, die Sie begehen, wenn Sie lernen, ein guter Vater oder eine gute Mutter zu werden. Ich selbst habe bei der Erziehung meiner drei Kinder Tausende von Fehlern gemacht. Und das ist ein weiterer Grund, der mich bewogen hat, dieses Buch zu schreiben – damit Sie zumindest einige meiner Mißgriffe vermeiden können.

Ich habe mich bemüht, Ihnen möglichst viele Vorschläge zu unterbreiten, wie Sie die Beziehung zwischen Ihnen und Ihrem Kind bereichern und vertiefen können. Die Entscheidung, welche dieser Vorschläge am besten zu Ihrer eigenen Art passen und daher für Sie richtig sind, ist ganz und gar Ihre Sache, und wenn Sie einen Teil davon ablehnen, brauchen Sie sich deswegen keine Vorwürfe zu machen. Es kommt nicht darauf an, wieviel Zeit Sie Ihrem Kind widmen, sondern nur darauf, wie Sie diese Stunden ausfüllen.

*Der werdende Vater*

Ihre Rolle als Vater beginnt bereits in dem Augenblick, in dem Ihre Frau mit Sicherheit weiß, daß sie schwanger ist. In den neun Monaten bis zur Geburt des Kindes spielen sich in ihrem Körper viele physiologische Veränderungen ab, die auch drastische psychische Auswirkungen haben können. Sie wird vielleicht mürrisch oder launisch, verlangt plötzlich die unmöglichsten Dinge oder bricht wegen der geringsten Kleinigkeit oder aus keinem ersichtlichen Grund in Tränen aus. All das ist für Sie sehr verwirrend und macht Sie unsicher. Sie müssen sich jedoch darüber im klaren sein, daß derartige Reaktionen bei einer Schwangeren nichts Ungewöhnliches sind. Üben Sie Nachsicht und bedenken Sie, daß eine werdende Mutter sich anders verhält als eine Frau, die nicht schwanger ist.

Für einen jungen Ehemann, dessen Frau schon kurz nach der Hochzeit schwanger wird, ist es ganz besonders wichtig, über diese psychologischen Veränderungen Bescheid zu wissen. Es kommt oft genug vor, daß ein frischgebackener Ehemann, der mit den für ihn unverständlichen und bestürzenden Reaktionen seiner schwangeren Frau konfrontiert wird, sich sagt: «So ist das also, wenn man verheiratet ist. Hätte ich mich doch bloß nicht darauf eingelassen.» Er überlegt sich nicht, daß er ja gar nicht weiß, wie seine Frau sich normalerweise in der Ehe verhalten würde; er sieht nur, wie sie sich als *Schwangere* verhält.

Also seien Sie geduldig und verständnisvoll und trösten Sie Ihre Frau, wenn sie irgendwelche Ängste oder Beschwerden hat.

Aber es genügt nicht, wenn Sie sich nur mit den psychologischen Aspekten der Vaterschaft vertraut machen. Sie sollten auch über einige praktische Seiten Ihrer neuen Rolle Bescheid wissen – zum Beispiel wie man ein Baby hält und wickelt. Deshalb wäre es vorteilhaft, wenn Sie einen Säuglingspflegekurs mitmachen würden. Bei der Versorgung des Babys kann der Vater ausgezeichnet mithelfen, denn dem Baby ist es völlig gleichgültig, wer ihm das Fläschchen gibt oder wer es badet.

Gewisse Aufgaben kann aber nur der Vater bzw. nur die Mutter erfüllen, denn die Geschlechter sind ja nicht auswechselbar. Ein Kind braucht ein Modell für weibliches und ein Modell für männliches Verhalten, und kein Elternteil kann beide Rollen übernehmen. Manche Aspekte der Elternschaft haben für beide Eltern Gültigkeit, aber für bestimmte Bereiche ist einzig und allein der Vater zuständig, und wenn er seine Rolle nicht erfüllt, kann seine Frau ihn nicht ersetzen, auch wenn sie eine noch so gute Mutter ist.

Und jetzt wenden wir uns der ersten Phase der psychologischen Entwicklung Ihres Kindes und der Rolle zu, die Sie dabei spielen: Das folgende Kapitel befaßt sich mit dem Säuglingsalter.

# Das Säuglingsalter 2

*(die ersten zwölf Monate)*

Wie ein Mann auf die Geburt seines Kindes reagiert, hängt unter anderem von seinen Kindheitserfahrungen und von der Beziehung zu seinen eigenen Eltern ab. Es ist nicht nur so, daß der Begriff der Vaterschaft für jeden Mann eine andere Bedeutung hat, sondern auch das Ausmaß, in dem er sich dieser Bedeutung bewußt wird, ist individuell verschieden. Mit anderen Worten: Es ist durchaus möglich, daß Ihnen einige Ihrer Reaktionen gar nicht bewußt werden. Ich möchte Ihnen hier ein ganz typisches Beispiel dafür geben.

Sobald Mutter und Kind aus der Klinik nach Hause kommen, wird der Mann mit drastischen Veränderungen konfrontiert. Bisher hatte seine Frau ihre ganze Liebe und Aufmerksamkeit ausschließlich auf ihn konzentriert. Jetzt muß er feststellen, daß sie einen großen Teil ihrer Zeit dem Neuankömmling widmet. Und plötzlich ist er im Unterbewußtsein nicht mehr der Ehemann seiner Frau und der Vater seines Kindes. Statt dessen werden seine Gefühle in die eigene Kindheit zurückprojiziert. Seine Frau ist für ihn jetzt die Mutter und das Baby ein jüngerer Bruder oder eine jüngere Schwester. Selbstverständlich ist es dem Mann gar nicht klar, daß er solche Gefühle hat, denn sie existieren ja nur in seinem Unterbewußtsein. Trotzdem bewirken sie Veränderungen in seinem Verhalten als Vater. Er stellt keine normale Vater-Kind-Beziehung her, sondern betrachtet das Baby unbewußt als Rivalen. Er wirft seiner Frau vor, daß sie zuviel Zeit mit dem Baby verbringt, und bald gibt es ständig Streit oder Reibereien. Seine ratlose und verdutzte Frau fragt sich, weshalb ihre Ehe von Tag zu Tag schlechter wird.

Hier ein Fall aus meiner Praxis: Ein junger Rechtsanwalt war ein paar Jahre lang glücklich verheiratet gewesen, bevor sein erstes Kind, ein Mädchen, geboren wurde. Danach wurde die häusliche Atmosphäre zusehends unerfreulicher, und schließlich kam er mit seiner Frau zu mir. Unsere Gespräche halfen ihm zu erkennen, daß die Geburt seiner Tochter das ins Unterbewußtsein verdrängte Ressentiment gegen die Geburt seiner eigenen Schwester wiedererweckt hatte. Er war damals auf seine Schwester eifersüchtig gewesen, weil sie ihm die Liebe seiner Eltern streitig zu machen schien. Sobald er sich dieser Reaktion voll bewußt war, konnte er zu seiner kleinen Tochter eine normale Beziehung herstellen und betrachtete sie nicht mehr als Double oder als Ersatzperson für die einstmals verhaßte Schwester.

Wenn Sie sich also darüber ärgern, daß Ihre Frau so viel Zeit mit dem Kind verbringt, oder wenn es Ihnen schwerfällt, ein echtes Interesse an Ihrem Kind aufzubringen, sollten Sie darüber nachdenken, ob die Geburt Ihres Kindes vielleicht in Ihrem Unterbewußtsein Gefühle aktiviert hat, die Sie als Kind bei der Geburt eines Bruders oder einer Schwester empfunden haben. Solche Gefühle werden von Kindern aber sehr oft verdrängt, weil sie bei den Erwachsenen, deren Liebe das Kind ja braucht, eine negative Reaktion auslösen.

Viele Väter halten sich von ihren Babys fern, weil sie im tiefsten Innern das Gefühl haben, es sei unmännlich, einen Säugling in den Armen zu halten. Dieses Gefühl ist natürlich falsch. Ein Mann sollte sich in der Gegenwart seines Babys niemals unsicher oder verkrampft fühlen. Tatsächlich sind es gerade die selbstsicheren Väter, die sich mit Vergnügen und ohne jede Scheu mit ihren Babys beschäftigen.

Vielleicht ist der Vater aber nur deshalb so zurückhaltend, weil er nicht weiß, wie er mit dem Baby umgehen soll, eine ganz normale Reaktion, wenn man darangeht, etwas Neues zu lernen, und die meisten jungen Väter wissen nur sehr wenig darüber, wie man ein Baby zu behandeln hat. Aber diese anfängliche Ungeschicklichkeit und Zaghaftigkeit ist stets schnell überwunden.

Vermeiden Sie den Fehler, den so viele Väter machen: Warten Sie nicht ab, bis das Kind älter ist, bevor Sie sich mit ihm beschäftigen, sondern fangen Sie gleich nach der Geburt damit an. Man kann einfach kein starkes Gefühl für ein Kind entwickeln, mit dem man niemals einen engen körperlichen Kontakt hatte, das man nie in den Armen gehalten, gefüttert oder gebadet hat.

Das bedeutet natürlich nicht, daß Sie, sobald Sie von der Arbeit nach Hause gekommen sind, sämtliche Mutterpflichten übernehmen sollen. Aber ab und zu sollten Sie doch Ihr Baby versorgen und es füttern, wickeln oder baden.

In den ersten Monaten brauchen Sie sich sowieso nicht allzulange mit dem Baby zu beschäftigen, da es die meiste Zeit schläft. Aber der Kontakt mit dem Säugling bedeutet für Sie selbst sehr viel, denn er trägt ganz wesentlich zur Entwicklung einer engen emotionalen Beziehung bei. Verschieben Sie Ihre Vaterschaft nicht, bis das Kind älter ist und laufen oder sprechen gelernt hat, sondern schließen Sie sofort Freundschaft mit ihm. Nehmen Sie das winzige Bündelchen ruhig hoch – es ist ganz bestimmt nicht zerbrechlich. Füttern Sie es, reden Sie mit ihm, halten Sie es im Arm und spielen Sie mit ihm.

Es ist sehr wichtig, daß Sie so früh wie möglich eine gute Beziehung zu Ihrem Kind herstellen, denn *die ersten fünf Jahre seines Lebens sind auch die bedeutsamsten.*

Im Alter von sechs Jahren ist das Persönlichkeitsbild des Kindes in den Grundzügen fertig entwickelt, und von der Art dieser Entwicklung hängt in hohem Grade ab, wie seine Adoleszenz und sein Leben als Erwachsener verlaufen wird, was für einen Ehepartner es einmal wählen und wie glücklich und dauerhaft seine Ehe sein wird.

Die ersten fünf Jahre sind jedoch nicht nur für das emotionale, sondern auch für das intellektuelle Wachstum des Kindes von entscheidender Bedeutung. Im Alter von vier Jahren ist seine Intelligenz zu etwa fünfzig Prozent entwickelt, weitere dreißig Prozent folgen im Alter von ungefähr acht Jahren, die restlichen zwanzig Prozent im Alter von siebzehn Jahren.

Von diesen fünf bedeutsamen Jahren ist eins ganz besonders wichtig, und zwar das erste.

Warum ist das so? Weil der entscheidende Faktor bei der Formierung der Persönlichkeit des Kindes sein Selbstverständnis ist, dessen Grundlagen im wesentlichen im ersten Lebensjahr entwickelt werden.

Das Selbstverständnis ist der Begriff, den das Kind von sich selbst hat. Von ihm hängt es ab, ob das Kind Selbstvertrauen hat oder an sich selbst zweifelt, ob es kontaktfreudig oder in sich selbst zurückgezogen ist, ob es Durchsetzvermögen hat oder furchtsam zaudert. Das Selbstverständnis des Kindes bestimmt ferner seine Einstellung zur Umwelt. Es ist der ausschlaggebende Faktor bei der Entwicklung der Persönlichkeit Ihres Kindes, und deshalb sollten Sie darüber Bescheid wissen.

Das Selbstverständnis ist keine angeborene Eigenschaft oder Fähigkeit, sondern muß vom Kind erlernt werden, und zwar in erster Linie von den Eltern und in geringem Maß von seinen Geschwistern. Es beginnt diesen Lernprozeß praktisch am ersten Tag seines Lebens.

Das Säuglingsalter umfaßt ungefähr das erste Lebensjahr, also die Zeit, ehe das Kind laufen kann. In diesem ersten Entwicklungsstadium erwirbt das Kind seine grundsätzliche Lebenseinstellung, d. h. seine fundamentalen Gefühle dafür, was es bedeutet, am Leben zu sein. Es entwickelt entweder eine vertrauensvolle, glückliche Grundeinstellung oder eine Neigung zu Mißtrauen und Unglücklichsein.

Es ist Ihre Pflicht, dem Baby zu helfen, Vertrauen zu sich selbst und zu seiner Umwelt zu entwickeln; ob es das kann, hängt ganz von der Atmosphäre ab, die Sie und Ihre Frau für es schaffen. Wenn Sie die Grundbedürfnisse Ihres Babys erfüllen, wird es sich geborgen fühlen und voller Selbstvertrauen alle seine Fähigkeiten entfalten können.

## *Emotionale Grundbedürfnisse oder Das Märchen vom «verzogenen» Kind*

Beginnen wir mit den emotionalen Bedürfnissen des Babys, die in diesem Stadium vielfach mit physischen Bedürfnissen gekoppelt sind, zum Beispiel Hunger, Wärme, Schlaf, Ausscheidungen, Liebkosungen, eine enge Bindung an Vater und Mutter.

1. *Hunger.* Die Befriedigung dieses Bedürfnisses ist wahrscheinlich das wichtigste. Wenn Ihre Frau das Baby stillt, es aber zwischen den Brustmahlzeiten Hunger hat, können Sie ihm ab und zu das Fläschchen geben. Ist es ein Flaschenkind, können Sie es ebensogut füttern wie Ihre Frau. Zuerst kommt es Ihnen vielleicht ein bißchen seltsam vor, das Baby im Arm zu halten, es zu füttern und aufstoßen zu lassen, aber schon nach kurzer Zeit fühlen Sie sich sicherer, und dann macht es Ihnen auch Freude. Es gibt nichts, was Ihre Vaterliebe stärker ankurbeln könnte, als das winzige Menschlein im Arm zu halten und dafür zu sorgen, daß es nicht mehr vom Hunger geplagt wird.

Ich hoffe sehr, daß Sie und Ihre Frau sich entschlossen haben, das Baby nach Bedarf und nicht nach einem festen Zeitplan zu füttern. Ersteres bedeutet, daß Sie die Individualität Ihres Kindes vom ersten Tag an respektieren. Jedes Baby ist einzigartig und hat seine eigene innere Uhr, die anzeigt, wann es Hunger hat. Eine äußere Uhr, d. h. ein Zeitplan, ist grundsätzlich falsch, denn das Baby hat ja nicht immer um die gleiche Zeit Hunger. Es ist für das Kind viel besser, wenn es selbst durch sein Geschrei anzeigen darf, daß es hungrig ist, denn das vermittelt ihm das beruhigende Gefühl, daß es in einer sicheren und angenehmen Welt lebt, in der es sofort getröstet wird, wenn es unter Hungerqualen leidet.

2. *Wärme.* Auf dieses Thema brauche ich nicht näher einzugehen, denn praktisch alle Eltern achten darauf, daß das Kind sich nicht erkältet.

3. *Schlaf.* Dieses Bedürfnis kann das Baby selbst stillen. Es schläft ein, wenn es müde ist, und wacht auf, wenn es genug geschlafen hat.

Unglücklicherweise richtet sich das Schlafmuster des Babys

nicht nach dem der Erwachsenen, und so kommt es, daß in diesem Stadium der Schlaf der Eltern häufig gestört wird. Manche Babys schlafen schon sehr bald die ganze Nacht durch, bei anderen dauert es Monate, bis sie soweit sind.

In den meisten Fällen ist es leider so, daß das Baby mitten in der Nacht aufwacht und schreit, und zwar nicht, weil es Hunger hat, denn es weigert sich zu trinken. Vielleicht hat es Magenschmerzen oder Blähungen, und da nützt es gar nichts, wenn Sie es auf den Arm nehmen und zu trösten versuchen. Es schreit und schreit, auch wenn Sie und Ihre Frau alles tun, um es zu beruhigen, damit Sie endlich wieder ins Bett gehen können.

In einer solchen Situation werden Sie die Entdeckung machen, daß die Zivilisation nur eine hauchdünne Tünche ist, unter der ein primitives und brutales Selbst lauert. Sie kochen vor Wut und verspüren vielleicht den überwältigenden Wunsch, das liebe Kind kräftig zu schütteln, zu schlagen oder es anzuschreien: «Ruhe! Kapierst du denn nicht, daß ich meinen Schlaf brauche, wenn ich morgen meine Arbeit halbwegs anständig erledigen will?» Viele Eltern schämen sich dieser Gefühlsaufwallungen, denn wer ist schon auf solche Kalamitäten vorbereitet. Beruhigen Sie sich, es ist ganz normal, solche Gefühle zu haben. Sollten Sie aber tatsächlich die Beherrschung verlieren und das Baby schlagen, dann brauchen Sie die Hilfe eines Psychologen. Gegen einen gesunden, soliden Wutanfall ist nichts einzuwenden, aber Sie dürfen sich niemals und unter keinen Umständen zu Tätlichkeiten hinreißen lassen.

4. *Körperliche Ausscheidungen.* Damit werden Sie in diesem Stadium keine Probleme haben, es sei denn, Sie machen den Fehler, das Baby im ersten Lebensjahr zur Sauberkeit erziehen zu wollen. Im allgemeinen kann ein Kind erst im Alter von zwei Jahren die Schließmuskeln von Blase und After willkürlich steuern, also warten Sie lieber bis dahin.

5. *Liebkosungen* vermitteln dem Baby das Gefühl, daß es geliebt wird. Ein Baby muß Liebe körperlich spüren. Nehmen Sie es daher auf den Arm, drücken Sie es zärtlich an sich, schaukeln Sie es hin und her, sprechen Sie mit ihm, oder singen Sie ihm etwas vor.

In den meisten Fällen schreit das Baby, weil es Hunger hat. Aber manchmal schreit es auch, weil es sich einsam fühlt und gern aus dem Bettchen genommen werden möchte. Achten Sie darauf, wie das Geschrei Ihres Babys klingt. Sie werden bald ein Gefühl dafür entwickeln, was es damit ausdrücken will.

In diesem Zusammenhang möchte ich auf einen Punkt zu sprechen kommen, der für viele Eltern ein Schreckgespenst ist: die Furcht, sie könnten ihr Baby zu sehr verhätscheln oder «verziehen», wenn sie ihm zuviel Aufmerksamkeit schenken.

Das ist totaler Unsinn. Man kann ein Baby nicht «verziehen». Spielen Sie ruhig mit ihm, wann immer Sie dazu Lust haben, schäkern Sie nach Herzenslust mit ihm und seien Sie gewiß, daß es dadurch ganz bestimmt kein verzogener Fratz wird. Im Gegenteil: durch dieses Verhalten vermitteln Sie dem Baby ein tiefes und festverwurzeltes Gefühl, daß es geliebt wird, und das wiederum hilft ihm, ein gesundes Selbstverständnis zu entwickeln. Das Beste, was Sie für Ihr Baby tun können, ist die Befriedigung seiner Grundbedürfnisse. Enttäuschen Sie seine Erwartungen so selten wie möglich, denn seine Eigenpersönlichkeit ist noch so schwach ausgeprägt und unreif, daß es nicht fähig ist, viele Enttäuschungen zu verkraften. Es wird im späteren Leben noch oft genug mit Frustrationen fertig werden müssen.

Die Bezeichnung «verzogen» ist also für ein Baby ganz und gar unpassend. Ein achtjähriges Kind, das immer seinen Kopf durchsetzen will, bei jedem Nein zornig schreit und sich generell benimmt, als ob es der Nabel der Welt sei, kann mit Recht ein verzogener, infantiler Fratz genannt werden. Aber ein Baby *ist* infantil, und wir sollten ihm das Recht zugestehen, sich seinem Alter entsprechend zu verhalten.

Versuchen Sie nicht, nachzuahmen, wie Ihre Frau das Baby liebkost oder mit ihm spielt. Tun Sie es lieber auf Ihre Art, und wenn Sie keine Wiegenlieder mögen, dann singen Sie etwas anderes, dem Baby ist es sowieso egal, es will nur unterhalten werden. Spielen Sie mit ihm, wie es Ihrer eigenen Natur entspricht, tun Sie genau das, was Sie für richtig halten. Wenn immer mehr Väter sich unbeschwert an ihren Babys erfreuen, dann steigen auch die Chancen, daß die Männer sich allmählich von einem alten Tabu befreien und die bisher nur allzuoft unterdrückte sanfte und zärtliche Seite ihres Wesens ohne Scheu zeigen.

6. *Enge Bindung an Vater und Mutter.* Verständlicherweise hat ein Baby in der Regel eine stärkere Bindung an die Mutter, denn sie verbringt mehr Zeit mit ihm als der Vater. Aber das Baby braucht auch eine enge Beziehung zum Vater, und zwar schon in den ersten Lebensmonaten. Andernfalls haben Sie sowohl sich selbst als auch das Kind um etwas sehr Wichtiges und Schönes gebracht. Natürlich wäre es falsch, eine solche Bindung zu forcieren; sie muß allmählich wachsen, und wenn Sie das Baby ab und zu füttern oder baden, es auf den Arm nehmen oder mit ihm spielen, wird sich von ganz allein eine starke emotionale Bindung zwischen Ihnen und Ihrem Kind entwickeln.

### *Intellektuelle Grundbedürfnisse oder Schon das Baby braucht Anregung*

Früher nahm man an, daß jedes Kind bei der Geburt mit einem bestimmten Quantum an Intelligenz ausgestattet sei, das sich dann im Laufe der Zeit entwickelt. Neuere Untersuchungen haben ergeben, daß diese Ansicht falsch ist. Heute wissen wir, daß jedes Baby bei der Geburt sein maximales Intelligenzpotential besitzt, dessen Niveau individuell verschieden ist. Ob ein Kind aber sein Intelligenzpotential voll entwickeln kann, hängt in hohem Maß davon ab, wieviel sensorische und intellektuelle Stimulation es in den ersten fünf Lebensjahren empfängt.

Solche Impulse werden natürlich von der Umwelt geliefert, und deshalb spielt auch der Vater bei der sensorischen und intellektuellen Entwicklung des Babys eine wichtige Rolle. Für den Anfang brauchen Sie nur eine einfache Regel zu befolgen: Wenn Sie das Baby wickeln oder baden, sprechen Sie zu ihm oder singen Sie ihm etwas vor. Versäumen Sie keine Gelegenheit, eine Kommunikation mit ihm herzustellen. Immer wenn

Sie sich mit dem Baby beschäftigen, ob Sie es nun schaukeln, mit ihm spielen, es durch drollige Geräusche aufmerksam machen oder sonst etwas tun, liefern Sie ihm eine sensorische Stimulation, die seine intellektuelle Entwicklung fördert. Aber betrachten Sie das Spiel mit dem Baby nicht als Pflichtübung, sondern als vergnüglichen Zeitvertreib. Auf diese Art und Weise werden Sie das Zusammensein mit dem Baby genießen, und es wird Sie stets voller Entzücken begrüßen.

Beginnt das Baby nach Gegenständen zu greifen und sie festzuhalten, geben Sie ihm nur solche Dinge, die es gefahrlos anfassen und mit dem Mund untersuchen kann. Da es alles, was es in die Hände bekommt, in den Mund steckt, müssen Sie darauf achten, ihm nur Gegenstände zu geben, die es nicht verschlucken kann. Eine alte Faustregel lautet: Je kleiner das Kind ist, desto größer muß das Spielzeug sein.

## *Erziehen Sie Ihr Baby beim Spiel*

Jede sensorische Stimulation ermuntert das Baby, mehr über die Welt, in der es lebt, zu lernen. Sie fördert sein intellektuelles Bedürfnis, die Umwelt zu erforschen und zu begreifen, oder wie der Schweizer Psychologe Piaget es formulierte: «Je mehr das Kind sieht und hört, desto mehr will es sehen und hören.»

Analog dazu gilt für den Vater, daß jeder Kontakt mit dem Baby für ihn um so beglückender ist, je besser er mit dessen Entwicklungsstadium vertraut ist. Welcher Vater kennt schon den Unterschied zwischen einem sechs und einem neun Monate alten Baby? Also informieren Sie sich so umfassend wie nur möglich, denn je mehr Sie wissen, desto verständnisvoller können Sie sein intellektuelles Wachstum verfolgen.

Wenn das Baby neun Monate alt ist, hat es bereits eine enorme Etappe in seiner Entwicklung zurückgelegt. Jetzt können Sie anfangen, das Spiel mit ihm so zu gestalten, daß es dadurch geistig angeregt und gefördert wird.

Die erste Stufe ist das Namenspiel. Sprechen Sie dem Baby einzelne Wörter vor, und zeigen Sie ihm gleichzeitig die Gegenstände, die durch diese Wörter identifiziert werden. Geben Sie ihm einen Löffel in die Hand und sagen Sie deutlich «Löffel». Wenn Sie es mit geschabtem Obst füttern, nennen Sie den Namen der Frucht. Wenn Sie es baden, plätschern Sie ein bißchen mit dem Wasser und sagen Sie dabei «Wasser».

In diesem Alter wird das Baby nur passiv registrieren, was Sie zu ihm sagen. Erst wenn seine Sprechfähigkeit besser entwickelt ist, wird es das Wort wiederholen, und noch später wird es den Namen eines Objekts sagen, wenn Sie darauf deuten. Aber Sie sollten sich immer der Tatsache bewußt sein, daß ein neun Monate altes Baby alles, was es hört, in seinem Gehirn speichert, wodurch sowohl die Entwicklung der Sprache als auch das intellektuelle Wachstum ganz wesentlich gefördert werden.

Lassen Sie uns hier kurz wiederholen, was das Baby in seinem ersten Lebensjahr gelernt hat.

Wenn es nach Bedarf gefüttert worden ist, hat es gelernt, seiner Umwelt gegenüber eine vertrauensvolle Grundeinstellung zu entwickeln. Es hat die Erfahrung gemacht, daß seine körperlichen Bedürfnisse zuverlässig befriedigt werden.

Wenn es von seinen Eltern oft geliebkost und zärtlich im Arm gehalten wurde, hat es gelernt, daß es von ihnen zur Kenntnis genommen und geliebt wird.

Wenn die Eltern sein Geschrei als Kommunikationsmittel für eine wichtige Nachricht aufgefaßt haben, wird sein Vertrauen zur Umwelt weiter gefestigt.

Wenn es durch die Kontakte mit den Eltern eine befriedigende emotionale Beziehung zu ihnen herstellen konnte, wird es auch in seinem späteren Leben fähig sein, zu anderen Menschen gute emotionale Beziehungen herzustellen.

Wenn die Eltern in ausreichendem Maß auf die sensorische und intellektuelle Stimulierung ihres Kindes bedacht waren, betrachtet es die Umwelt als einen faszinierenden Ort und nicht als ein fades und langweiliges Gefängnis.

Wenn also alle diese Voraussetzungen erfüllt sind, hat das

Baby am Ende des ersten Lebensjahres sowohl sich selbst als auch der Umwelt gegenüber eine vertrauensvolle und optimistische Grundeinstellung entwickelt. Damit hat es die bestmögliche Ausgangsposition für das nächste Entwicklungsstadium, das Kleinkindalter, erreicht.

Haben Sie die von mir in diesem Kapitel erteilten Ratschläge befolgt, ist Ihr Baby für Sie kein fremdes Wesen mehr, wenn es nun den Übergang in das neue Entwicklungsstadium vollzieht. Es ist für Sie jemand, der Ihnen sehr nahesteht und der Ihnen unendlich vertraut ist. Es wird im wahrsten Sinne des Wortes *Ihr Kind* sein, und das Kind weiß, daß Sie sein Vater sind, und genauso sollte es sein.

# Das Kleinkindalter 3

*(das zweite Lebensjahr)*

Sobald das Kind gelernt hat, auf seinen eigenen zwei Beinen zu stehen, ist es kein Säugling mehr, sondern ein Kleinkind. Dieses neue Stadium kann man mit einem einzigen Satz charakterisieren: Es ist *die Phase des Forschungstriebs.* Mit einem überwältigenden und nie nachlassenden Enthusiasmus, mit dem kein noch so von seiner Arbeit begeisterter Wissenschaftler konkurrieren könnte, geht das Kind daran, seine Umwelt zu erforschen, und es wird sich sehr bald zu einem Kenner insbesondere der Unterseite aller Gegenstände entwickeln, die es begutachtet.

In diesem Stadium hat der Vater es entschieden leichter als die Mutter. Sie muß den ganzen Tag hinter dem Kind her sein und kann nur erschöpft seufzen: «Vor diesem Kind ist buchstäblich nichts sicher!» Der Vater bekommt die Auswirkungen des Forschungstriebs nur in kleinen Dosen zu spüren, insbesondere wenn er irgendeine Arbeit vorhat und das Kind ihn ständig stört oder in einem unbewachten Moment wieder auf die Reise geht. Aber wenn der Vater Zeit hat, mit dem Kind zu spielen oder zu beobachten, was es alles mit seinem Lieblingsspielzeug anstellt, wird ihm das sehr viel Spaß machen.

## *Die Erforschung der Umwelt*

Im Säuglingsalter hat das Kind gelernt, seine Umwelt entweder vertrauensvoll oder mißtrauisch zu betrachten, und jetzt lernt es, entweder Selbstvertrauen oder Selbstzweifel zu entwickeln.

Aber um ein gesundes Selbstvertrauen entwickeln zu können, braucht das Kind Ihre Hilfe.

Das Selbstvertrauen entwickelt sich parallel zu der wachsenden Bewegungsfreiheit. Das Kind lernt, durch den richtigen Gebrauch der Muskeln seinen Körper zu beherrschen, d. h. es lernt zu krabbeln, zu laufen, zu springen und zu klettern. Es lernt mit Puppen, Stofftieren und allen möglichen anderen Spielsachen umzugehen, es untersucht begeistert alle Möglichkeiten, die Wasser, Sand und – leider – Abfälle bieten. Es spielt mit Ihnen und mit seiner Mutter und stellt die ersten sozialen Kontakte her; es brabbelt ständig vor sich hin und versucht, seine wachsende Sprechfähigkeit an neuen Lauten zu erproben; es schleppt Bücher an und genießt es, wenn man ihm vorliest. Wenn es bei all diesen Aktivitäten gefördert und ermutigt wird, kann es ein gesundes Selbstvertrauen entwickeln.

Die Folge davon ist eine neue Facette in seinem Selbstverständnis, denn das Kind hat das Gefühl, eine eigenständige Persönlichkeit und fähig zu sein, viele neue Dinge erfolgreich auszuprobieren; es macht ihm Spaß, laufend neue Entdeckungen zu machen und zu wissen, daß die Eltern auf seine Unternehmungen positiv reagieren.

Eine Voraussetzung für diese glückliche Entwicklung ist allerdings, daß die Eltern dem Kind eine geeignete Umgebung bieten und wertvolle und zerbrechliche Gegenstände aus seiner Reichweite entfernen. Leider gibt es immer noch Eltern, die das nicht tun und jedesmal, wenn das Kind irgendein empfindliches Objekt untersuchen will, «nein-nein» sagen und ihm einen Klaps auf die Finger geben. Sie sind sich nicht im klaren darüber, daß sie auf diese Weise sein Selbstvertrauen unterminieren, seine Selbstzweifel nähren und seine Neugier auf die Umwelt, die ja das Hauptmotiv für seinen Lernhunger ist, ersticken.

Ein Kind, das so behandelt wird, entwickelt ein Gefühl des Unwerts. Es lernt, daß es unrecht und falsch ist, neue Dinge auszuprobieren und die Umwelt zu erforschen, denn sobald es etwas berühren und untersuchen will, sagen die Eltern «nein-nein». Also glaubt es, daß seine Neugier etwas Schlechtes ist, und daß es selbst auch schlecht sein muß, wenn seine Wünsche und Aktivitäten immer wieder negative Reaktionen auslösen.

Ich hoffe sehr, daß Sie es vorziehen, Wohnung und Garten dem Kind anzupassen, statt von ihm zu erwarten, daß es sich einer Umgebung anpaßt, die nur für Erwachsene geeignet ist. Es sollte die Möglichkeit haben, sich frei in Haus und Garten zu bewegen, ohne dabei Gefahr zu laufen, sich zu verletzen oder irgend etwas zu beschädigen. Räumen Sie also wertvolle und zerbrechliche Gegenstände weg, oder stellen Sie sie an einen Platz, wo das Kind sie nicht erreichen kann. Wenn es älter geworden ist, können Sie den alten Zustand der Wohnung ja wiederherstellen.

Sorgen Sie auch dafür, daß alles, was dem Kind bei seinen Exkursionen gefährlich werden könnte, gut abgesichert ist (Steckdosen, Stehlampen, Kabel usw.). Wie entsprechende Untersuchungen gezeigt haben, könnten zwischen fünfzig und neunzig Prozent aller Unfälle, bei denen Kleinkinder schwer verletzt oder getötet werden, durch geeignete Vorsichtsmaßnahmen vermieden werden.

In diesem Alter hat das Kind natürlich noch kein Urteils- und Unterscheidungsvermögen. Sie dürfen es daher nicht aus den Augen lassen. Besonders gefährlich ist es, wenn das Kind im Hobbyraum oder in der Garage unbeaufsichtigt auf Forschungstour gehen und die Werkzeuge untersuchen kann.

Das einjährige Kind verfügt über eine schier unerschöpfliche körperliche Energie. Es braucht daher Spielzeug, an dem es seine überschüssige Kraft abreagieren und gleichzeitig seine Muskeln stärken kann. Aber lassen Sie es nicht allein im Sandkasten spielen oder irgendwo herumklettern. Erstens macht es ihm Spaß, einen Spielgefährten zu haben, und zweitens ist es zu gefährlich. Ein herrliches Vergnügen ist natürlich ein Ausflug zu einem Kinderspielplatz, wo ein Klettergestell und eine Rutschbahn vorhanden sind. Selbstverständlich gibt es auch Spiele, bei denen das Kind nicht unter Aufsicht sein muß. Wenn es erst einmal in die Welt seiner Phantasie versunken ist, kann es sich relativ lange Zeit ausgezeichnet mit sich selbst amüsieren.

Gelegentlich gerät das Kind, insbesondere wenn es ein Junge

ist, durch seinen Unternehmungsgeist in Situationen, welche die Mutter in Angst und Schrecken versetzen. Es ist gut und richtig, daß jede Mutter darauf bedacht ist, ihr Kind vor Verletzungen zu bewahren. Aber sehr oft ist die Mutter überängstlich, und das kann dazu führen, daß das Kind allmählich sein Selbstvertrauen verliert. In solchen Fällen ist es gerade für einen kleinen Jungen gut, wenn der Vater in der Nähe ist. Auch die beste Mutter kann die Abenteuerlust und die Aggressivität ihres kleinen Sohnes nicht immer richtig begreifen und einschätzen, aber der Vater kann es, denn schließlich war auch er einmal ein kleiner Junge.

Ich erinnere mich, wie mein ältester Sohn im Alter von elf Monaten auf eine zwei Meter hohe Stehleiter hinaufkletterte. Meine Frau stand daneben, rang die Hände und hatte Angst. Ich sagte damals zu ihr: «Reg dich nicht auf, er schafft es schon, und wenn er runterfällt, dann fange ich ihn eben auf.»

### *Das Vorlesealter beginnt*

Aber das Selbstvertrauen des Kleinkindes soll nicht nur durch körperlichen Einsatz, sondern auch durch Spiele gefördert werden, die seinen Intellekt anregen. Jetzt ist es an der Zeit, das Kind mit Büchern bekanntzumachen. In diesem Alter ist ein Buch für das Kind natürlich nur eine Sammlung von Abbildungen, auf denen Menschen und alle möglichen Gegenstände zu sehen sind. Daneben stehen Wörter, die diesen Objekten einen Namen geben. Ein Buch ist die gedruckte Version des Namenspiels, das Sie ja bereits kennen. Im übrigen ist alles, was aus bedrucktem Papier besteht, für das Kind ein «Buch», sei es nun ein Versandhauskatalog oder eine alte Zeitschrift, und somit wunderbar als Unterlage für das Namenspiel geeignet.

Allmählich können Sie anfangen, Kinderreime vorzulesen. Dadurch wird der Wortschatz des Kindes erweitert und eventuell der Grundstein für eine spätere Liebe zur Poesie gelegt.

Auch die Zeit für die Einführung eines festen Rituals beim Zubettgehen ist jetzt gekommen, und dazu gehört, daß Sie Ihrem Kind jeden Abend etwas vorlesen. Da die Mutter ja tagsüber ständig bei dem Kind ist, sollte das allabendliche Vorlesen für den Vater reserviert bleiben.

Es wäre herrlich, wenn jedes Kind von Natur aus das Bedürfnis hätte, zu einer bestimmten Zeit schlafen zu gehen; aber leider ist das nicht so. Die Eltern können sich diesen oft für beide Seiten strapaziösen Vorgang dadurch erleichtern, daß sie das Kind an ein vergnügliches und befriedigendes Ritual gewöhnen, das Abend für Abend unverändert abläuft. Wenn man das Kind einfach ins Bett steckt, bekommt es den Eindruck, in ein dunkles Zimmer verbannt zu sein, während die übrige Familie irgendwelchen interessanten Beschäftigungen nachgeht.

Das abendliche Ritual ist für den Vater eine gute Gelegenheit, mit dem Kind zusammenzusein. Beginnen Sie mit dem Bad. Warmes Wasser macht nicht nur sauber, sondern es wirkt auch entspannend, und das Kind kann dabei mit seinen Lieblingsschiffchen oder mit Plastikfischen spielen. Anschließend bringen Sie das Kind zu Bett und lesen ihm noch ein Weilchen vor, bis es Zeit für den Gutenachtkuß ist. An diesem Abschluß des Rituals ist dann meist auch die Mutter beteiligt. Wenn das Kind sich frühzeitig an diese Prozedur gewöhnt, kann sie noch sechs oder auch mehr Jahre lang fortgesetzt werden. Das ungestörte abendliche Zusammensein mit dem Vater, den das Kind ja tagsüber kaum sieht, ist etwas ganz Besonderes, und so kommt eine freundliche, intime Atmosphäre zustande, die zu einer Vertiefung der Vater-Kind-Beziehung beiträgt. Übrigens – glauben Sie ja nicht, daß Ihr Kind aus dem «Vorlese-Alter» heraus ist, wenn es in der Schule lesen gelernt hat. Das abendliche Vorlesen ist ja nicht nur ein intellektuelles Vergnügen, sondern ein Teil der Stunde, in welcher der Vater dem Kind allein gehört. Ihr Kind wird es Sie wissen lassen, wenn es soweit ist, daß es auf diese Gewohnheit verzichten will, aber seien Sie nicht überrascht, wenn es das erst mit neun oder zehn Jahren tut.

Im Laufe der Zeit wird das Kind die Stunde vor dem Schlafengehen auch dazu benützen, sich mit dem Vater zu unterhalten, ihm Fragen zu stellen und seine kleinen Geheimnisse anzuvertrauen. Achten Sie darauf, ob es vielleicht etwas auf dem Herzen hat, das es mit Ihnen besprechen möchte, und erleichtern Sie es ihm, darüber zu reden.

Wenn Sie mehrere Kinder haben, versuchen Sie bitte nicht, allen gleichzeitig vorzulesen, denn in den meisten Fällen kommt nichts Gutes dabei heraus. Richten Sie es so ein, daß jedes Kind Sie ein paar Minuten lang allein für sich hat, denn im tiefsten Herzen wünscht jedes Kind sich, daß es Vater und Mutter nicht mit den Geschwistern zu teilen bräuchte. Beim gemeinsamen Vorlesen gibt es oft Streitereien, weil jedes Kind es viel lieber hätte, wenn die Geschwister nicht dabei wären.

Zum Schluß dieses Abschnitts möchte ich noch einmal auf *die Entwicklung der Sprache* zurückkommen. Die erste Stufe besteht aus der passiven Sprache (das Kind versteht, was man zu ihm sagt), die zweite aus der aktiven Sprache (das Kind spricht selbst). Beim einjährigen Kind dominiert die passive Sprache, aber es dauert nicht lange, bis es anfängt, sich in Einwortsätzen auszudrücken. Mit achtzehn Monaten besteht sein aktiver Wortschatz aus bis zu hundert Wörtern. Aber machen Sie sich keine Sorgen, wenn es nur über drei oder vier Wörter verfügt, denn es gibt keine Norm, die für alle Kinder gilt. Das eine entwickelt sich schneller, das andere langsamer. Auf jeden Fall hängen Wortschatz und Ausdrucksfähigkeit weitgehend davon ab, wie oft und wieviel Sie sich mit dem Kind in den ersten beiden Stadien seines Lebens beschäftigt haben.

### *Disziplin hat nichts mit Strafe zu tun*

Solange das Kind im Säuglingsalter war, bestand keine Notwendigkeit, über die Frage der Disziplin nachzudenken. Aber jetzt ist es kein Baby mehr, und damit wird dieses Thema akut.

Als erstes möchte ich ein weitverbreitetes Mißverständnis aufklären. Viele Leute glauben, daß Disziplin gleichbedeutend mit Strafe ist. Das ist ganz falsch. Eine Strafe ist etwas Negatives, das wir unserem Kind als Folge einer von ihm begangenen Missetat antun. Diese negative Maßnahme kann verschiedene Formen haben: Tadel, Schelte, Klapse oder Schläge. Die Bestrafung ist eine sehr unwirksame Erziehungsmethode; in Kapitel 5 werde ich auf diesen Punkt näher eingehen. So seltsam es auch klingen mag, es kommt oft genug vor, daß das Kind aus einer Strafe nur lernt, sich genauso zu benehmen, wie wir es *nicht* wünschen. Viele Eltern bestrafen ihre Kinder ganz einfach aus dem Grund, weil niemand sie auf bessere Erziehungmethoden aufmerksam gemacht hat.

Vergessen wir nicht, daß das Wort «Disziplin» mit dem lateinischen Wort für «Schüler» (discipulus) verwandt ist und nicht nur «Zucht und Ordnung», sondern auch «Unterricht» bedeutet. Wenn wir ein Kind «disziplinieren», versuchen wir dadurch nur zu erreichen, daß es unser «Schüler» wird, also von uns lernt.

Alle Eltern bemühen sich, ihre Kinder so zu erziehen, daß sie wünschenswerte Verhaltensformen annehmen und unerwünschte Verhaltensformen vermeiden, und genau das bezwecken wir, wenn wir unsere Kinder disziplinieren. Der Begriff *Disziplin bedeutet also eine Lehrtätigkeit seitens der Eltern und einen Lernprozeß seitens des Kindes.*

Die Ergebnisse umfangreicher psychologischer Tests zeigen, welche Lehrmethoden für Kinder geeignet sind und welche nicht. Beobachtet man aber ein durchschnittliches Elternpaar dabei, wie es versucht, sein Kleinkind zum Gehorsam zu erziehen, kann man nur sagen, daß die angewendeten Maßnahmen recht dürftig sind. Meist bestehen sie nur darin, daß die Eltern dem Kind sagen, es solle dies oder jenes tun bzw. nicht tun, und ihm ein paar Klapse geben, wenn es nicht gehorcht. Erst kürzlich habe ich in einem Flughafen-Warteraum ein Ehepaar mit einem ungefähr achtzehn Monate alten Kind beobachtet. Der Vater sagte: «Paul! Du sollst nicht auf den Sessel steigen. Hörst du nicht! Der Papi wird dich gleich verhauen.» Und damit war das väterliche Repertoire an Lehrmethoden anscheinend erschöpft.

Das wichtigste ist, daß das Kleinkind in einer Umgebung

aufwächst, die seinen Bedürfnissen angepaßt ist, denn dann erübrigt sich das ständige «Nein-nein» der Eltern. Denken Sie einmal darüber nach: Wenn Ihr Kind auf einem Spielplatz spielt, sagen Sie ja auch nicht immerfort «nein-nein», und zwar aus dem einfachen Grund, weil die Umgebung seinen Bedürfnissen entspricht. So könnte es auch – zumindest bis zu einem gewissen Grad – zu Hause sein, dann würden viele Probleme erst gar nicht entstehen.

Natürlich kann man eine Wohnung nicht vollständig kindersicher machen, aber wenn Sie Ihrem Kind etwas verbieten wollen, müssen Sie ihm klarmachen, um was es sich handelt, denn sonst weiß es nicht genau, was es nicht tun darf. Erklären Sie ihm zum Beispiel: «Der Ofen ist heiß – tut weh, wenn Hansi ihn anfaßt», oder: «Nicht das Messer anfassen, das ist scharf, und Hansi kann sich damit weh tun.»

Eine andere, sehr wirkungsvolle Methode ist *das Ablenkungsmanöver.* Dabei können wir uns ein typisches Merkmal von Kindern dieser Altersgruppe zunutze machen. Ein Kleinkind kann sich noch nicht lange auf etwas konzentrieren und läßt sich leicht ablenken. Wenn es also etwas tun will, das Sie nicht für richtig halten oder nicht wünschen, dann greifen Sie zu diesem Mittel und sagen: «Schau mal her, was ich hier für dich habe. Ist das nicht schön?» Und schon wird das Kind aufhören, am Wandstecker herumzufingern, und folgt Ihrem Lockruf.

Die dritte empfehlenswerte Methode ist *die Belohnung.* Dank der Verhaltensforschung bei Tieren sind wir über diese Möglichkeit sehr gut informiert. Wenn man zum Beispiel einen Delphin dazu bringen will, durch einen Feuerreifen zu springen, erreicht man das nicht durch Befehle oder Schläge, wenn das Tier nicht begreift, was es tun soll, sondern nur mit Hilfe einer Belohnung.

Aus Versuchen mit Tieren und Menschen wissen wir, daß sowohl Tiere als auch Menschen dazu neigen, ein Verhalten, das belohnt wird, zu wiederholen, und wenn Sie dieses sehr einfache Prinzip erst einmal begriffen haben, werden Sie auch wissen, wie Sie Ihr Kind dazu bringen können, das zu tun, was Sie wünschen, und unerwünschte Handlungen zu vermeiden.

Kehren wir zum Delphin und dem Feuerreifen zurück. Der Delphin schwimmt im Bassin umher. Ein Reifen wird aufrecht ins Wasser gehalten. Schwimmt der Delphin in der entgegengesetzten Richtung davon, passiert nichts. Wenn er aber durch den Reifen hindurchschwimmt, wird er mit einem Fisch belohnt. Es dauert gar nicht lange, bis der Delphin gelernt hat, gleich auf den Reifen zuzuschwimmen, sobald dieser ins Wasser gehalten wird, damit er seine Belohnung bekommt. Als nächstes hält man den Reifen über die Wasseroberfläche. Der Delphin schwimmt darunter durch – aber er wird nicht belohnt. Früher oder später begreift er, daß er durch den Reifen hindurchspringen muß, wenn er die Belohnung haben will. Die letzte Stufe des Experiments besteht darin, daß man den Reifen anzündet. Der Delphin weigert sich vielleicht eine ganze Weile, durch den Feuerkranz hindurchzuspringen, aber eines Tages tut er es doch und wird prompt belohnt.

Kinder reagieren sehr ähnlich. Übrigens gilt auch bei ihnen irgendein Leckerbissen als begehrte Belohnung, aber noch besser (und weniger kalorienreich) ist es, wenn Vater und Mutter es in der Form von Lob und Zärtlichkeit belohnen.

Der Haken an der Sache ist nämlich, daß die Eltern ihr Kind nicht sonderlich beachten, wenn es brav ist. Es stört die Eltern nicht, also wird es ignoriert. Und die Eltern tun nichts, um es für sein gutes Benehmen zu belohnen. Die logische Schlußfolgerung davon ist, daß die Eltern durch diese Nichtbeachtung unbewußt ein unerwünschtes Verhalten begünstigen.

Hier ein Beispiel: Ein Vater geht mit seinem vierjährigen Sohn in ein Eisenwarengeschäft. Er vertieft sich in eine Unterhaltung mit dem Verkäufer. Der kleine Junge bittet seinen Vater sehr höflich und lieb, ihm einen Hammer und eine Säge zu kaufen. Der Vater schenkt ihm keine Beachtung, und jetzt trägt der kleine Junge seine Bitte mit etwas lauterer Stimme vor. «Später, später», sagt der Vater und wimmelt den Kleinen ab. Schließlich trampelt der Junge mit den Füßen, zerrt an Vaters Hose und plärrt weinerlich: «Ich will einen Hammer und eine Säge haben! Ich *muß* einen Hammer und eine Säge haben!» Jetzt hat er erreicht, daß der Vater ihm seine Aufmerksamkeit schenkt. Dem Vater ist es natürlich überhaupt nicht klar, daß er seinen Sohn dazu gebracht hat, seine Wünsche mit lauter, plärrender Stimme zu äußern, weil er ihm vorher keine Beachtung geschenkt hat.

Wenn die Eltern ihr Kind nur dann beachten, sobald es sich schlecht benimmt, verstärken sie unbewußt die Neigung zu diesem Fehlverhalten. Die richtige Methode besteht darin, daß die Eltern sich die Zeit nehmen, das gute Benehmen des Kindes zu belohnen. Loben Sie Ihr Kind, oder nehmen Sie es kurz in die Arme, wenn es sich kooperativ benimmt oder allein spielt oder bastelt.

Diese drei Methoden zur Durchsetzung der Disziplin sollten für das Kleinkindalter genügen. Aber leider bevorzugen viele Eltern eine andere Lehrmethode: *die Verabreichung von Klapsen.* Ich sage «leider», denn abgesehen von einigen wenigen Ausnahmesituationen sollte es nicht nötig sein, ein Kind unter zwei Jahren zu schlagen. Wenn Ihr Kind trotz wiederholter Ermahnungen sich immer wieder in Gefahr begibt, also beispielsweise auf den Fahrdamm rennt, bleibt Ihnen vielleicht nichts anderes übrig, als ihm einen Klaps auf das Gesäß zu geben. Sie sollten sich jedoch bemühen, das Verhalten Ihres Kindes mit Hilfe einer der drei oben beschriebenen Methoden in die gewünschten Bahnen zu lenken und nur dann handgreiflich werden, wenn Sie wirklich in eine Lage geraten, in der Sie keine andere Wahl haben.

Klapse oder Schläge sind nur bei älteren Kindern angebracht, aber auch dann sollten Sie diese Maßnahme möglichst vermeiden, denn jedesmal, wenn Sie Ihr Kind schlagen, lehren Sie es, Sie zu hassen und zu fürchten. Diese negativen Emotionen können bestehende positive Beziehungen zerstören, deshalb sollten Sie Ihr Kind nur nach reiflicher Überlegung und im äußersten Notfall körperlich züchtigen.

In manchen Familien ist es üblich, Kleinkinder beim geringsten Anlaß zu schlagen. Das bewirkt nur, daß die Beziehung des Kindes zu den Eltern darunter leidet. Wenn Sie feststellen müssen, daß Sie die Geduld und Beherrschung zu oft verlieren und Ihrem einjährigen Kind jedesmal, wenn Sie sich ärgern, einen

Klaps geben, dann liegen bei Ihnen irgendwelche psychologischen Störungen vor, und Sie sollten einen Psychotherapeuten aufsuchen.

## *Sexualität*

Ich komme jetzt zu einem Thema, das vielen Eltern unangenehm ist: die Sexualität.

«Was!» höre ich Sie sagen. «Ein Kind in diesem Alter denkt doch bestimmt nicht an Sex!»

Sie haben recht. Ein Kleinkind denkt tatsächlich nicht an Sex. Für das Kind sind die Sexualorgane nichts weiter als etwas, das eben da ist, genauso wie seine Zehen oder Ohren. Es ist jedoch eine traurige Tatsache, daß viele Eltern ihr Kleinkind *lehren,* in einer negativen Form von seiner Sexualität Kenntnis zu nehmen. Die Eltern lehren es, seine Geschlechtsorgane als etwas «Schmutziges» zu betrachten, das sich von seinem übrigen Körper unterscheidet. Wie können wir das vermeiden?

Beginnen Sie damit, daß Sie Ihrem Kind die Namen der Geschlechts- und Ausscheidungsorgane in der gleichen Art und Weise beibringen wie die Bezeichnungen für andere Teile seines Körpers. Sie sollten bei der Aufzählung auf keinen Fall die Namen der Sexualorgane auslassen, sonst hat das Kind das Gefühl, daß irgend etwas «Schlechtes» und «Verbotenes» (und somit auch Faszinierendes!) an ihnen sei.

Wenn das Kind beim Baden mit seinen Ohrmuscheln oder mit seinen Zehen spielt, regt sich niemand darüber auf. Aber wenn es eines Tages seinen Penis entdeckt und damit spielt, wie sollten Sie sich dann verhalten? Ganz genauso wie beim Spiel mit den Ohrmuscheln oder Zehen: Nehmen Sie keine Notiz davon. Für das Kleinkind ist der Penis nicht ein bißchen interessanter als irgendein anderer Körperteil. Erst wenn wir reagieren, als ob etwas Schlechtes oder Böses daran ist, lehren wir es, ein übertriebenes Interesse zu entwickeln. Wir machen aus seinen Geschlechtsorganen eine verbotene Region seines Körpers und lehren es, sie mit Schande oder Schuldgefühlen zu assoziieren. Wir, die Erwachsenen, sind es also, die das Kleinkind dazu bringen, die Sexualität zu entdecken; von selbst würde es niemals darauf kommen.

Ich möchte hier wieder zusammenfassen, was über diese Entwicklungsperiode und Ihre Beziehung zu Ihrem Kind zu sagen ist:

Ihr Kind befindet sich jetzt im Stadium des Forschungstriebs und erforscht pausenlos die Umgebung, in der es lebt. Es untersucht, was es mit seinem Körper alles tun kann, und probiert bewußt seine Muskulatur aus. Auch sein Gebrabbel und das Spiel mit Lauten und Wörtern dienen einem Forschungszweck, nämlich der Erkundung der Sprache. Das gleiche gilt für das Spiel mit Büchern und das aufmerksame Zuhören, wenn man ihm etwas vorliest, oder wenn es Musik hört: auf diese Art und Weise erforscht es Rhythmen und Laute.

Wenn es nach Herzenslust spielen und auf Entdeckungsreisen gehen darf, wird es ein gesundes Selbstvertrauen entwickeln. Eine Freiheitsbeschränkung oder zu viele Verbote oder Klapse erwecken in ihm Selbstzweifel, und das wird sich später außerordentlich nachteilig auf seine Initiative und auf sein Durchsetzvermögen auswirken.

Sie können ihm bei seinen Forschungsunternehmungen auf vielerlei Art und Weise behilflich sein. Und Sie können auch dazu beitragen, daß für Ihre Frau keine Notwendigkeit besteht, seinen Forschungstrieb tagsüber einzudämmen. Mit einem Kleinkind im Haus hat sie praktisch nur zwei Möglichkeiten: Entweder legt sie Wert darauf, daß die Wohnung immer tipptopp ist, wodurch sie das Kind zwangsläufig zu einem von Selbstzweifeln geplagten Menschen erzieht, oder sie nimmt in Kauf, daß die Wohnung gelegentlich unordentlich ist, und gibt dem Kind dadurch die Chance, ein gesundes Selbstvertrauen zu entwickeln.

Sie können ihr helfen, indem Sie einsehen, daß in einem Haushalt mit einem Kleinkind nicht immer alles wie am Schnürchen laufen kann. Erwarten Sie nicht, daß Sie abends, wenn Sie heimkommen, eine Wohnung vorfinden, die so aussieht, als ob nur Erwachsene darin leben – nicht wenn Sie ein entdeckungslustiges, aktives Kleinkind im Hause haben! Wenn Sie Ihrem Kind volle Bewegungsfreiheit gewähren, müssen Sie auch Ihrer Frau das Recht zugestehen, in punkto Ordnung die Zügel etwas schleifen zu lassen, bis das Kind diese Entwicklungsperiode hinter sich hat.

# Frühe Kindheit 4

*(die Zweijährigen)*

Im zweiten Lebensjahr ist jedes Kind entzückend und eine Freude für den Vater, dem es viel Spaß macht, mit seinem Sprößling zu spielen oder ihn stillvergnügt zu beobachten. Das darauffolgende Stadium ist kein reines Vergnügen. Es ist eine schwierige Entwicklungsphase, und wenn der Vater nichts darüber weiß und die Gründe für das Verhalten des Kindes nicht versteht, kann es viel Ärger auf der einen und Tränen und Geschrei auf der anderen Seite geben.

Dieses Stadium ähnelt in mancherlei Hinsicht den Pubertätsjahren, und vielleicht ist es eine ganz gute Einführung, wenn ich zuerst ein paar Worte über das Verhalten des Kindes zwischen dreizehn und fünfzehn Jahren sage.

Das Jugendalter ist der Übergang von der Kindheit zum Erwachsenenalter. Bevor das Kind in die Pubertät kommt, hat es ein ziemlich stabiles seelisches Gleichgewicht und ist im allgemeinen recht umgänglich. Um sich zum Erwachsenen entwickeln zu können, muß das Kind dieses Gleichgewicht und die Verhaltensmuster, die seinem Alter entsprachen, aufgeben. Wenn das geschieht, haben wir plötzlich einen ganz neuen Menschen vor uns: einen Teenager. Und dieser Teenager ist rebellisch, negativistisch und schwierig im Umgang. Er weiß zwar nicht, was er will, aber er weiß sehr genau, was er nicht will – und das ist so ziemlich alles, was wir wünschen! Das einzige, was er anscheinend willig tut, ist, die elterlichen Wünsche und Forderungen abzulehnen.

Der Teenager sucht nach einem Gefühl der positiven Selbstidentität. Aber der erste Schritt in Richtung darauf und auf das Bewußtsein der Eigenpersönlichkeit ist eine *negative* Selbstidentität, eine Verneinung der Werte und Wünsche seiner Eltern. Dieses Alter ist eine Übergangsphase, die sowohl für das Kind als auch für die Eltern Streß, Aufregungen und Gefühlsausbrüche mit sich bringt.

Ein Vater, der die Natur der Übergangsphase des Teenagers nicht versteht und nicht weiß, daß die notwendige Vorstufe der *positiven* Selbstidentität eine Phase der *negativen* Selbstidentität ist, wird in dieser Periode mit erheblichen Schwierigkeiten konfrontiert. Er begreift nicht, daß der Bruch mit den miteinander in Einklang stehenden Verhaltensmustern der Kindheit eine positive Entwicklungsstufe ist, und glaubt, daß sein Kind vor die Hunde geht und deshalb streng an die Kandare genommen werden muß. Und das macht natürlich alles nur noch schlimmer.

Die Zeit zwischen Anfang und Ende des dritten Lebensjahres ist ebenfalls *eine Übergangsphase*, und zwar vom ersten Stadium des Kleinkindalters bis zur Schwelle der Kindheit. In diesem Alter ist das Kind genauso rebellisch und negativistisch wie der Teenager. Sein beliebtestes Wort ist «Nein». Bietet man ihm Milch an, will es Saft; bietet man ihm Saft an, will es Milch. Zustimmung und Ablehnung fließen praktisch ineinander über, so daß man seine Reaktion oft nur als «ein klares Jein» bezeichnen kann. Der Umgang mit einem Kind dieses Alters ist oft eine echte Strapaze. Sie als Vater dürfen dankbar sein, daß Sie sich nicht den ganzen Tag lang mit ihm abzugeben brauchen, wie Ihre Frau es tun muß, die abends, nachdem sie acht oder neun Stunden pausenlos auf Trab war und einem Nervenzusammenbruch nahe ist, ein bißchen Trost und Mitgefühl brauchen kann.

Es ist also wichtig für Sie, zu verstehen, daß es für Ihr Kind ein bedeutsamer Schritt in seiner psychologischen Entwicklung ist, die ergötzlichen Verhaltensmuster des zweiten Lebensjahres abzulegen. Für die Eltern wäre es leichter, wenn die Entwicklung ihres Kindes ohne stürmische Episoden verliefe, aber leider ist es nicht so. Auf Perioden des psychologischen Gleichgewichts folgen – insbesondere in den ersten Lebensjahren – Phasen des gestörten Gleichgewichts.

Das zweijährige Kind ist psychologisch unausgewogen, das

dreijährige ausgewogen, das vierjährige Kind wieder unausgewogen. Man kann sich den Ablauf leicht merken: die ungeraden Zahlen (drei und fünf Jahre) bedeuten eine ruhige Entwicklung, die geraden (zwei und vier Jahre) eine unruhige. Natürlich sind diese Altersangaben nur eine ungefähre Schätzung.

## *Das notwendige Trotzalter*

Wenn Ihr bisher so reizender Sprößling ungefähr mit Vollendung des zweiten Lebensjahres beginnt, sich ablehnend und widerspenstig zu verhalten, dann wissen Sie, daß er ins Trotzalter eingetreten ist. Auf dieser Entwicklungsstufe lernt er den Unterschied zwischen Selbstidentität und sozialer Anpassung. (Übrigens macht er als Teenager genau die gleiche Entwicklung durch, natürlich auf einem höheren geistigen Niveau.) Er erwirbt ein klares Gefühl dafür, daß er eine eigenständige Person ist, und gleichzeitig muß er lernen, sich dem anzupassen, was die Gesellschaft – in diesem Fall in erster Linie die Eltern – von ihm erwarten.

Hüten Sie sich davor, einen der beiden folgenden Fehler zu begehen:

Der erste Fehler besteht darin, daß Sie im Hinblick auf Beherrschung und Anpassungsvermögen zu hohe Anforderungen an das Kind stellen. Es kann darauf auf zweierlei Art und Weise reagieren: Entweder wird es passiv und scheu, oder es sträubt sich heftig gegen Ihre Wünsche, und dann wird diese Phase praktisch zu einer ununterbrochenen Fehde zwischen Vater und Kind.

Der zweite Fehler besteht darin, daß Sie zu nachgiebig sind und dem Kind jeden Wunsch erfüllen. Wenn es sich einer vernünftigen Anordnung widersetzt, lassen Sie sich davon beeinflussen und ändern Ihre Vorschriften nach seinem Willen ab. Sie werden in diesem Fall bald merken, daß Ihr Kind in der Familie das Sagen hat, und nicht Sie. Leider lernt es dann auch die ersten Grundbegriffe der sozialen Anpassung nicht und wird später in der Schule ziemlich viele Schwierigkeiten haben.

Natürlich ist es für einen Vater nicht leicht zu entscheiden, welche Vorschriften für ein Kind in diesem Alter vernünftig sind und wie er sie durchsetzen soll. Ein zweijähriges Kind fällt von einem Extrem ins andere. Sehr oft sagt es: «Das kann ich allein», aber manchmal verlangt es von Ihnen, daß Sie die Sache übernehmen. Es schwankt ständig hin und her zwischen dem Wunsch, selbständig zu sein, und dem Bedürfnis, an der Abhängigkeit des Babyalters festzuhalten.

Der beste Rat, den ich Ihnen für dieses diffizile Stadium geben kann, ist der, daß Sie flexibel sind und sich nicht auf bestimmte Dinge versteifen. Es ist falsch, darauf zu bestehen, daß das Kind beim Anziehen, Baden oder irgend etwas anderem festen Regeln folgt, denn diese unruhige Phase ist von ambivalenten Gefühlen und Bedürfnissen gekennzeichnet.

Als mein Sohn Randy in diesem Alter war, durfte er eine Puppentheatervorstellung besuchen, die seine ältere Schwester in der Schule veranstaltete. Anschließend wollte die Lehrerin sie und die anderen Kinder zu einer Portion Eis einladen und fragte Randy, ob er mitkommen wolle. Zuerst sage er nein, dann aber sofort: «Ja, ich will mitkommen.» Er ging auf das Auto zu, drehte sich plötzlich um und sagte: «Nein, ich will kein Eis.» Als die Lehrerin den Motor startete, schrie er: «Warte! Ich will mit!» Die Kinder machten die Wagentür wieder auf, aber er zögerte. «Nein, ich will nicht.» Jetzt hatte ich das Spielchen satt und sagte: «Randy, jetzt ist Schluß mit diesem Hin und Her. Ich weiß, daß du gern Eis essen würdest, und ich weiß ebenfalls, daß es dir gar nicht gefallen würde, wenn sie dich hierließen. Also steig ein – du fährst mit.» Und ungeachtet seines wütenden Protestgeschreis hob ich ihn in den Wagen.

Diese kleine Geschichte ist ganz typisch. Kluge Eltern lernen flexibel zu sein und sich der jeweiligen Situation anzupassen. Ich meine damit nicht, daß es für die Eltern nicht notwendig ist, konsequent zu sein, ganz im Gegenteil. Aber warten Sie damit, bis Ihr Kind drei Jahre alt ist. Bei einem Zweijährigen sind feste Regeln noch nicht angebracht.

## *Disziplin beim Zweijährigen oder Gefühle brauchen freien Lauf*

Einige Grundsätze der Disziplin, die ich im vorigen Kapitel besprochen habe, gelten auch für dieses Stadium und die Jahre danach, nämlich Anpassung der Umwelt an die Bedürfnisse des Kindes (Kontrolle durch die Umwelt) und Belohnung für gutes Verhalten. Auch die Methode der Ablenkung kann gelegentlich noch angewendet werden, doch läßt sich ein zweijähriges Kind längst nicht so leicht ablenken wie ein einjähriges. Ältere Kinder sind für Ablenkungsmanöver kaum noch geeignet.

Aber es gibt einen weiteren Grundsatz der Disziplin, für den jetzt der richtige Zeitpunkt gekommen ist: Sie müssen zwischen den *Gefühlen* und den *Handlungen* Ihres Kindes einen Unterschied machen.

Mit «Handlungen» meine ich das äußere Verhalten des Kindes, ob es zum Beispiel unbedacht über die Straße rennt, andere Kinder schlägt, seinen Altersgenossen Spielzeug wegnimmt oder es friedlich mit ihnen teilt.

Warum ist es für den Vater so wichtig, einen Unterschied zwischen Gefühlen und Handlungen zu machen? Weil ein Kind lernen kann, seine Handlungen unter Kontrolle zu halten, aber *es kann nicht lernen, seine Gefühle zu beherrschen.* Gefühle sind wie Gedanken: sie überfallen das Kind ohne sein eigenes Zutun, und es ist nicht fähig, sie willkürlich zu ändern oder zu verdrängen.

Nehmen wir als Beispiel den Zorn. Ein Kind kann nichts gegen eine zornige Gefühlsaufwallung tun oder sie unterdrücken. Was es jedoch lernen *kann,* ist, Handlungen im Zaum zu halten, die diesen Zorn in einer antisozialen Art und Weise ausdrücken, sei es, indem es ein anderes Kind schlägt oder mit Sand bewirft.

Ihre vordringliche Aufgabe als Vater ist es, dem Kind zu helfen, seine Handlungen innerhalb vernünftiger Grenzen zu halten. Aber was sind für ein Kind von zwei oder zweieinhalb Jahren vernünftige Grenzen? Hier kann Ihnen das Buch *Säugling und Kleinkind in der Kultur der Gegenwart* von A. Gesell und F. L. Ilg sehr helfen, denn es gibt ausführliche Informationen darüber, wozu ein Kind dieses Alters fähig ist und was ihm demnach zugemutet werden kann.

Leider lernen die meisten Väter nur unter großen Schwierigkeiten, was sie tun sollen – und zwar am praktischen Beispiel des ersten Kindes. Da sie noch keine Erfahrungen mit Kindern haben, setzen sie bei ihrem Erstgeborenen für gewöhnlich ein reiferes Verhalten voraus, als es seinem Alter entspricht. Wenn das Kind zwei Jahre alt ist, erwartet der Vater, daß es sich an bestimmte Regeln hält und gehorcht wie ein vierjähriges Kind. Aber das kann es nicht; es kann nur so reagieren, wie es für ein zweijähriges Kind angemessen ist. Erst wenn das älteste Kind aus dem Kleinkindalter heraus ist, weiß der Vater, was man in dieser Phase erwarten kann, und beim zweiten Kind läßt er sich von diesen Erfahrungen leiten.

Sie dürfen also getrost annehmen, daß Sie als unerfahrener Vater von Ihrem zweijährigen Kind ein Verhalten erwarten, das dem eines vierjährigen Kindes entsprechen würde. Versuchen Sie, Ihre Ansprüche etwas zurückzuschrauben.

Als nächstes fragen Sie sich: «Auf welche Verbote und Vorschriften kann ich bei der Erziehung meines zweijährigen Kindes verzichten und auf welche nicht?»

Natürlich gibt es keine spezifische Liste der Beschränkungen, die dem Kind auferlegt werden sollten und die für alle Eltern verbindlich ist. Jede Familie hat einen anderen Lebensstil, und ebenso verschieden sind die Persönlichkeiten der Eltern. Manche nehmen's nicht so peinlich genau und begnügen sich damit, nur die unumgänglich notwendigen Vorschriften durchzusetzen; anderen würde es dagegen gar nicht behagen, wenn ihr Kind eine so große Handlungsfreiheit hätte.

Ich persönlich halte es für unwesentlich, welche Beschränkungen man dem Kind auferlegt; die Hauptsache ist, sie sind vernünftig und konsequent, und Sie können diese Regeln vor sich selbst und vor Ihrem Kind rechtfertigen. Es wäre für alle Beteiligten sehr begrüßenswert, wenn Sie und Ihre Frau in diesem Punkt eine weitgehende Übereinstimmung erzielen könnten.

Im großen und ganzen glaube ich, daß die meisten Eltern ziemlich vernünftige Ansichten über die Beschränkung der

Handlungsfreiheit ihres Kindes haben. Aber wenn es um die Gefühle des Kindes geht, reagieren viele Eltern falsch.

Wenn ein Kind psychologisch gesund sein und ein gutes Selbstverständnis entwickeln soll, müssen die Eltern ihm erlauben, seine Gefühle ungehemmt auszudrücken. Und genau das tun die meisten Eltern leider nicht.

Stellen wir uns einmal vor, ein Vater gehe mit seinem zweieinhalbjährigen Sohn auf den Spielplatz. Als es Zeit zum Nachhausegehen ist, sagt das Kind: «Ich will nicht nach Hause – ich hasse dich!» Wie wird der Vater darauf reagieren? Aller Wahrscheinlichkeit nach ärgerlich und gereizt und mit der Warnung: «Benimm dich gefälligst, so redet man nicht mit dem Papi.»

Warum ist es falsch, dem Kind nicht zu erlauben, daß es seine negativen Gefühle, also seinen Zorn, zum Ausdruck bringt? Denken Sie daran, daß ein Kind sich ebensowenig gegen eine zornige Gefühlsaufwallung wehren kann wie ein Erwachsener; es wird ohne Vorwarnung von ihr überfallen und kann sich nicht dagegen abschirmen. Nur wenn das Kind seine negativen Gefühle ohne Angst ausdrücken kann, ist es auch fähig, positive Gefühle zu zeigen. Andernfalls wird es alle Emotionen unterdrücken, aus Angst, daß die negativen, also die verbotenen Gefühle zum Vorschein kommen könnten. Gefühle wie Liebe und Zuneigung können aber nicht ausgedrückt werden, wenn Gefühle wie Zorn und Haß kein Ventil haben.

Der Grund, weshalb viele Eltern ihrem Kind nicht gestatten, seine negativen Gefühle zu zeigen, hängt wahrscheinlich mit ihrer eigenen Kindheit zusammen. Auch sie mußten diese Gefühle verbergen, und so geben sie die gleiche psychologische Bremse an ihr Kind weiter.

Es ist gut und richtig, die antisozialen *Handlungen* des Kindes zu zügeln (Schlagen, Stehlen usw.), nicht aber seine antisozialen Gefühle. Jedes normale Kleinkind neigt dazu, seinen Gefühlen freien Lauf zu lassen, bis die Eltern es fälschlicherweise lehren, das nicht zu tun.

Unterdrückte Gefühle können ernste psychologische Probleme aufwerfen. Erwachsene lernen durch die Psychotherapie, ihren Gefühlen Ausdruck zu verleihen. Gerade bei Magen- und

Darmgeschwüren ist der Erfolg oft verblüffend: Sobald der Patient gelernt hat, die Gefühle, deren Unterdrückung die Ursache der Erkrankung ist, frei zu zeigen, heilt das Geschwür. Also lehren Sie Ihr Kind, seine Gefühle auszudrücken. Das erhöht seine Chance, einmal ein geistig gesunder Erwachsener zu werden.

Aber das Kind muß auch wissen, daß die Eltern seine Gefühle richtig verstehen. Wie können Sie demonstrieren, daß Sie das tun?

Natürlich können Sie einfach sagen: «Ich verstehe dich sehr gut, denn als ich so klein war wie du, ist es mir genauso ergangen.» Aber das ist zu einfach und oberflächlich und nicht immer überzeugend. Es gibt einen besseren Weg, Ihrem Kind klarzumachen, daß Sie es verstehen. Dieser Weg wurde schon vor vielen Jahren von dem Psychologen Dr. Carl Rogers entdeckt. Er nannte seine Methode «die Reflexion von Gefühlen».

### *Feedback der Gefühle oder Die Rückkoppelungstechnik*

Bei dieser Methode gehen Sie wie folgt vor: Zeigen Sie Ihrem Kind, daß Sie es wirklich verstehen, indem Sie seine Gefühle in Ihre eigenen Worte fassen und sie dadurch widerspiegeln. Bei einem so kleinen Kind ist das nicht sehr schwer. Oft können Sie dieselben Wörter verwenden, die Ihr Kind benützt hat, um sich auszudrücken.

Stellen Sie sich vor, Ihr zweijähriger Sohn beklagt sich bei Ihnen über seinen vierjährigen Bruder: «Hansi hat mich mit Sand beworfen!» Sie können seine Gefühle mit den gleichen Worten reflektieren, indem Sie mit angemessener Entrüstung in der Stimme sagen: «Was, Hansi hat dich mit Sand beworfen!» Oder Sie sagen: «Und jetzt bist du böse, weil Hansi dich mit Sand beworfen hat», oder: «Und jetzt bist du ganz tief da drinnen böse, weil Hansi dich mit Sand beworfen hat.» Damit zeigen Sie dem Kind, daß Sie ganz genau wissen, was es fühlt. Diese Technik hat einen eingebauten Korrekturfaktor. Wenn

Sie die Gefühle des Kindes nicht richtig wiedergeben, wird es mit ziemlicher Sicherheit zu Ihnen sagen: «Nein, das fühle ich gar nicht!»

Aber statt sich dieser Methode zu bedienen, versuchen die meisten Eltern, ihrem Kind die negativen Gefühle auszureden. Ein Zehnjähriger sagt beispielsweise zu seinem Vater: «Wir schreiben morgen eine Mathe-Arbeit, und ich habe Angst, daß ich sie verhaue.» Die typische Reaktion des Vaters: «Na, mach dir keine Sorgen, du wirst es schon schaffen», oder: «Du hast doch in diesem Jahr in Mathematik immer ganz gute Noten bekommen, warum sollte es morgen anders sein?», oder: «Also, diese negative Einstellung solltest du ganz schnell wieder ablegen. Was du brauchst, ist eine positive Einstellung zu dem, was auf dich zukommt.» Der Vater meint es gut, aber er hilft seinem Sohn nicht im geringsten, die Angst zu überwinden. Statt dessen hat der Sohn das Gefühl (das er aber für sich behält): «Hat ja keinen Zweck, mit Vater darüber zu reden. Er versteht mich einfach nicht.»

Wenn der Vater sich hingegen der Rückkoppelungstechnik bedient, könnte er so reagieren: «Du scheinst dir wirklich Sorgen zu machen. Woran liegt's denn?» Der Sohn würde dann erklären, weshalb er solche Angst vor der Klassenarbeit hat. Der Vater drückt also die Befürchtungen seines Sohnes mit seinen eigenen Worten aus und reflektiert sie. Der Junge würde dann denken: «Na so was, Vater versteht mich wirklich.» Und diese Erkenntnis würde dem Jungen das Gefühl geben, einen zuverlässigen Verbündeten zu haben. Die Folge davon wäre, daß seine Angst nachläßt. Nachdem der Vater bewiesen hat, daß er seinen Sohn versteht, könnte er ihn positiv beeinflussen, und diese Aktion, die erst *nach* dem Feedback der Angstgefühle erfolgt, würde dem Jungen sehr viel bedeuten.

Ich bediene mich der Bezeichnung «Rückkoppelungstechnik», aber in Wirklichkeit ist es mehr als nur eine Technik – *es ist eine Lebenseinstellung*. Zuerst mag es Ihnen ein bißchen komisch vorkommen, wenn Sie die Gefühle des Kindes mit seinen eigenen Worten reflektieren. Aber wenn Sie sich daran gewöhnen, werden Sie erkennen, daß es sich tatsächlich um eine *psy-*

*chologische Grundeinstellung* handelt, durch die Sie lernen, den Gefühlen Ihres Kindes Ihre volle Aufmerksamkeit zu schenken und sie zu respektieren.

Die Technik ist leicht zu begreifen, aber schwierig zu praktizieren. Und warum? Weil wir vermutlich nicht so erzogen worden sind, ich jedenfalls nicht. Wenn wir in der Kindheit unsere Gefühle nicht zeigen durften, wird es uns später wahrscheinlich schwerfallen, unseren Kindern dieses Recht zuzugestehen. Versuchen Sie, diese Hürde zu nehmen, und experimentieren Sie ein wenig mit der Rückkoppelungstechnik. Sobald Sie erkannt haben, wie sehr sie Ihnen den Umgang mit Ihrem Kind erleichtert, werden Sie sie mehr und mehr benützen.

Allerdings ist die Anwendung dieser Methode noch keine Garantie für eine gute Vater-Kind-Beziehung, und sie ist auch kein Allheilmittel für die Probleme des Kindes. Sie kann ein sehr wichtiger erster Schritt zur Lösung dieser Probleme sein, aber niemals die endgültige Antwort.

Wenn Ihr Kind zum Beispiel weinend aus der Schule heimkommt, weil es nicht zu der Geburtstagsparty eines Klassenkameraden eingeladen worden ist, können Sie als erstes Ihr Verständnis für seine empörten und verletzten Gefühle zeigen. Aber dann müssen Sie versuchen, die Wurzel des Übels anzupacken, indem Sie beispielsweise sagen: «Ich weiß, wie traurig du bist, weil Peter dich nicht zu seinem Geburtstag eingeladen hat. Aber wir beide könnten doch am nächsten Sonnabend selber eine kleine Party veranstalten, und vielleicht hast du Lust, Fritz und Herbert dazu einzuladen.» Damit hätten Sie sich nicht nur die Rückkoppelungstechnik zunutze gemacht, sondern auch in bezug auf die Situation, die an den verletzten Gefühlen Ihres Kindes schuld ist, etwas Positives unternommen. Ihr Kind hat nun einen doppelten Beweis für Ihre Anteilnahme: Sie haben ihm aufmerksam zugehört und zusätzlich etwas getan, um seinen Kummer zu mildern.

Wenn Ihr Kind auf ein Verbot, das Sie ausgesprochen haben, negativ reagiert, ist die Lage natürlich ganz anders. Ihr Kind wollte noch eine Eiswaffel, Sie haben nein gesagt, daraufhin fängt es vor Wut zu weinen an. Sie können ihm zeigen, daß Sie seinen Zorn verstehen, aber wenn Sie seiner Forderung nachgeben, lehren Sie es nur, daß es Sie durch Tränen und Geschrei manipulieren und dazu bringen kann, Ihren Standpunkt zu ändern. Dadurch würden Sie jedoch Ihre elterliche Autorität unterminieren.

Steht Ihr Kind jedoch einer bestimmten Situation scheu, zornig oder ängstlich gegenüber, müssen Sie ihm auf eine konkrete Art und Weise helfen, diese Situation zu meistern.

Nehmen wir folgendes Beispiel: Ihr Kind hat Angst davor, mit anderen Kindern zu spielen. Geben Sie ihm die Möglichkeit, seine Gefühle auszudrücken, und reflektieren Sie sie. Zusätzlich ist es aber erforderlich, daß Sie einen Plan machen, wie Sie das Kind langsam und behutsam von seiner Angst befreien können. Fangen Sie damit an, daß Sie zuerst immer nur ein Kind aus der Nachbarschaft einladen, in Ihr Haus zu kommen und mit Ihrem Kind zu spielen. Sie können diesen Besuch noch attraktiver machen und seine Wirkung verstärken, indem Sie einen kleinen Imbiß für die Kinder herrichten.

Wenn Ihr Kind sich zornig darüber beklagt, daß die anderen Kinder nicht mit ihm spielen wollen, weil es zu grob ist und sie herumkommandiert, müssen Sie ihm das klarmachen, ohne es zu schelten oder ihm eine Moralpredigt zu halten: «Hansi, ich frage mich, ob die anderen Kinder deshalb nicht mit dir spielen wollen, weil du sie mit Sand bewirfst und zum Weinen bringst, wenn sie nicht das tun, was du willst.»

Viele Eltern machen den Fehler, die Probleme ihres Kindes lösen zu wollen, *bevor* sie ihm eine Möglichkeit gegeben haben, seine Gefühle auszudrücken, und *bevor* sie ihm durch Rückkoppelung bewiesen haben, daß sie seine Reaktion verstehen.

Ich möchte den Inhalt dieses Abschnitts kurz zusammenfassen: Es ist für Sie als Vater wichtig, zwischen den Gefühlen und den Handlungen Ihres Kindes zu unterscheiden. Sie sollten zwar die Handlungsfreiheit Ihres Kindes in vernünftigem Ausmaß beschneiden, ihm aber gestatten, seine Gefühle frei zu zeigen. Mit Hilfe der Rückkoppelungstechnik können Sie ihm beweisen, daß Sie es wirklich verstehen. Falls es erforderlich ist, helfen Sie ihm, die Situation, die der Anlaß für seine negative Reaktion ist, zu meistern.

### *Die Erziehung zur Sauberkeit*

In diesem Entwicklungsstadium sollte man mit der Erziehung zur Sauberkeit beginnen. Das ist zwar in der Hauptsache Aufgabe Ihrer Frau, aber auch Sie können dabei mithelfen und sollten ebenfalls die damit zusammenhängenden psychologischen Grundsätze verstehen. Die Erziehung zur Sauberkeit ist im Grunde genommen nichts weiter als das einfache Problem, dem Kind beizubringen, eine neue Fertigkeit zu erwerben. Leider machen die meisten Eltern aus diesem relativ unkomplizierten Unterricht oft ein fürchterliches Fiasko, da sie nicht begreifen, wie komplex die Aufgabe für ein zweijähriges Kind ist.

Sie können Ihrem Kind dabei helfen, indem Sie es belohnen, wenn sein Versuch von Erfolg gekrönt war, und kein Aufhebens davon machen, wenn es nicht geklappt hat. Nehmen Sie das Kind in die Arme oder geben Sie ihm einen Kuß, oder sagen Sie: «Bist ein braves Kind» oder «Papi ist stolz auf dich».

### *Die Entwicklung der Sprache*

Wie ich bereits erwähnt habe, dominiert beim einjährigen Kind die passive Sprache; es versteht, was man zu ihm sagt, aber sein aktiver Wortschatz ist sehr klein. Beim zweijährigen Kind steht das aktive Sprachvermögen im Vordergrund.

Der zweite Geburtstag markiert tatsächlich einen wichtigen Übergang. Das Kind spricht zwar noch in Ein-Wort-Sätzen, doch reiht es allmählich immer mehr Wörter aneinander, bis kurze Sätze entstehen. Was es bisher in seinem Gehirn gespeichert hat, kommt jetzt in der Form der aktiven Sprache zum Vorschein.

Denken Sie einmal darüber nach, was das eigentlich bedeutet. Das Erlernen einer Sprache ist für ein so junges Kind eine phantastische intellektuelle Leistung. Wenn Sie sich überlegen, wieviel Intelligenz dazu gehört, eine Sprache zu erlernen, und daß Ihr zweijähriges Kind diese Leistung anscheinend spielend vollbringt, können Sie all Ihre Zweifel an seinen intellektuellen Fähigkeiten ad acta legen.

Die neue Fähigkeit der aktiven Sprache ist für die intellektuelle Entwicklung des Kindes außerordentlich wichtig. Jetzt kann es seine Welt begrifflich darstellen. Es kann mit sich selbst debattieren. Es kann sich eine kleine Eintagszukunft vorstellen. Es kann beim Spiel neue Variationen erfinden. Es kann Phantasie entwickeln.

Im zweiten Lebensjahr hat Ihr Kind erstaunlich viel Zeit damit verbracht, seine körperliche Gewandtheit zu entwickeln, und jetzt wendet es genausoviel Zeit dafür auf, sich im Gebrauch der Sprache zu üben.

Setzen Sie auf jeden Fall das Namenspiel fort. In dieser Entwicklungsphase ist das Kind «worthungrig», wie Dr. Gesell es nennt. Es wird begeistert bei diesem Spiel mitmachen und wahrscheinlich gleichzeitig eine Variante erfinden, *das «Fragespiel»*.

Beantworten Sie seine Fragen möglichst sorgfältig. Sie sind nämlich der Ausdruck seiner Bemühungen, mehr über die Welt, in der es lebt, herauszufinden. Es wird Sie über alles und jedes ausfragen. Und *je intelligenter es ist, desto mehr fragt es.*

Viele Eltern empfinden die endlose Fragerei ihres Kindes als lästig. Aber wenn Sie ihm die gewünschten Erklärungen geben, wird es Sie dadurch entschädigen, daß es mit großem Eifer lernt und Sie als seinen hochgeschätzten Lehrer betrachtet.

Der Idealfall wäre, wenn Sie alle seine Fragen beantworten würden, denn dadurch könnten Sie ihm helfen, seinen Wortschatz, sein Denkvermögen, seine Sprachfähigkeit und seine allgemeine Intelligenz zu erweitern. Aber ein Vater müßte ein wahres Wunder an Geduld und Nervenkraft sein, wenn er alle

Fragen des Kindes beantworten könnte. Tun Sie Ihr mögliches, aber scheuen Sie sich nicht, gelegentlich zu sagen: «Und jetzt ist Schluß mit der Fragerei. Papi ist müde.»

## *Bücher, Unterhaltung, Spiele*

Im vorigen Kapitel habe ich Ihnen vorgeschlagen, daß zu dem allabendlichen Ritual beim Zubettgehen auch das Vorlesen gehören sollte. Beim einjährigen Kind besteht das Vorlesen hauptsächlich darin, ein Bild mit einem einzigen Wort zu erklären. Aber jetzt können Sie dem Kind richtige Geschichten mit einer kontinuierlichen Handlung vorlesen.

In diesem Stadium ist Ihr Kind von Wörtern und Wortspielen fasziniert. Kinderreime sind wegen ihres Rhythmus und der Wiederholung bestimmter Laute nach wie vor sehr beliebt. Aber lassen Sie Ihr Kind nach Möglichkeit am Vorlesen teilnehmen, indem Sie das Buch so halten, daß es die Abbildungen sehen kann. Sie können es dem Kind dadurch erleichtern, die Details richtig zu erkennen und im Gedächtnis zu registrieren, daß Sie ihm Fragen über die dargestellten Personen und Gegenstände stellen.

Ein Kind in diesem Alter hat meist ein paar Lieblingsbücher und verlangt Tag für Tag, daß Sie daraus vorlesen. Manchmal ist es nur mit Mühe zu überreden, sich eine neue Geschichte anzuhören.

Falls Sie Lust am Fabulieren haben, versuchen Sie doch, selbst Geschichten zu erfinden. Machen Sie sich nichts daraus, wenn Sie sich bei dieser ungewohnten Betätigung zuerst ein bißchen merkwürdig vorkommen. Ein zweijähriges Kind wird immer begeistert zuhören, gleichgültig, ob Sie ein guter Erzähler sind oder nicht. Besonders viel Spaß machen ihm Geschichten über die Alltagserlebnisse eines Mannes, der Ihnen selbst ähnlich sieht. Auch Geschichten über ein Kind, das dem Ihren aufs Haar gleicht, finden ein begeistertes Echo.

Entfalten Sie Ihr ganzes schauspielerisches Talent und spicken Sie Ihre Geschichten mit vielen drolligen Tönen und Geräuschen. Heben oder senken Sie die Stimme, wenn Sie sich einem dramatischen Höhepunkt nähern, und lassen Sie das Kind am Ablauf der Geschichte mitarbeiten, indem Sie es fragen: «Und was meinst du wohl, was dann geschah?» Keine Sorge – Ihr Kind wird es Ihnen bestimmt sagen. Machen Sie das, was es sagt, zum Bestandteil des weiteren Handlungsverlaufs.

Ich hoffe, daß Sie Ihrem Kind gern *vorlesen und Geschichten erzählen*, denn beides *trägt in hohem Maße dazu bei, sein Sprachvermögen zu verbessern* und die Beziehung zwischen Ihnen und Ihrem Kind zu vertiefen.

Es gibt noch vieles andere, was Sie unternehmen könnten, aber ich möchte hier nicht ins einzelne gehen. Jeder Vater hat einen anderen Geschmack, und Sie sollten ja die Zeit, die Sie mit Ihrem Kind verbringen, *genießen*. Wenn es Ihnen nicht liegt, mit ihm im Sandkasten zu spielen, dann lassen Sie es lieber bleiben. Das Kind spürt, daß Sie sich unbehaglich fühlen, und das nimmt ihm viel von der Freude an Ihrer Gesellschaft.

Ein zweijähriges Kind hat an unendlich vielen Dingen Spaß, und sicherlich ist darunter einiges, das auch Ihrem Geschmack entspricht. Es hat Freude am Malen, am Spiel im Sandkasten, an Ausflügen zum Spielplatz, an Spaziergängen im Park. Es planscht gern im Wasser herum und ist ein begeisterter Autofahrer. Ein Besuch in einem Eisenwarenladen, der für Sie nichts Besonderes ist, bereitet Ihrem Kind einen Hochgenuß. Es wandert gern ein bißchen herum und untersucht Steinchen oder beobachtet die Ameisen im Gras. Es liebt fast alle Tiere, und ein Besuch im Zoo ist ein ganz besonderes Vergnügen.

Zusammenfassend möchte ich sagen, daß Sie Ihr Kind in diesem Alter manchmal als Nervensäge betrachten werden. Aber vergessen Sie niemals, daß seine negativen und rebellischen Reaktionen ein Bestandteil der positiven Entwicklung sind, die es ihm ermöglicht, seine Selbstidentität zu erlangen.

Es ist wahrhaft ironisch, daß jeder Vater den Wunsch hat, sein Kind möge ein willensstarker und dynamischer Erwachsener werden, aber nicht fähig ist, eben diese Persönlichkeitsmerkmale zu akzeptieren, wenn das Kind zweieinhalb Jahre alt ist. Niemand könnte behaupten, daß ein zweijähriges Kind ein Zimperling ist. Seine Forderung nach sofortiger Erfüllung seiner Bedürfnisse, sein enthusiastisches und rückhaltloses Engagement gegenüber der Welt, seine energischen Proteste gegen jede Freiheitsbeschränkung und sein robuster Lebensgenuß sind ja Paradebeispiele für eine dynamische Natur. Und gerade diese Dynamik ist für Ihr Kind jetzt und auch später ein wichtiger psychologischer Aktivposten. Sicherlich wollen Sie nicht, daß es diese vorwärtsdrängende Energie und Dynamik verliert.

Wenn Sie dieses Merkmal seiner Persönlichkeit respektieren, helfen Sie ihm, in dieser kritischen Entwicklungsphase eine gesunde Selbstidentität aufzubauen.

# Der Vater als Erzieher 5

Ich möchte in diesem Kapitel ein Thema behandeln, das für viele Eltern ein echtes Anliegen und ein großes Problem ist: die Disziplin. Einige Aspekte der Disziplin im Kleinkindalter habe ich bereits erwähnt, und jetzt werde ich mich mit den grundsätzlichen Regeln befassen, die Ihnen helfen können, Ihr Kind richtig zu lenken, bis es in die Adoleszenz kommt.

Zwischen vielen Eltern bestehen Meinungsverschiedenheiten über die Erziehung der Kinder. Die Mutter klagt, daß der Vater zu streng ist, der Vater wirft der Mutter eine zu große Nachgiebigkeit vor (oder umgekehrt). Ein Grund für diese gegensätzlichen Ansichten und Mißverständnisse ist die Tatsache, daß keiner von beiden jemals gründlich darüber nachgedacht hat, was Disziplin eigentlich ist und wie sie durchgesetzt werden kann.

Disziplin hat nichts mit Bestrafung zu tun, aber die meisten Väter setzen beides gleich, wenn sie die beliebte Feststellung machen: «Das schlimme an der heutigen Jugend ist, daß man ihr keine Disziplin beigebracht hat.» Die Bestrafung sollte lediglich ein zweitrangiger Bestandteil der Disziplin sein und nur als allerletzte Maßnahme angewendet werden, wenn alle anderen Methoden versagt haben.

*Disziplin ist sowohl ein Lehr- als auch ein Lernprozeß*, und aus Tausenden von psychologischen Untersuchungen über die Art und Weise, wie Kinder lernen, wissen wir, welche Lehrmethoden erfolgreich sind und welche nicht. Leider informieren sich die meisten Eltern zu wenig oder gar nicht über diese Methoden. Sie sind in der unglückseligen Lage eines Lehrers, der Schulanfängern erstmals Unterricht im Lesen erteilen soll, aber während seiner Ausbildung leider nicht gelernt hat, mit welchen

Methoden er dieses Ziel am besten erreichen kann. Genau diese Information ist es , die ich Ihnen in punkto Erziehung zur Disziplin geben möchte.

Als erstes müssen Sie sich *über das angestrebte Ziel im klaren sein.* Das Kind soll nicht etwa lernen, aufs Wort zu gehorchen. Das wäre eine blamabel dürftige Interpretation, denn damit würden Sie ja gleichzeitig voraussetzen, daß ständig jemand da ist, der dem Kind vorschreibt, was es zu tun und zu lassen hat, und der von ihm Gehorsam fordert.

Der Vater sollte an die Zukunft des Kindes denken und ein langfristiges Programm ausarbeiten, dessen Verwirklichung im Kleinkindalter beginnt. Die Eltern müssen ihr Kind durch alle Entwicklungsphasen hindurch und mit viel Geduld lehren, wünschenswerte Verhaltensformen anzunehmen und unerwünschte zu vermeiden, bis das endgültige Ziel erreicht ist – ein erwachsener Mensch zu werden, der fähig ist, *Selbstdisziplin* zu üben, und der von sich aus das Bedürfnis hat, sich sozial angepaßt zu verhalten. Mit Hilfe welcher Lehrmethoden kann das erreicht werden?

## *Erkenne dich selbst – und verstehe dein Kind*

Erste Voraussetzung dafür ist, daß der Vater (und natürlich auch die Mutter) über die Entwicklungsstadien des Kindes vom Säuglingsalter bis zur Adoleszenz gründlich informiert ist. Er muß wissen, was das Kind in jeder einzelnen Wachstumsphase lernen kann und wozu es noch nicht fähig ist. Ferner sollte er wissen, welches Verhalten in welchem Lebensalter für ein Kind jeweils «typisch» ist. Man darf sicherlich behaupten, daß neunundneunzig Prozent der Ehepaare, die zum ersten Mal Eltern werden, keine Ahnung haben, was von ihnen verlangt wird. Wie sollten sie auch? In unseren Schulen wird über die Entwicklung des Kindes ja kaum gesprochen.

Da die Mutter den ganzen Tag lang mit dem Kind zusammen

ist, lernt sie mehr über das normale Verhalten eines Drei-, Sechs- oder Achtjährigen als *der Vater*, der daher auch *viel mehr dazu neigt, zu hohe Anforderungen an das Kind zu stellen.*

Ich möchte diesen Punkt besonders hervorheben, denn viele der Probleme, mit denen der Vater bei der Erziehung seines Kindes konfrontiert wird, beruhen auf solchen zu hoch geschraubten Erwartungen. So setzt er bei einem vierjährigen Kind voraus, daß es sich wie ein siebenjähriges benimmt, und von einem elfjährigen Kind, daß es sich wie ein fünfzehnjähriges verhält.

Ein normales Kind ist anderen Menschen gegenüber völlig rücksichtslos. Es denkt in erster Linie an sich selbst und an seine eigenen Wünsche. Sehr oft ist sein Normalverhalten für Erwachsene ein Ärgernis und eine Nervenbelastung. Es ist ziemlich häufig ein schlechter Verlierer, was es durch Wutausbrüche und Tränen demonstriert. Man muß es an jede Kleinigkeit, die es tun soll, immer wieder erinnern, und man muß es oft ermahnen. Mit anderen Worten: Kinder sind keine Erwachsenen. Zwischen der Welt des Kindes und der Welt der Erwachsenen besteht eine tiefe emotionale und intellektuelle Kluft. Kinder sind nicht an den gleichen Dingen interessiert wie Erwachsene, und vieles von dem, was Erwachsene tun, findet das Kind nicht der Nachahmung wert.

Wir, die Erwachsenen, pflegen zu vergessen, wie wir selbst uns mit vier oder sieben Jahren benommen haben. Wir neigen unbewußt dazu, von unseren Kindern ein Verhalten zu erwarten, das dem unseren entspricht, nur eben in verkleinertem Maßstab.

Das ist höchst unrealistisch. Ein normales Kind verhält sich wie ein Kind und nicht wie ein Mini-Erwachsener, und man sollte es niemals bestrafen oder schelten, weil es seinem Alter entsprechend reagiert. Für Väter gilt im allgemeinen die folgende Faustregel: Sie dürfen mit ziemlicher Sicherheit annehmen, daß Sie von Ihrem Kind in *jedem* Lebensalter ein reiferes Verhalten erwarten, als es seiner normalen Entwicklung entspricht.

Zweitens: Wenn Sie Ihr Kind mit Erfolg lehren wollen, wünschenswerte Verhaltensformen zu entwickeln, müssen Sie eine positive Beziehung zu ihm herstellen, genauso wie jeder gute Lehrer darauf bedacht ist, zu seinen Schülern Kontakt zu haben und für ein freundliches emotionales Klima zu sorgen. Wenn die Schüler ihren Lehrer hassen und ablehnen, wird er ihnen nicht viel beibringen können. Für das Verhältnis zwischen Vater und Kind gilt das gleiche. Es bedarf keiner großen Anstrengung Ihrerseits, um eine gute Beziehung zu Ihrem Kind aufrechtzuerhalten. Da das Kind über keinen angeborenen Instinkt verfügt, der ihm sagt, daß es Sie lieben und achten oder den Wunsch haben soll, Ihnen zu gehorchen, müssen Sie diese Gefühlsbeziehung *aufbauen*, indem Sie Ihrem Kind viel Zeit widmen. Und diese innige emotionale Beziehung muß in den ersten Lebensjahren hergestellt werden, andernfalls wird es Ihnen nicht gelingen, das Kind später erfolgreich zu lenken.

Ein fünfzehnjähriger Junge, der bei mir in Behandlung war, beklagte sich verbittert: «Jetzt, da ich durch Drogen und anderes in Schwierigkeiten geraten bin, macht mein Vater plötzlich auf Freundschaft und will mich zu Sportveranstaltungen und so mitnehmen. Aber wo war er in den ganzen Jahren, in denen ich mir gewünscht habe, daß er mit mir spielt und mir etwas Aufmerksamkeit schenkt? Von mir aus kann er sich jetzt zum Teufel scheren.»

Rechnen Sie einmal nach, wieviel Zeit Sie mit Ihrem Kind verbringen. Sie sollten sich bemühen, so oft wie möglich ungestört und ohne Gegenwart anderer mit ihm zusammen zu sein und irgend etwas zu unternehmen, das sowohl Ihnen als auch dem Kind Freude macht. Wenn Ihr Kind zu Ihnen kommt und etwas von Ihnen will, wie oft sagen Sie dann: «Ich habe noch zu tun, ich komme später zu dir» (ein Später, das niemals Gegenwart wird)?

Versuchen Sie, sich so zu sehen, wie Ihr Kind Sie sieht. Besteht Ihre Vaterrolle zu neunundneunzig Prozent darin, daß Sie etwas von ihm erwarten, es auffordern, irgend etwas zu tun oder zu lassen, oder es schelten, weil es unartig war? Wenn das zutrifft, dann bauen Sie keine enge Beziehung zu ihm auf. Für das Kind ist es wichtig, auch dann mit Ihnen zusammen zu sein, wenn Sie nichts von ihm wollen, wenn Sie beide nichts weiter tun, als miteinander und aneinander Spaß zu haben. Und ganz besonders muß es Sie in den ersten fünf Jahren seines Lebens öfters für sich allein haben, denn das sind die Jahre, in denen die Grundlage für eine dauerhafte Beziehung entsteht. Viele der anormalen Reaktionen, die wir bei Jugendlichen beobachten, hätten vermieden werden können, wenn die Väter bemüht gewesen wären, in den Vorschuljahren eine innige Bindung zu ihren Kindern aufzubauen.

Drittens: Der Vater sollte auch in den ersten Lebensjahren seinem Kind gegenüber konsequent sein. Nur so lernt es, daß der Vater meint, was er sagt, und richtet sich danach. Es kann gar nicht genug betont werden, daß die väterliche Strenge sich nur auf die *Handlungen* des Kindes beziehen darf, nicht aber auf seine Gefühle. Es ist für den Vater nicht immer leicht, die richtige Wahl zwischen Großzügigkeit und Strenge zu treffen. Aber beides, Erlauben und Verbieten, darf sich nur auf die Handlungen des Kindes beziehen.

Wohl sollten Sie sich Mühe geben, die Gefühle Ihres Kindes zu verstehen, aber das darf Sie nicht verleiten, zu dulden, wenn es etwas tut, das es nicht tun sollte, zum Beispiel ein anderes Kind treten oder schlagen, mutwillige Sachbeschädigung, Schuleschwänzen, Stehlen, Sie dazu überreden, ihm vor dem Essen eine Portion Eis zu spendieren oder irgend etwas anderes, wodurch es sich selbst schadet oder das vom sozialen Standpunkt aus verwerflich ist. Sie tun Ihrem Kind ganz bestimmt keinen Gefallen, wenn Sie Unentschlossenheit zeigen, so daß es nie genau weiß, was Sie eigentlich wollen. Was immer Sie Ihrem Kind erlauben, sollte in das normale Verhaltensmuster eines Kindes in dem jeweiligen Entwicklungsstadium hineinpassen.

Nach dieser kurzen Wiederholung komme ich auf das zurück, worum es mir in diesem Kapitel eigentlich geht: Es ist für Sie als Vater wichtig, daß Sie in jeder Entwicklungsphase vernünftige und angemessene Grenzen und Beschränkungen in bezug auf die Handlungsfreiheit Ihres Kindes festlegen. Sie müssen darauf bestehen, daß diese Grenzen und Beschränkungen eingehalten werden. Dadurch helfen Sie dem Kind, eine eigene innere

Kontrolle über seine antisozialen Impulse zu entwickeln. Wenn Sie zu nachsichtig sind, erschweren Sie dem Kind die Entwicklung dieses Kontrollsystems, und es wird in den kritischen Teenagerjahren große Schwierigkeiten haben, antisoziale Verhaltensformen abzulegen.

Viertens: Der Vater sollte sich die wertvollen Erkenntnisse zunutze machen, die Psychologen und Pädagogen aus umfangreichen Untersuchungen gewonnen haben, und zwar nicht nur in bezug auf erfolgreiche Lehrmethoden für Kinder, sondern auch auf solche, die sich in Tierversuchen bewährt haben. Gerade in den ersten Lebensjahren haben Kinder viele psychologische Merkmale, die man auch beim Hund, bei der Katze, beim Delphin und beim Schimpansen feststellen kann. Die Ergebnisse der Tierversuche haben den Psychologen viele wertvolle Hinweise für die Entwicklung wirksamer Lehrmethoden für Kinder gegeben. Die wichtigsten dieser Methoden beruhen auf dem *psychologischen Mechanismus der Verstärkung durch Belohnung.*

## *Belohnung muß sein*

Sie erinnern sich an die Beschreibung des Experiments mit dem Delphin, der durch einen Flammenreifen springen sollte. Die gleichen psychologischen Grundsätze gelten für jeden Vater, der den Wunsch hat, sein Kind so zu lenken, daß es positive Verhaltensformen zeigt:

1. Der Lehrer muß das erwünschte Verhalten des Schülers belohnen und dadurch verstärken. Für das Tier besteht die Belohnung aus einem Leckerbissen, für das Kind aus der Liebe, der Aufmerksamkeit und dem Lob der Eltern.

2. Der Lehrer sollte nur die wünschenswerten Verhaltensformen des Kindes belohnen und unerwünschte Reaktionen ignorieren, wenn nicht dadurch die Gefahr gegeben ist, daß das Kind sich selbst oder andere Kinder verletzt oder daß Sachwerte be-

schädigt werden. In diesem Fall muß der Lehrer eingreifen.

Wenn Ihr zweijähriges Kind unbedacht auf eine verkehrsreiche Straße hinausrennt, können Sie sein unerwünschtes Verhalten natürlich nicht ignorieren. Aber, wie schon gesagt, Sie sollten nur dann einschreiten, wenn eine der unter Punkt zwei genannten Gefahren besteht. Von den anderen in diesem Alter üblichen negativen Verhaltensformen, wie Trödelei, Quengelei oder Gedankenlosigkeit, sollten Sie keine Notiz nehmen.

Leider tun die meisten Eltern genau das Gegenteil. Sie beachten das Kind nicht, wenn es sich so benimmt, wie es ihren Wünschen entspricht, geben also seinem positiven Verhalten keinen verstärkenden Impuls. Erst wenn es ihnen durch irgendeine unerwünschte Reaktion auffällt, wenden sie ihm sofort ihre Aufmerksamkeit zu und belohnen das Kind dadurch unbewußt für sein negatives Verhalten.

3. Belohnen Sie jeden Schritt, den das Kind in Richtung auf ein erstrebenswertes Ziel macht, und warten Sie damit nicht, bis es das Ziel erreicht hat. Der Tierpsychologe hatte ja auch mit der Belohnung nicht gewartet, bis der Delphin das Endziel, nämlich den Sprung durch den Flammenreifen, erreicht hatte. Wenn er die Belohnung bis zum Schluß verschoben hätte, wäre es ihm niemals geglückt, den Delphin zu motivieren, das Endziel anzustreben. Ganz ähnlich ist die Situation, wenn Sie Ihr neunjähriges Kind auffordern, sein Zimmer in Ordnung zu halten. Sie dürfen nicht erwarten, daß es von einem Tag auf den andern die Ordnung und Sauberkeit erreicht, die Ihnen vorschwebt. Loben Sie das Kind für jede Anstrengung, die es auf sich nimmt, um dieses Ziel zu erreichen, bis es nach einiger Zeit sein Zimmer tatsächlich so schön aufräumt, wie Sie es wünschen – und erwarten Sie ja nicht, daß der Begriff, den ein neunjähriges Kind von Ordnung und Sauberkeit hat, dem Standard eines Erwachsenen entspricht.

4. Wenn Sie anfangen, das Kind einer gewissen Disziplin zu unterwerfen, ist es wichtig, daß Sie jede wünschenswerte Reaktion des Kindes belohnen. Sobald es gute Fortschritte gemacht hat und sich an diese Methode gewöhnt hat, können Sie die Zeiträume zwischen den einzelnen Belohnungen verlängern.

5. Wenn Sie Ihr Kind von einer unerwünschten Reaktion abhalten wollen, dann wählen Sie dazu nicht die Methode der Bestrafung (Schelte, Moralpredigt, Schläge), sondern verfahren Sie nach dem Prinzip der Ausmerzung. Wenn zum Beispiel erreicht werden soll, daß ein Tier ein andressiertes Verhalten wieder aufgibt, stellt der Psychologe die Belohnung des nunmehr unerwünschten Verhaltens ein. Nehmen wir an, er hat bisher einen Affen jedesmal belohnt, wenn dieser einen Hebel herabdrückte. Wenn er durchsetzen will, daß der Affe dieses Verhalten ablegt, braucht er dem Tier nur die bisher gewohnte Belohnung vorzuenthalten. Es ist dann nur noch eine Frage der Zeit, wann das Tier aufhören wird, den Hebel herunterzudrücken.

Auf dieselbe Art und Weise kann man zum Beispiel einem Vierjährigen abgewöhnen, häßliche Ausdrücke zu gebrauchen, die es irgendwo aufgeschnappt hat. Viele Eltern reagieren falsch, indem sie zeigen, daß sie schockiert sind; dadurch bestärken sie das Kind darin, diese Ausdrücke weiterhin zu gebrauchen. Ihre starke emotionale Reaktion bewirkt also eine negative Verstärkung. Statt dessen sollten sie einfach überhören, was das Kind sagt. Wenn das Kind feststellen muß, daß es mit den unschönen Ausdrücken keine nennenswerte Reaktion hervorruft, wird es früher oder später aufhören, sie zu wiederholen. Sie haben den Gebrauch der betreffenden Schimpfwörter «ausgemerzt», indem Sie es vermieden haben, durch Ihre Aufmerksamkeit das Fehlverhalten des Kindes zu verstärken.

## *Eine «gesunde» Tracht Prügel*

Die meisten Eltern geben sich der naiven Illusion hin, daß sie das Kind davon abbringen können, irgend etwas zu tun, indem sie es bestrafen. Besonders die Väter pflegen der Ansicht zu sein, daß «dem Kind nichts weiter fehlt als eine gesunde Tracht Prügel». Wenn dieser simple Glaube zutreffen würde, wären die Gefängnisse nicht so voll von erwachsenen Verbrechern, von denen viele in ihrer Kindheit des öfteren eine «gesunde Tracht

Prügel» bekommen haben. So paradox es auch klingt, gerade dadurch, daß die Eltern ein bestimmtes Verhalten bestrafen, lehren sie das Kind, an diesem unerwünschten Verhalten festzuhalten.

Die Eltern sind der Meinung, daß eine Bestrafung ein Abschreckmittel gegen nicht wünschenswerte Verhaltensformen ist. Aber viele Kinder empfinden eine Bestrafung als eine Belohnung – wenn auch als eine negative –, da sie die Aufmerksamkeit der Eltern erregt haben. Das soll nicht heißen, daß das Kind *bewußt* so darüber denkt. Es nimmt sich auch keineswegs morgens beim Aufwachen vor: «Ich werde mal sehen, ob ich meine Eltern heute dazu bringen kann, mich zu schelten und zu bestrafen.»

Nein, so ist es wirklich nicht. Was das Kind *unbewußt* zu sich sagt, ist: *«Negative Aufmerksamkeit ist besser als gar keine.»* Ein sechsjähriger Junge, der bei mir in Behandlung war, drückte es mit erstaunlicher Deutlichkeit so aus: «Mein Vater beachtet mich meistens nicht, weil er mit seiner Arbeit viel zu beschäftigt ist, aber wenn ich mich ungezogen benehme, dann *muß* er sich um mich kümmern.»

Ich hoffe, dieses Beispiel genügt, um Sie von Ihrem Kinderglauben zu befreien, daß die Bestrafung die beste Methode zur Verhinderung von unerwünschten Verhaltensformen ist. Da Sie jetzt wissen, daß eine Bestrafung paradoxerweise oft die Wirkung einer Belohnung für ein negatives Verhalten ist, sollten Sie in Zukunft lieber die Methode der Ausmerzung anwenden. Um zu vermeiden, daß einer meiner Leser doch einen falschen Eindruck bekommt, möchte ich hier folgendes wiederholen: Die Anwendung dieser Methode bedeutet *nicht*, daß Sie ein unerwünschtes Verhalten ignorieren sollen, durch welches Ihr Kind oder andere Kinder in Gefahr geraten oder Sachwerte beschädigt werden könnten. In solchen Fällen müssen Sie *energisch einschreiten*, sollten aber keine *Strafe* verhängen. Wenn Ihr Kind einen Spielgefährten schlägt, halten Sie seine Hände fest und sagen Sie eindringlich: «Du darfst Harald nicht schlagen. Wenn du wütend auf ihn bist, dann sage es ihm, aber du darfst ihn nicht schlagen.»

## *Einsicht ist der erste Weg zur Besserung*

Es gibt auch Lehrmethoden, die nur für Kinder geeignet sind, nicht jedoch für Tiere. Ein Hund oder ein Delphin hat kein Selbstverständnis, aber ein Kind hat es. Denken Sie an das, was Sie mit Hilfe der Disziplin für Ihr Kind erreichen wollen, nämlich, es zu einem Menschen zu erziehen, der sein Verhalten selbst regulieren und Selbstdiziplin praktizieren kann. Bis zu welchem Grad es dazu fähig sein wird, hängt von der Stärke seines Selbstverständnisses ab. Deshalb haben alle nachfolgend beschriebenen Methoden der Disziplin das gemeinsame Ziel, *das Selbstverständnis des Kindes* zu *stärken* und es ihm zu ermöglichen, das Ziel der Selbstregulierung anzustreben.

Da wäre als erstes die Anwendung der «Kontrolle durch die Umgebung». Sie reduziert die Notwendigkeit für andere Methoden der Disziplin auf ein Mindestmaß. Das gilt besonders für sehr junge Kinder. Wenn die Eltern dem Kind eine interessante und anregende unmittelbare Umgebung bieten, bedienen sie sich der Kontrolle durch die Umgebung, um die Entstehung von Problemen zu verhindern.

Umgekehrt fordern Eltern, die ihre kleinen Kinder auf lange Autoreisen mitnehmen und von ihnen erwarten, daß sie sich ruhig verhalten und sich an der Szenerie erfreuen, Konfliktsituationen geradezu heraus. Aber wenn sie die Kinder mit Unterhaltungs- und Rätselspielen und Büchern versorgen, öfters eine Rast machen und den Kindern die Möglichkeit geben, einen Teil ihrer überschüssigen Energie loszuwerden, praktizieren sie eine klug durchdachte Kontrolle durch die Umwelt, die viel dazu beiträgt, daß die Kinder nicht energisch zur Ordnung gerufen werden müssen.

Zweitens gibt es die Möglichkeit, dem Kind die Freiheit zu lassen, seine Umwelt zu erforschen und dabei sein Verhalten selbst zu regulieren. So hilft man ihm, ein solides und positives Selbstverständnis aufzubauen. Sobald das Kind sich selbst füttern und anziehen kann oder fähig ist, ohne Hilfe alles für sein Bad vorzubereiten, sollte man es gewähren lassen. Natürlich geht es schneller, wenn die Erwachsenen all diese Dinge für das

Kind tun, aber es fördert die Entwicklung seines Selbstverständnisses, wenn man es innerhalb vertretbarer Grenzen selbständig handeln läßt.

Denken Sie drittens auch daran, daß die unbewußte Nachahmung ein weiterer und sehr wichtiger Faktor bei der Entwicklung eines positiven Selbstverständnisses ist. Kinder sind geborene Imitatoren, und das gibt den Eltern eine außerordentlich wirksame Lehrmethode an die Hand. Sie können lebende Beispiele für positive Charaktereigenschaften und gute Manieren sein, an denen sich die Kinder unbewußt orientieren. Wenn Sie sich den Nachahmungstrieb Ihres Kindes zunutze machen, können Sie sich viele erzieherische Schlachten mit Ihrem Kind ersparen. Ich gebe Ihnen hierfür ein ganz einfaches Beispiel: Wenn Sie und Ihre Frau gute Tischmanieren haben, wird das Kind Sie nachahmen, sobald es alt genug dazu ist – natürlich nicht schon mit zwei oder vier Jahren, aber irgendwann einmal ganz bestimmt. Damit haben Sie ein Problem gelöst, das zu einer unerfreulichen Atmosphäre am Mittagstisch führen kann. Und wenn Sie Ihr Kind lehren wollen, die Rechte und Gefühle anderer Menschen zu respektieren, dann beginnen Sie damit, daß Sie seine eigenen Rechte und Gefühle respektieren. Behandeln Sie es nicht von oben herab und kommandieren Sie es nicht herum.

Zum vierten: Lassen Sie Ihr Kind aus den natürlichen Folgen seiner Handlungen lernen, denn auch das trägt zur Bildung eines guten Selbstverständnisses bei und ist außerdem für die Eltern ein wertvolles erzieherisches Hilfsmittel, von dem leider viel zuwenig Gebrauch gemacht wird.

Wenn ein Kind zu Tisch gerufen wird und erst zwanzig Minuten später erscheint, wird sein Essen kalt sein. Wenn es versäumt, seine Schulaufgaben zu erledigen, wird es anderntags in der Schule getadelt. Wenn es morgens trödelt, wird es zu spät zur Schule kommen. Wenn es sein wöchentliches Taschengeld gleich am ersten Tag ausgibt, bleibt ihm bis zur nächsten Woche nichts mehr.

Solche unangenehmen Folgen wirken im allgemeinen abschreckend auf das Kind und veranlassen es, sein Verhalten zu ändern. Greifen aber die Eltern ständig ein, um ihm diese Folgen zu ersparen, machen sie den *erzieherischen Wert der Erfahrung* zunichte und lehren das Kind, daß es stets auf sie zurückgreifen kann, um sich vor unerwünschten Konsequenzen der eigenen Handlungen zu schützen. Das ist seinem Selbstverständnis abträglich, weil dadurch statt dem Verantwortungsgefühl und der Fähigkeit, auf eigenen Füßen zu stehen, die Verhaftung im kleinkindlichen Entwicklungsstadium gefördert wird.

### *Wer nicht hören will, muß fühlen*

Leider reichen die natürlichen Folgen einer Handlung nicht immer aus, um das angestrebte erzieherische Resultat zu erreichen. In solchen Fällen bleibt uns oft nichts anderes übrig, als auf *«künstliche» Folgen* zurückzugreifen, auf *das, was man gemeinhin «Bestrafung» nennt.* Diese künstlichen Folgen gliedern sich in drei Haupttypen.

1. Wir können das Kind sozial absondern, indem wir es aus einer gegebenen Gruppe herausholen oder auf sein Zimmer schicken.

Diese Absonderung sollte jedoch stets vorübergehenden, nicht endgültigen Charakter haben. Wenn beispielsweise Ihr Vierjähriger durch schlechtes Benehmen das Spiel einer Gruppe von Kindern stört, so sagen Sie *nicht:* «Fritzchen, du bist wirklich ein ganz böser Junge. Du spielst jetzt für den Rest des Nachmittags in deinem Zimmer!» Dies bedeutet eine endgültige Absonderung und motiviert das Kind in keiner Weise zu besserem Benehmen und positivem Mitspiel. Klüger ist zu sagen: «Fritzchen, ich sehe, du kannst im Moment gar nicht nett mit deinen Kameraden spielen. Du hörst nicht auf, sie zu belästigen und zu streiten. Geh, spiel jetzt eine Weile allein in deinem Zimmer. Wenn du meinst, wieder friedlich sein zu können, kommst du her und sagst es mir.»

*Der «Ausstand» ist eine besonders wirksame Art sozialer Absonderung.* Das Kind wird für eine Dauer von fünf Minuten entweder auf sein Zimmer oder in einen neutralen Raum wie etwa das Badezimmer geschickt, was den Vorteil hat, daß das unerwünschte Benehmen nicht durch Ihre Aufmerksamkeit, selbst eine negative, belohnt wird. Alles, was das Kind zu tun hat, ist, fünf Minuten an einem langweiligen Ort zu verbringen.

Der «Ausstand» ist vor allem auch dann angezeigt, wenn zwei Kinder miteinander raufen. Schicken Sie die beiden Streithähne für die genannte Dauer in je einen neutralen, uninteressanten Raum, mit den Worten: «Ihr zwei kommt im Moment nicht gut miteinander aus. Es ist daher am besten, jeder von euch geht jetzt für fünf Minuten an einen stillen Ort. Wenn die Zeit um ist, rufe ich euch.» Diese Trennung gibt jedem der beiden Kinder die Möglichkeit, sich zu beruhigen, was sich auf ihre gegenseitigen Beziehungen positiv auswirkt.

Allein schon das Wissen um das Ausstandsverfahren ist für viele Eltern eine große Erleichterung, haben sie doch damit ein einfaches und wirksames Mittel in Reserve, das bei Streit oder Balgereien sofort Abhilfe schafft.

2. Sie können *Ihrem Kind etwas wegnehmen,* das ihm viel bedeutet.

Wenn Ihr Kind beispielsweise an einem verbotenen Ort radelt und ihm daraus keine unangenehmen Folgen natürlicher Art erwachsen, so kann es notwendig sein, daß Sie dieses Verhalten durch künstliche Folgen zu korrigieren suchen, etwa im folgenden Sinne: «Thomas, du weißt, daß du mit deinem Rad nicht auf diese Straße darfst, weil da so viel und gefährlicher Verkehr ist. Ich lasse dich deshalb in den nächsten zwei Tagen nicht radfahren. Das wird dir helfen, in Zukunft daran zu denken, daß du nur dort radeln darfst, wo es dir gestattet ist.» Wenn ein Vater seinem Kind etwas untersagt, das diesem sehr am Herzen liegt, so sollte er darauf bedacht sein, das Verbot nie so lange aufrechtzuerhalten, bis es bedeutungslos wird. Verbieten Sie Ihrem Sohn zum Beispiel das Radfahren für ganze drei Wochen, so dienen Sie damit keineswegs dem eigentlichen

Zweck der Maßnahme, der ja darin besteht, dem Kind zu helfen, seinen Drang zum Radfahren auf verbotenem Gebiet zu meistern. Da die Verbotsdauer zu lange ist, wird Ihr Kind im Gegenteil wohl empfinden: «Drei Wochen – das klingt wie ein Jahr! Na, ich werde mich schon abschleichen und eben radeln, wenn Vati und Mutti nicht in der Nähe sind.»

3. Sie können Ihrem Kind eins auf sein Hinterteil geben.

In meinem vorhergehenden Buch *Dürfen Kinder alles?* erklärte ich, es sei unmöglich, Kinder, insbesondere streitlustige, kräftige Buben wirksam zu erziehen, ohne sie je zu schlagen. Dies rief bei den Lesern Reaktionen hervor, die mich amüsierten und zuweilen überraschten. Ich hatte lediglich klarzumachen versucht, daß ich Schläge nicht deshalb befürworte, weil sie für die Kinder von Nutzen wären, sondern weil ich ihnen für die Eltern großen Wert beimesse.

Wären Väter und Mütter hundertprozentig vollkommene Menschen, so könnten sie ihre Kinder wahrscheinlich sehr gut aufziehen, ohne sie jemals zu schlagen. Doch wir Eltern sind im allgemeinen nicht solche Muster von Tugend. Schlagen ist ein Mittel, unsere Gereiztheit und unseren Zorn loszuwerden und dadurch reine Luft zu schaffen, was für Eltern wie Kinder die Voraussetzung eines Neubeginns ist.

Ich möchte hier nur noch einmal darauf hinweisen, daß ich *Schlagen* als *ein sehr untergeordnetes Mittel zur Lösung von Erziehungsproblemen* betrachte. Die anderen, vorher beschriebenen Methoden, wie Belohnung erwünschten Verhaltens, Rückkoppelung negativer Gefühle, Korrektur unerwünschten Verhaltens durch natürliche Folgen usw., sind tausendmal wichtiger und erfolgreicher als Schlagen. Im übrigen wiederhole ich, daß es absolut keinen Grund gibt, ein Kind unter zwei Jahren zu schlagen.

Vergessen Sie nie, daß das Hauptmotiv des Kindes beim Erlernen wünschbarer Verhaltensweisen die Liebe zu Ihnen, seinem Vater oder seiner Mutter, ist. Doch jedesmal, wenn Sie es schlagen, lehren Sie es, Sie nicht zu lieben, sondern zu hassen und zu fürchten. Beschränken Sie daher das Schlagen auf ein absolutes Mindestmaß.

Nachdem ich die negativen Seiten des Schlagens dargelegt habe, möchte ich nun seine positiven Aspekte zu erklären versuchen. Einige Psychologen und Psychiater haben in ihren Schriften erklärt, ein Vater oder eine Mutter sollte ihr Kind *niemals* schlagen. Meiner Ansicht nach ist dieser Standpunkt unglücklich und unrealistisch, und zwar, weil er den Eltern als fehlbaren menschlichen Wesen in keiner Weise Rechnung trägt. Wenn Ihr Kind Sie durch besonders aufreizendes Benehmen buchstäblich an den Rand der Verzweiflung gebracht hat, so ist es für Sie psychologisch weit besser, dem Kleinen einige Klapse auf sein Hinterteil zu verabreichen, als innerlich zu kochen, ohne den angestauten Zorn irgendwie loswerden zu können. Die paar kurzen Schläge machen dem Kind unmißverständlich klar, wie erbost Sie sind, und reinigen die Luft, so daß sowohl Sie selbst als auch das Kind wieder zu sich kommen und Sie in glaubwürdiger Weise wieder Ihre angestammte Rolle als haltgebender, liebender Vater übernehmen können.

Wenn Sie ein Vater sind, der unerwünschte Verhaltensweisen seines Kindes ohne Schläge einfach dadurch zu beenden versteht, daß er das Kind vom Ort des Geschehens entfernt, dann beglückwünsche ich Sie! Wenn Sie ein Vater sind, der gegenüber seinem Kind nie die Geduld verliert und ihm nie eins auf den Hintern gibt, dann bewundere ich Sie! Sie werden es weit bringen! Meine Erfahrung zeigt mir aber, daß die meisten Väter (ich selbst eingeschlossen) zu einer so vernünftigen und beherrschten Haltung einfach nicht immer fähig sind.

Ich möchte indessen betonen, daß es einen ungeheuren Unterschied gibt zwischen ein paar Handschlägen auf das Hinterteil, die dem Vater oder der Mutter den Ablaß ihrer Zornesgefühle ermöglichen, und dem grausamen, sadistischen Prügeln mit einem Stock, einer Peitsche oder einer anderen Waffe. Solches Prügeln erfüllt ein Kind mit tiefem Haß und einem heftigen Rachewunsch. Auch ein demütigender Schlag ins Gesicht oder das Schlagen in Anwesenheit seiner Kameraden wird von einem Kind tief empfunden und sollte vermieden werden.

## *Keiner wird verlieren*

Dem Aufbau eines gesunden Selbstverständnisses und der Annäherung an das Endziel der Selbstregulierung dient aber auch das, was Dr. Thomas Gordon als «Keiner-verliert»-Methode zur Lösung von Konflikten zwischen Eltern und Kind bezeichnet.

In den Beziehungen zwischen Eltern und Kindern kommt es unvermeidlich immer wieder zum Konflikt zwischen dem Willen des Kindes und dem der Eltern. Die meisten Eltern neigen dazu, die Lösungsmöglichkeiten unter dem Gesichtspunkt des Gewinnens und Verlierens zu betrachten, und fragen sich stillschweigen: «Soll ich auf meinem Willen beharren (der Elternteil gewinnt) oder nachgeben (das Kind gewinnt)?»

Einige Eltern gehen vorwiegend nach der «Elternteil-gewinnt-Kind-verliert»-Methode vor, andere hauptsächlich nach der «Kind-gewinnt-Elternteil-verliert»-Methode. Es kommt auch vor, daß Eltern mit der einen Methode beginnen und mit der anderen enden oder ständig zwischen den beiden schwanken.

Es gibt jedoch ein besseres Mittel, Willenskonflikte zu lösen, nämlich die besagte «Keiner-verliert»-Methode. Sie besteht darin, daß *die Eltern im Konfliktsfall das Kind auffordern, mit ihnen zusammen nach einer Lösung zu suchen*, die *für beide Teile annehmbar* ist. Nachdem jede beteiligte Person Lösungsvorschläge geäußert hat, werden diese von den beiden Parteien kritisch geprüft. Schließlich einigt man sich auf eine beidseitig vertretbare Lösung. Einen Verlierer gibt es dann nicht. Hier ein Beispiel:

*Monika:* Wiedersehn, ich geh zur Schule . . .
*Vater:* Schatz, es regnet, und du hast keinen Regenmantel an.
*Monika:* Ich brauche keinen.
*Vater:* Ich glaube aber, es regnet ziemlich stark, und ich fürchte, daß du deine Kleider ruinierst oder dich erkältest.
*Monika:* Ich mag aber meinen Regenmantel nicht anziehen.
*Vater:* Du scheinst tatsächlich keine Lust zu haben, diesen Regenmantel anzuziehen.

*Monika:* Stimmt. Ich hasse ihn.
*Vater:* Hassest du ihn wirklich?
*Monika:* Und wie, er ist doch kariert.
*Vater:* Was hast du denn gegen karierte Regenmäntel?
*Monika:* In der Schule hat niemand einen karierten Regenmantel an.
*Vater:* Und du willst nicht die einzige sein, die etwas anderes anhat.
*Monika:* Genau. Die anderen haben alle einfarbige Regenmäntel – weiße, blaue oder grüne.
*Vater:* Ich verstehe. Da haben wir also ein richtiges Problem. Du willst deinen Regenmantel nicht anziehen, weil er kariert ist, ich aber will keine Reinigungsrechnung zahlen und fürchte überdies, daß du dich erkältest. Hast du eine Idee, wie wir das ins reine bringen, damit wir beide zufrieden sind?
*Monika:* (Pause) Vielleicht könnte ich mir für heute Muttis Wagenmantel ausleihen.
*Vater:* Wie sieht denn der aus, ist er einfarbig?
*Monika:* Ja, weiß.
*Vater:* Glaubst du, sie wird ihn dir geben?
*Monika:* Ich geh' mal schnell fragen. (Kommt nach ein paar Minuten mit dem Wagenmantel zurück; da die Ärmel zu lang sind, krempelt sie sie hoch.) Geht in Ordnung.
*Vater:* Gefällt er dir?
*Monika:* Klar, der ist prima.
*Vater:* Nun, ich glaube, so bleibst du trocken. Wenn du mit dieser Lösung zufrieden bist, bin ich es auch.
*Monika:* Also denn, bis nachher.
*Vater:* Auf Wiedersehn. Mach's gut in der Schule.

Bei diesem Ausgang hat weder Monika noch ihr Vater «verloren». Beide Wünsche wurden befriedigt, so daß beide statt im Hader in bestem Einvernehmen auseinandergingen.

Solche Lösungen bieten sowohl für die Eltern als auch für die Kinder psychologische Vorteile. Indem man das Kind bei der

Entscheidung mitreden ließ, statt ihm diese einfach aufzuzwingen, gab man ihm ein Motiv zur Durchführung der beschlossenen Lösung. Außerdem fördert das Mitreden die Denkfähigkeit des Kindes. Dieses Verfahren ist mit einem spannenden Rätselspiel vergleichbar, bei welchem Eltern und Kinder ihre Köpfe zusammenstecken, um die Lösung zu finden.

Die Anwendung der «Keiner-verliert»-Methode sollte beim Kind auch zum Abbau der Feindseligkeit führen. Wenn sich Elternteil und Kind auf eine Lösung einigen können, so ist das Aufkommen von Groll und feindseligen Gefühlen weit weniger wahrscheinlich.

Schließlich erlaubt dieses Verfahren, das ja ein Problemlösungsverfahren ist, über das Scheinproblem zum eigentlichen Problem vorzustoßen, das dem Konflikt zugrunde liegt. In der Regenmantel-Geschichte zum Beispiel stellte sich heraus, daß der Konflikt auf die Furcht des Mädchens zurückging, ihres karierten Regenmantels wegen ausgelacht zu werden.

Sie können mit der Anwendung dieses Problemlösungsverfahrens anfangen, wenn Ihr Kind fünf Jahre alt ist. Wenn Sie es von diesem Alter an konsequent anwenden, werden Ihre Kinder bei Erreichen des Flegelalters soweit vorbereitet sein, daß die Lösung der traditionellen Konflikte zwischen Eltern und Halbwüchsigen keine allzu großen Schwierigkeiten bereiten dürfte.

## *Moralpredigten sind passé*

Ich möchte zum Schluß noch eine Erziehungsmethode erwähnen, die, obwohl sie unwirksam ist, von vielen Vätern angewandt wird: das Predigen. Einige Väter fassen sich kurz, andere verbreiten sich über eine Viertelstunde. Thematisch unterscheiden sich diese Predigten gewaltig voneinander, doch in einem sind sie sich alle gleich: sie tragen absolut nicht dazu bei, das Kind zur Besserung seines Verhaltens zu motivieren. Die meisten Väter sind sich dessen natürlich gar nicht bewußt, sonst würden sie nicht in so starkem Maße auf die Moralpredigt als Methode zur Förderung der Disziplin zurückgreifen.

Versuchen Sie, wenn Sie wieder einmal der Wunsch ankommt, Ihrem Kind einen Vortrag zu halten, sich vorzustellen, Sie predigten einem Delphin, er möge doch nicht so ziellos im Becken umherschwimmen, sondern folgsam durch den Ring springen. Ihre Vorträge haben auf das Verhalten Ihres Kindes ungefähr ebensoviel Einfluß, wie sie auf den Delphin haben würden. Lassen Sie daher die Moralpredigt im Museum altertümlicher erzieherischer Kuriositäten, wo sie hingehört.

Alle die vorgängig dargelegten Erziehungsmethoden eignen sich bis etwa zum dreizehnten Altersjahr. Dann werden sie beträchtlich geändert werden müssen. So erreicht man beispielsweise mit Lob für Verhaltensweisen, die man beim Kind fördern will, bis zum Beginn der Flegeljahre im allgemeinen gute Resultate. Da es jedoch zum normalen Verhalten eines Halbwüchsigen gehört, sich gegen die elterliche Autorität aufzulehnen, würden Sie mit der gleichen Methode beim Teenager genau das Gegenteil erreichen, denn er will Ihnen ja *nicht* gefallen und nicht mehr in gleicher Weise Ihr Lob erwerben wie in jüngeren Jahren.

Bei Teenagern müssen wir somit unsere elterliche Devise, wonach eine Verhaltensweise eher wiederholt wird, wenn wir das Kind dafür loben, radikal ändern. Unsere Teenager sind dazu motiviert, ihr Haar *nicht* so zu tragen, wie es uns gefällt, *nicht* Kleider anzuziehen, die wir schön finden, *nicht* Musik zu hören, die wir mögen. Die den Teenagerjahren angemessenen Erziehungsmethoden sollen in einem späteren Kapitel eingehend beschrieben werden.

# Das Vorschulalter 6

*(die Drei- bis Fünfjährigen)*

Erleichtert werden viele Eltern vernehmen, daß das nächste Entwicklungsstadium ihres Kindes, das Vorschulalter, bei weitem weniger problematisch ist als jenes des Trotzalters.

Dieser Abschnitt beginnt ungefähr beim dritten Geburtstag und erstreckt sich bis etwa zum sechsten. Im Gegensatz zu den vorhergehenden Entwicklungsstadien hat das Kind während dieser Zeitspanne nicht bloß eine einzige Entwicklungsaufgabe zu bewältigen, sondern mehrere zugleich. Die Art und Weise, wie ihm das gelingt, ist von grundlegender Bedeutung für sein Selbstverständnis und seine Persönlichkeitsstruktur, die ungefähr bei Vollendung des sechsten Lebensjahres ihre feste Form angenommen haben.

## *Die umgänglichen Dreijährigen*

Wenn Sie das «verflixte dritte Jahr» Ihres Sprößlings einigen Schweiß gekostet hat, so dürften Sie im zahmen, umgänglichen Dreijährigen kaum den Wildfang von ehedem wiedererkennen. Im Alter von drei Jahren erreicht das Kind ein neues Gleichgewicht. Es hat die schwierige Periode des Übergangs vom Kleinkind zum eigentlichen Kind mit ihren Gefühlsausbrüchen und ihrem ständigen Hin und Her hinter sich und fühlt sich nun viel selbstsicherer und ruhiger. Da sein Selbstvertrauen stärker ist, braucht es auch den Schutz seiner starren Rituale nicht mehr so sehr und beharrt nicht mehr darauf, daß alles und jedes nach seinem Willen geschieht.

Hätte es vorher einen Orden als größter Nonkonformist der Welt verdient, so beginnt das Kind auf einmal Vergnügen daran zu finden, zu gehorchen und Gefallen zu erregen. Zum Beispiel überrascht es Sie dadurch, daß es für etwas plötzlich um Erlaubnis bittet, das es früher einfach getan hätte. Dieser neue Zusammenarbeitsgeist macht die Dinge für alle Beteiligten leichter und trägt dem Kind die Anerkennung nicht nur seiner Eltern, sondern auch der älteren Geschwister ein. Schien es früher ausgeschlossen, über irgend etwas vernünftig mit ihm zu reden, so ist das nun durchaus möglich geworden.

Kurz gesagt, Ihr Kind ist nicht mehr der große, launenhafte Herr des Hauses, der Dreikäsehoch-Tyrann, der alles so haben will, wie es *ihm* gefällt. Dieses herrschsüchtige, diktatorische Gebaren flaut nun ebenso ab wie seine Zornesausbrüche. Das dreijährige Kind beginnt mit anderen zu teilen, sich zu gedulden, bis es an die Reihe kommt. Seine Fähigkeit zu warten nimmt zu. Es kann seine Aufmerksamkeit länger auf einen Gegenstand konzentrieren als früher und ist besser in der Lage, bei einer gegebenen Tätigkeit zu verweilen. Dies ist teils auf sein wachsendes Selbstvertrauen zurückzuführen, teils auf den Abbau der Ängste, die das vorhergehende Entwicklungsstadium prägten. Das Kind ist sicherer in seinen Bewegungen und zeigt mehr Geduld beim Ankleiden und beim Spiel. Es gerät nicht mehr sofort außer sich, wenn ihm etwas mißlingt.

Die *wachsende Selbstsicherheit* Ihres Dreijährigen ist zu einem guten Teil *die Folge seiner sprachlichen Entwicklung*, erlaubt ihm diese doch, die ihn umgebenden Menschen besser zu verstehen und seine eigenen Gefühle mit Worten auszudrücken. Dadurch, daß das Kind sich mitteilen kann, entwickelt es eine bessere Kontrolle über seine Impulse, besonders die negativen. Wenn es sagen kann: «Du bist ein böser Martin», vermag es seinen Drang, den Spielkameraden zu schlagen, besser zu zügeln. Mit der Entwicklung des sprachlichen Ausdrucks gewinnt die innere Welt des Kindes eine völlig neue Dimension. Seine Vorstellungs- und Erfindungskraft nimmt beträchtlich zu. Es beginnt Wörter zu lieben und will ständig neue hören. Nicht selten führt es im Spiel kleine Selbstgespräche, wobei es Handlungen mit Wörtern verbindet. Dadurch lernt es, die Sprache immer besser zu beherrschen.

Mit drei Jahren beginnt das Kind auch vermehrt am Spiel und an der Gesellschaft Gleichaltriger Gefallen zu finden. Während der frühen Kindheit war es zum echten Spiel mit anderen Kindern noch nicht fähig; dies war das Stadium des «parallelen Spiels», wo die Kleinen zwar örtlich zusammen, im Spiel aber je in ihre eigene kleine Welt versunken sind. Mit drei Jahren aber ist es ins Stadium des echten Zusammenspiels mit seinesgleichen vorgerückt und entwickelt in zunehmendem Maße die Fähigkeit, sich in eine Spielgruppe einzuordnen.

Mit drei befindet sich Ihr Sprößling in einem der schönsten Abschnitte des Vorschulalters; es ist eine Zeit, wo sich das Kind mit sich und seiner Umwelt in Einklang fühlt. Es liebt das Leben und seine Eltern, es gefällt sich selbst und will den anderen gefallen. Als Vater sollten Sie von dieser glücklichen Zeit profitieren, denn das nächste Entwicklungsstadium ist eine Qual!

### *Die «hemmungslosen» Vierjährigen*

Ich habe bereits darauf hingewiesen, daß in den ersten fünf Lebensjahren Phasen des Gleichgewichts mit Phasen des Ungleichgewichts abzuwechseln pflegen. *Auch jetzt wieder müssen die eingespielten Verhaltensweisen aufgelockert werden,* damit sich Ihr Kind auf eine neue, reifere Art an seine Umwelt anpassen kann. *Um den vierten Geburtstag herum beginnt das bisherige Gleichgewicht daher auseinanderzubrechen.* Es sei hier daran erinnert, daß diese Zeitangaben lediglich Durchschnittswerte darstellen. Ihr Kind kann das neue Stadium ebensogut schon mit dreieinhalb oder erst mit viereinhalb Jahren erreichen. Wie dem auch sei, wenn Ihr Kind in dieses Stadium eintritt, ohne daß Sie auf das, was Sie erwartet, vorbereitet sind, so mögen Sie sich bekümmert fragen: «Wo ist denn bloß mein lieber, folgsamer Dreijähriger geblieben?» Jetzt erinnert sein Verhalten wieder an das des Zweijährigen, mit dem Unterschied allerdings, daß das Kind reifer, vernünftiger und im allgemeinen auch umgänglicher ist.

Vierjährige spielen überaus gern miteinander. Freundschaften bedeuten dem Kind in diesem Alter weit mehr als mit drei, doch fällt es ihm paradoxerweise schwerer, mit seinen Gespielen auszukommen. Ein Anthropologe, der gewohnt ist, das Stammesleben von Naturvölkern zu studieren, würde das Leben eines Klans von Vierjährigen zweifellos nicht minder interessant finden. Die sozialen Beziehungen innerhalb eines solchen Klans sind oft von heftigen Auseinandersetzungen geprägt, wogegen die Klanmitglieder nach außen eine geschlossene Front zeigen und wenig geneigt sind, Außenseiter aufzunehmen. Herausforderung, Drohung, Kommandieren und Raufen gehören ebenso zu diesem Klanleben wie gegenseitiges Beschimpfen und Prahlerei als beliebteste Form der Unterhaltung.

Ein vierjähriges Kind ist grob, derb und ohne Umschweife und nimmt wenig Rücksicht auf die Gefühle anderer. Es kann tyrannisch, streitsüchtig und zügellos werden und in seinem Gemütszustand ebenso von einem Extrem ins andere verfallen wie mit zwei, indem es einen Augenblick lang still und schüchtern ist, im nächsten unverschämt und lärmend. Es kann erneut starr an gewissen Ritualen festhalten und in allem seinen Willen durchsetzen wollen. Es duldet nur sehr schwer irgendeine Änderung in seinen Essens-, Kleidungs- oder Schlafgewohnheiten. Seine emotionale Unsicherheit äußert sich in Quengelei, Weinen oder häufigem Klagen. Es ist, wie Dr. Gesell es ausdrückt, «hemmungslos», und zwar in seinem Verhalten und im sprachlichen Ausdruck. Es liebt Übertreibungen und seltsam klingende Wörter, und seine Äußerungen sind sozusagen mit Ausrufungszeichen gespickt.

Ein Aspekt der *sprachlichen Hemmungslosigkeit* Ihres Vierjährigen kann Sie glatt umwerfen, wenn Sie darauf nicht vorbereitet sind, nämlich seine Vorliebe für Flüche und für die «Pissoir-Sprache». Er entdeckt nun den Schockwert, den unanständige Ausdrücke haben, vor allem wenn sie in Anwesenheit anderer Leute ausgesprochen werden. Zuweilen sind sie für das Kind unwiderstehlich komisch. So kann es etwa zu Ihnen sagen: «Vati, weißt du, was ich heute zu Mittag hatte? Ein Eingeklemmtes und ein Glas Pipi», um sich dann, von der Komik dieses Einfalls förmlich überwältigt, vor Lachen zu krümmen. Die beste Methode, Ihrem Kind derartige Aussprüche abzugewöhnen, ist, sie zu ignorieren. Wenn Sie darob ein großes Spektakel veranstalten, lehren Sie das Kind bloß, wie es Sie auf die Palme bringen kann, und verlängern damit die Anwendung dieser Ausdrücke. Ignorieren Sie sie aber, im Wissen, daß sie eine normale Erscheinung dieses Entwicklungsstadiums sind, so werden sie langsam aus dem Vokabular Ihres Kindes verschwinden und mit fünf nicht mehr zu hören sein.

Hemmungslos ist der Vierjährige auch in seinen *Beziehungen zu anderen Menschen:* Er macht sich geradezu einen Sport daraus, Weisungen und Befehlen zuwiderzuhandeln, versucht unablässig, gesetzte Schranken zu durchbrechen, schneidet auf, macht sich wichtig, flucht und ist geneigt, anderen Kindern zu drohen: «Ich verhau dich!» Der Sinn für das Eigentum anderer geht ihm völlig ab, wogegen er durchaus bereit ist, alles als sein eigen zu betrachten. Viele Väter sind entsetzt, wenn sie entdecken, welche Einstellung ihr vierjähriger Sprößling zum Eigentum anderer hat, und sagen sich: «Ich fange besser gleich jetzt an, dem Bengel Respekt vor dem Eigentum und den Rechten anderer beizubringen, sonst steht er in ein paar Jahren vor dem Jugendgericht!»

So dramatisch ist die Sache aber nicht, denn die Eigentumslogik eines Vierjährigen ist naturgemäß begrenzt. Für ein Kind in diesem Alter bedeutet Haben auch Eigentum. Ein Spielzeug, das es im Nachbarhaus genommen hat, «gehört» ihm, weil er damit gespielt, das Ding in die Tasche gesteckt und nach Hause gebracht hat! Der Vater, der diese Denkweise versteht, wird seinem Sohn oder seiner Tochter die Situation ruhig zu erklären versuchen, denn er weiß, daß das Kind Jahre brauchen wird, um den Eigentumsbegriff zu verstehen und ihn zu respektieren.

Der Bewegungsdrang eines Vierjährigen ist ungeheuer. Er rast die Treppen hinauf und hinunter, tobt durchs ganze Haus und schlägt die Türen krachend zu. Seine Redseligkeit ist ebenfalls unerschöpflich. Er spricht über alles und jedes, ist sein selbsternannter Kommentator und zuweilen auch sein eigenes Publikum. Er kann Gespräche endlos in die Länge ziehen und hört nicht auf, Fragen zu stellen, so daß ein Vater zuweilen das Gefühl hat, beim nächsten «Warum?» müsse er explodieren.

Der kluge Vater kann die neue Faszination, die die Sprache auf sein Kind ausübt, in konstruktivere Bahnen leiten, indem er mit ihm Wortspiele veranstaltet. Vierjährige finden es ungeheuer lustig, sinnlose Wörter zu erfinden und Reime zu bilden.

Das vierjährige Kind ist ein begeisterter Schauspieler und hat daher gute Verwendung für Hand- oder Fingerpuppen. Auch mit seinen Bauklötzen, Autos, Lastwagen, Schiffen, Puppen und Spielzeugfiguren wird es im Haus oder im Freien stundenlang dramatische Spiele veranstalten. Ein weiteres, überaus wertvolles Spielzeug für Vierjährige ist der Sandkasten, der möglichst groß sein sollte, damit die Kinder auch genug Platz zum Spielen haben. Geben Sie Ihrem Sprößling dazu eine Menge Plastiktiere und kleine Spielzeugmänner, -frauen und -kinder, damit es Statisten für seine «Inszenierungen» hat. Wenn möglich sollte der Sandkasten in der Nähe eines Wasserhahns eingerichtet werden, so daß das Sandspiel mit Wasserspielen kombiniert werden kann.

Die Erzählung vom Manne, der sich auf sein Pferd schwang und nach allen Seiten davonstob, paßt wie angegossen auf das vierjährige Kind. Es weiß nie genau, wohin es geht, bis es angekommen ist. Sein starker Tätigkeitsdrang und sein brausender Gedankenfluß führen es mit beängstigender Geschwindigkeit bald dahin, bald dorthin. So kann es anfangen, einen Löwen zu zeichnen, mitten in der Arbeit aber die Absicht ändern und schließlich einen Dinosaurier oder ein Haus zu Papier bringen. Als man einen Vierjährigen fragte, was er denn zeichne, antwortete er: «Wie soll ich das wissen, ich bin ja noch gar nicht fertig!» Eine solche Erklärung scheint einem vierjährigen Kind durchaus einleuchtend. Auf unerwartete Richtungsänderungen dieser Art muß man sich auch gefaßt machen, wenn das Kind über irgendein Tagesereignis berichtet.

Die Überschwenglichkeit des Kindes in diesem Entwicklungsstadium bedingt seitens der Eltern viel Festigkeit. Dem Vater kommt hier eine besonders wichtige Rolle zu, weil er mit Kindern in diesem Alter sehr oft konsequenter sein kann als die Mutter. Schwache oder unsichere Eltern verlieren beim Vierjährigen sehr oft die Oberhand, wie das etwa in der von Müttern so oft geäußerten Klage zum Ausdruck kommt: «Ich werde überhaupt nicht mehr mit ihm fertig!» Wenn Sie aber bei Ihrem Sprößling eine feste Hand haben, so vergessen Sie nicht, daß er zwar Festigkeit braucht, nicht aber einen Diktator. Erwarten Sie von Ihrem Kind nicht sofortigen Gehorsam, sondern nehmen Sie es hin, daß es murrt und widerspricht, wenn Sie ihm eine bestimmte Aufgabe übertragen. Bleiben Sie aber hart und beharren Sie darauf, daß es das tut, was Sie von ihm verlangen, sofern Ihre Forderung vernünftig ist. Bedenken Sie, daß das vierjährige Kind Abwechslung und Neues liebt. Wenn Sie merken, daß eine gegebene Situation in Streit auszuarten droht, so fangen Sie sie rechtzeitig auf, indem Sie sich eine neue Tätigkeit einfallen lassen, die die Neugier des Kindes zu erregen vermag. Das Benehmen eines Vierjährigen kann sehr leicht in zügellose Albernheit umschlagen, wenn es nicht unter Kontrolle gehalten wird. Versuchen Sie dem zuvorzukommen, indem Sie die Aufmerksamkeit des Kindes durch irgendeine Tätigkeit ablenken.

Das also ist das vierjährige Kind. Gesell schildert es als still, lärmig, ruhig, bestimmt, anschmiegsam, gebieterisch, beeinflußbar, unabhängig, sozial, athletisch, künstlerisch, wortgetreu, phantasievoll, kooperativ, gleichgültig, wißbegierig, geradeheraus, weitschweifig, witzig, dogmatisch, töricht und wetteifrig.

Mit anderen Worten, das typische vierjährige Kind ist ebenso leicht zu handhaben wie ein Sack Flöhe! Doch ungefähr dann, wenn Sie es nicht mehr auszuhalten glauben und zum x-ten Mal stöhnend zu Ihrer Frau sagen: «Wann, sagtest du, werde er über dieses Stadium hinaus sein?», wird Ihr kleiner Bengel fünf, und so sehr Sie das erstaunen mag – sein Verhalten ändert sich tatsächlich. Denn sozusagen über Nacht hat er das Ungleichgewicht des Vierjährigen hinter sich gelassen, um in das neue Gleichgewicht des Fünfjährigen einzutreten.

*Die ausgeglichenen Fünfjährigen*

Die meisten Väter finden, daß fünf ein wonniges Alter ist. Das zügellose Benehmen des Vierjährigen ist verschwunden. Mit fünf Jahren steht das Kind wieder mit sich selbst und seiner Umwelt in Einklang. Es ist im allgemeinen zuverlässig, beständig und gut angepaßt. Es fühlt sich innerlich wieder sicherer und kann es sich daher leisten, in seinen Beziehungen zu anderen ruhiger, freundlicher und nicht zu anspruchsvoll zu sein. Während das vierjährige Kind oft Unmögliches zu verwirklichen sucht und angesichts der unausbleiblichen Mißerfolge völlig aus dem Häuschen gerät, versucht sich das Fünfjährige nur an dem, was es wirklich zu vollbringen fähig ist, weshalb es ihm denn auch meistens gelingt. So hat es im Gegensatz zum Vierjährigen, das oft nicht genau weiß, was es zeichnen will, eine bestimmte Vorstellung von dem, was die Zeichnung darstellen soll, und bringt sie auch zu Papier. Mit fünf will das Kind Begonnenes zu Ende führen. Das ungerichtete Umherschweifen des Vierjährigen macht der zielgerichteten Handlung Platz, seine Zügellosigkeit einem Verhalten, das sich in vernünftigen Grenzen hält.

Das fünfjährige Kind ist mit der Welt, in der es lebt, glücklich und zufrieden. Es hadert weder mit sich selbst noch mit seiner Umgebung. Es zeigt wieder jenen Zusammenarbeitsgeist und jenes Bedürfnis, bei den anderen Gefallen zu erregen, wie es sie mit drei an den Tag legte, mit dem Unterschied, daß es jetzt noch besser in der Lage ist, sich einzuordnen. Da es ausschließlich in der Gegenwart lebt und weder an Vergangenes noch an Zukünftiges denkt, geht es die Dinge in pragmatischer Weise an und neigt dazu, sie nach ihrem Zweck zu definieren: «Ein Pony ist zum Reiten da, ein Kissen zum Draufsitzen.» Seine Denkweise ist konkret und seine Fähigkeit zur Abstraktion sehr gering. Als man einen Fünfjährigen fragte, ob Hunde laufen könnten, antwortete er mit der unvergleichlichen Logik seines Alters: «Ich habe keinen Hund!»

Obwohl der Fünfjährige sein Zuhause und seine Familie liebt, vermögen sie seinem Erlebnisdrang nicht mehr vollauf zu genügen. Er ist reif für den Schritt in eine größere Gemeinschaft. Er liebt die Freundschaft und spielt gern mit Gleichaltrigen aus der Nachbarschaft. Er ist verstandesmäßig zu viel mehr fähig, als die Erwachsenen gemeinhin annehmen. Aus diesem Grund ist er begierig und bereit, zur «Schule» zu gehen, das heißt in den Kindergarten.

Wenn es an Ihrem Wohnort keinen öffentlichen Kindergarten gibt, so sollten Sie den Spielmöglichkeiten Ihres Fünfjährigen ganz besondere Aufmerksamkeit schenken. Sie könnten sich vielleicht mit anderen Eltern zusammentun, um zu versuchen, dieser unglücklichen Situation abzuhelfen. Sofern Ihnen dies finanziell möglich ist, rate ich ihnen, Ihr Kind in einen guten privaten Kindergarten zu schicken. Mit fünf ist es fähig, sich unter der Leitung einer ausgebildeten Kindergärtnerin geistig stark zu entwickeln, und es wäre schade, dieses an Lernmöglichkeiten so reiche Jahr ungenutzt verstreichen zu lassen.

Zusammenfassend kann man sagen, daß Ihr Fünfjähriger eine bemerkenswert ausgeglichene Kombination von guten Eigenschaften darstellt. Dr. Gesell charakterisiert das Verhalten des fünfjährigen Kindes als eine Mischung von Selbstgenügsamkeit und Geselligkeit, Unabhängigkeit und kultureller Anpassung, Heiterkeit und Ernst, Sorgfalt und Bestimmtheit, Höflichkeit und Freundlichkeit, Sorglosigkeit und Selbstvertrauen. Körperlich hat Ihr Fünfjähriger in punkto Haltung und Geschicklichkeit große Fortschritte gemacht; in seinen Gefühlen ist er weit ausgeglichener als zuvor, und was seine geistige Entwicklung angeht, ist er kaum wiederzuerkennen und legt eine außerordentliche Lernbegier und Wissenslust an den Tag. Gesamthaft gesehen, ist es eine Freude, einen Fünfjährigen um sich zu haben. Fünf ist ein wirklich reizendes Alter, in welchem das Kind das Leben so zu nehmen scheint, wie es kommt, und dabei zufrieden ist.

## *Die neun Entwicklungsaufgaben des Kindes im Vorschulalter*

Aus den vorhergehenden drei kurzen Darstellungen ersahen Sie, wie sehr sich Drei-, Vier- und Fünfjährige psychologisch voneinander unterscheiden. Wenn ein Vater sich dieser Unterschiede nicht bewußt ist, wird er seine Erziehungsaufgabe kaum erfolgreich erfüllen können. So mag er sehr enttäuscht sein, wenn sein Vierjähriger nicht wie ein Fünfjähriger gehorcht, und das Kind ganz unnützerweise ausschimpfen. Oder er kann irrtümlich schließen, sein Kind sei im Begriff, vor die Hunde zu gehen, wenn die Sanftmut und Gefälligkeit seines Dreijährigen plötzlich in die Zügellosigkeit und Widerspenstigkeit des Vierjährigen umschlagen.

Doch ungeachtet der großen Unterschiede im Verhalten Drei-, Vier- und Fünfjähriger haben die drei Altersgruppen viele Dinge miteinander gemein. Aus diesem Grund werden sie denn auch in einem einzigen Entwicklungsstadium zusammengefaßt, jenem des Vorschulalters.

Das Vorschulstadium ist ungleich vielschichtiger als die drei vorhergehenden Stadien. Hatte das Kind dort nur je eine Entwicklungsaufgabe zu bewältigen, so sind es jetzt gleich *neun.* Diese neun Entwicklungsaufgaben sind wie ein roter Faden, der sich durch alle drei Vorschuljahre zieht, was allerdings nicht heißt, daß sich in jedem dieser drei Jahre nicht bestimmte Abweichungen ergeben.

Wenden wir uns jetzt diesen Aufgaben, die Ihr Kind im Vorschulalter meistern muß, im einzelnen zu.

### *1. Die Beherrschung des Körpers*

Vor allem anderen *muß Ihr Vorschulkind seine biologischen Bedürfnisse zur Entwicklung seines Muskelsystems befriedigen,* denn das Biologische hat beim Menschenkind den Vorrang vor dem Psychischen.

Ich erinnere mich an eine Szene in einem Restaurant, bei welcher ein Vater gereizt zu seinem unruhig hin- und herrutschenden Vierjährigen sagte: «Herrschaft noch mal, kannst du denn nicht stillsitzen?» Ich hätte ihm gern geantwortet: «Nein, er kann nicht stillsitzen, und Sie konnten es auch nicht, als Sie vier waren!» Jener Vater erwartete von seinem Kind eine biologische Reife, die ein Vierjähriger einfach nicht hat.

Stellen Sie sich Ihr Vorschulkind als eine Art biologische Fabrik vor. Es nimmt Rohstoffe in Form von Nahrung auf und setzt sie in große Mengen Energie um, die verbraucht werden müssen. Das bedeutet, daß Ihr Sprößling sowohl im Haus als auch draußen viel Spielraum und Spielzeug braucht. Unsere für Erwachsene gedachten Wohnhäuser sind in ihrer überwiegenden Mehrzahl nicht eingerichtet, um die Bedürfnisse eines energiegeladenen Vorschulkindes zu befriedigen. Für einen Erwachsenen ist eine Tür etwas, das man behutsam schließt; für ein Vorschulkind ist sie etwas, das man zuknallt. Für einen Erwachsenen sind Treppen etwas, worauf man gesetzt hinauf- oder hinuntergeht; für ein Vorschulkind sind sie etwas, worauf man hinauf- und hinunterrast oder in den verschiedensten Stellungen herumkriecht. Unsere Wohnungen haben schöne weiße Wände, damit wir Bilder aufhängen können; einem Vorschulkind mögen sie als ideale «Wandtafel» zum Kritzeln und Zeichnen erscheinen.

Nebenbei gesagt, wäre es für einen Vater nicht ein sinnvoller Erziehungsbeitrag, wenn er dafür sorgen würde, daß wenigstens die Wände des Kinderzimmers den Bedürfnissen seines Vorschulkindes entsprechen? Das läßt sich sehr leicht bewerkstelligen, indem Sie sie mit einer abwaschbaren Plastiktapete verkleiden. So werden die vier Wände seines Zimmers gewissermaßen zu einer riesigen Wandtafel, auf der das Kind nach Herzenslust kritzeln, malen und später schreiben kann. Wenn es größer ist, können dieselben Wände zum Aufhängen seiner eigenen Zeichnungen und Schularbeiten dienen und tragen auf diese Weise sehr viel zur geistigen Entwicklung des Kindes bei.

Halten Sie sich stets vor Augen, daß Vorschulkinder nicht gesetzte, ruhige kleine Wesen sind. Es ist ihnen ein biologisches

Bedürfnis, sich auszutoben. Das mag zwar dem Bedürfnis der Erwachsenen nach Ruhe und Ordnung zuwiderlaufen, so daß es uns schwerfällt, das Vorschulkind in solchen Aktivitäten zu unterstützen. Lassen wir ihm aber keine Möglichkeit, seine überbordende Energie auf konstruktive Weise abzureagieren, so wird es unweigerlich destruktive finden. Wenn Sie Ihr Kind im Vorschulalter zu allzu großer «Bravheit» und Ruhe zwingen, wird es später seinen Klassenkameraden gegenüber im Nachteil sein. Die Fähigkeit zur Koordination seiner Bewegungen wird nur schwach entwickelt sein, womit ihm die Voraussetzung fehlt, sich Geschicklichkeit in Spiel und Sport anzueignen, worunter wiederum die sozialen Beziehungen in der Schule leiden.

Geschicklichkeit in der Körperbeherrschung ist in viel stärkerem Maße, als die meisten Eltern annehmen, die Grundbedingung späterer geistiger Entwicklung. So muß das Kind, um beispielsweise das Schreiben erlernen zu können, zuerst die Bewegungen der am Schreibprozeß beteiligten Muskeln – besonders der Fingermuskeln – koordinieren können. Ein Kind, das die entsprechend behandelten Wände seines Zimmers nach Lust und Laune bekritzeln darf, ist demnach gegenüber jenem, das zu Hause keine solchen Übungsmöglichkeiten hat, eindeutig im Vorteil.

Die *Muskelkoordination* wird *durch zwei Grundfaktoren bestimmt: die innerkörperliche Orientierung* und *die außerkörperliche Orientierung.* Mit der innerkörperlichen Orientierung schaffen wir uns gewissermaßen eine Karte unseres eigenen Innenraums im Verhältnis zur lateralen, d. h. links-rechts-Symmetrie unseres Körpers. Ohne Entwicklung dieser Karte ist es dem Kind unmöglich, sich entweder einer seiner Hände oder eines seiner Beine oder beider Hände und Beine ohne Schwierigkeiten zu bedienen. Die außerkörperliche Orientierung kann als Projektion dieser lateralen Symmetrie auf den Raum außerhalb unseres Körpers bezeichnet werden; sie ermöglicht uns, diesen Raum in links und rechts, oben und unten, hinten und vorn einzuteilen.

Nun sind aber diese beiden Arten der Orientierung keineswegs angeboren, sondern müssen erlernt werden. Dies ist aber nur möglich, wenn Ihr Kind ausreichend Gelegenheit hat, zu klettern, zu kriechen, zu rennen, zu purzeln und mit Bauklötzen zu spielen. Solche Aktivitäten lehren das Kind, sich in seinem eigenen Körper und im Raum zurechtzufinden, und vermitteln ihm das, was man «Muskelkenntnis» nennen könnte.

Sie mögen sich nun fragen, was denn all dies mit geistiger Tätigkeit wie etwa dem Lesen zu tun habe. Weit mehr, als die meisten Väter glauben. Wenn die innerkörperliche Orientierung eines Kindes wenig entwickelt ist, wird es gewisse Buchstaben oder Wörter automatisch verkehrt herum lesen. Die Buchstaben «b» und «d» zum Beispiel unterscheiden sich bloß dadurch, daß der Bogen hier rechts, dort links vom Strich gezogen ist. Es ist daher sehr leicht zu verstehen, weshalb Kinder diese beiden Buchstaben verwechseln. Wenn Ihr Kind bis zum Alter von fünf oder sechs Jahren nicht sicher zwischen links und rechts unterscheiden kann, wird es Schwierigkeiten haben, ein «b» und ein «d» auseinanderzuhalten.

Gehen Sie daher mit Ihrem Vorschulkind zuweilen in einen nahegelegenen Park, wo es die für die Erlernung der Muskelkoordination so dringend nötige Bewegungsfreiheit hat. Spielen Sie mit ihm, wenn Sie Lust haben, aber fühlen Sie sich nicht dazu verpflichtet. Es wird Sie wahrscheinlich auffordern, die Schaukel in Schwung zu bringen, doch mit den anderen Geräten kommt es selbst zurecht. Es wird Ihnen stolz zeigen, zu was es fähig ist, und dann und wann rufen: «Sieh mal, Vati, was ich kann!» Doch die meiste Zeit wird es in sein Spiel vertieft sein und bloß die beruhigende Gewißheit Ihrer Anwesenheit brauchen, insbesondere wenn andere Kinder da sind.

Was mir besonders auffiel, wenn ich mit meinen drei Kindern im Park spielte, war die Tatsache, daß im Vergleich zur Zahl der Mütter nur verschwindend wenige Väter ihre Kinder in den Park mitnehmen. Meiner Ansicht nach ist das sehr schade. Väter, die dies nie tun, verpassen nicht nur viele schöne Momente, sondern auch manche gute Gelegenheit, ihr Verhältnis zu ihren Kindern zu vertiefen. Geben Sie daher Ihrem Vorschulkind reichlich Gelegenheit, das zu sein, was es sein soll, nämlich ein gesundes, lebhaftes, übermütiges junges Lebewesen.

## 2. Die Beherrschung der Gefühle

In engem Zusammenhang mit der ersten Aufgabe steht die zweite, jene der Entwicklung eines Systems zur Kontrolle von Gemütserregungen und Impulsen.

Auch hier bildet das Biologische die Grundlage. Ein Baby kann seine Antriebe noch nicht kontrollieren. Wenn es schreien will, so schreit es, wenn es jemanden wegstoßen will, so stößt es ihn weg. Im Krabbelalter sind zwar schon Ansätze einer Kontrolle da, aber eben nur Ansätze. Wenn es über einen Gegenstand stolpert, wird es wahrscheinlich zornig nach ihm treten; wenn ihm ein anderes Kind etwas wegnimmt, kann es zuschlagen, um das Ding zurückzuerhalten; wenn ihm beim Spiel im Sandkasten das, was ein anderes Kind tut, nicht paßt, wird es unter Umständen mit Sand nach ihm werfen usw.

Doch zwischen dem dritten und dem sechsten Geburtstag arbeitet das Kind aktiv am Aufbau eines Systems, das ihm die *Steuerung seiner emotionalen Triebe und Impulse* ermöglicht. Wie können Sie ihm dabei helfen?

Zuerst und vor allem müssen Sie sich zur Einsicht durchringen, daß diese Aufgabe *sehr viel Zeit* in Anspruch nehmen wird. Typisch ist, daß Väter in dieser Hinsicht viel ungeduldiger sind als Mütter, was meiner Ansicht nach nicht etwa daher rührt, daß Mütter von Natur aus mehr von Vorschulkindern verstehen, sondern einfach daher, daß sie viel mehr um ihre Kinder herum sind als die Väter und aus den täglichen Erfahrungen lernen, was sie von einem Kind vernünftigerweise erwarten können. Väter verbringen weit mehr Zeit in der Erwachsenenwelt als in der Welt der Vorschulkinder, und es kann deshalb kaum überraschen, daß sie Vorschulkinder für Erwachsene in Taschenausgabe halten und Dinge von ihnen verlangen, zu denen sie noch gar nicht fähig sind.

Oftmals sagen Eltern zu einem Kind: «Weißt du nicht, was ‹nein› heißt?» Natürlich versteht das Kind an sich, was «nein» bedeutet, doch es verfügt noch nicht über ein angemessenes Kontrollsystem, das es befähigt, jenes «Nein» zu verkraften und den Drang zur verbotenen Handlung zu hemmen. Einige

Väter glauben, wenn ein Kind die Bedeutung von «nein» verstehe, so sei es auch in der Lage, den damit ausgedrückten Befehl unverzüglich zu befolgen. Doch die Dinge laufen anders. Es braucht buchstäblich tausendfache Wiederholung, bis Ihr Kind die notwendige Gewohnheit, gewisse antisoziale Impulse zurückzudrängen, fest erworben hat.

Erinnern Sie sich an die Zeit, wo Ihr Kind sprechen lernte! Es begann keineswegs mit vollständigen Sätzen wie «Ich gehe jetzt mit Sascha zu seinem Haus hinüber, um im Sand zu spielen», sondern mit einsilbigen Wörtern, denen zweisilbige folgten, dann Kombinationen von zwei Wörtern und schließlich richtige Sätze von zunehmender Vollständigkeit. Bei der Sprachentwicklung ihres Kindes pflegen Väter überaus verständig und geduldig zu sein. Die Grammatikfehler und Wortverzerrungen belustigen sie und erregen keineswegs ihr Mißfallen. Doch angesichts der Fehler und Schnitzer, die ihrem Kind bei der langsamen (ach so langsamen!) Entwicklung seiner Impulskontrolle unterlaufen, können dieselben Väter sehr ungeduldig und ärgerlich werden.

Lassen Sie Ihrem Kind Zeit. Wenn Sie ihm mit Klugheit und Verständnis zur Seite stehen, sollte es bis im Alter von sechs Jahren ein ziemlich wirksames Kontrollsystem entwickelt haben. Dieses wird es am Schlagen, Sandwerfen, Stehlen und anderen antisozialen Verhaltensweisen hindern, die ihm in der Schule oder beim Spiel mit Nachbarskindern Schwierigkeiten bereiten könnten. Sofern Sie während der Vorschuljahre als «Impulskontrollehrer» gute Arbeit geleistet haben, dürfte Ihr Sprößling für den Rest seiner Kindheit verhältnismäßig wenig Anlaß zum Schlagen geben.

Im Zusammenhang mit der zweiten Entwicklungsaufgabe des Vorschulstadiums unterlaufen den Vätern vor allem zwei Hauptfehler.

Der eine besteht darin, vom Kind überhaupt keine Anstrengung zur Kontrolle seiner Impulse zu verlangen, mit dem Ergebnis, daß es mit sechs noch am gleichen Punkt ist wie mit zwei. Diese Art Kinder zögern nicht, andere zu schlagen und ihnen Spielsachen wegzunehmen, haben häufig Zornausbrüche und sind für ihre Umgebung ganz allgemein schwer zu ertragen. Dies ist jedoch ein Fehler, den nur eine sehr kleine Minderheit von Eltern begeht.

Die meisten Eltern und insbesondere Väter neigen weit eher zum Gegenteil, nämlich das Kind zu einer allzu raschen Kontrolle seiner Impulse zu drängen. Aus diesem Grund ist es für einen Vater so wichtig zu wissen, was er von einem Kind in einem gegebenen Alter vernünftigerweise erwarten kann.

Dadurch, daß man ein Kind drängt, seine Impulse rascher zu kontrollieren, als es ihm effektiv möglich ist, verursacht man viele unnötige Probleme. Appetitlosigkeit, übermäßiges Trödeln, Nägelkauen, Angst vor Tieren oder vor der Dunkelheit, Alpträume usw. können verkappte Reaktionen des Kindes auf zu starken Druck zur raschen Kontrolle antisozialer Impulse sein. Schrauben Sie Ihre Forderungen nicht gleich zu hoch, sondern gehen Sie stufenweise vor. Drei ist ein gutes Alter, um damit zu beginnen, denn es ist eine Zeit des Gleichgewichts und der Zusammenarbeit. Außerdem ist Ihr Kind mit drei Jahren in der sprachlichen Entwicklung soweit fortgeschritten, daß es gewisse Gemütserregungen in Worten abreagieren kann.

Wenn Sie ihm zum Beispiel gestatten, zu seinem Bruder zu sagen «Ich hasse dich», erleichtern Sie ihm die Unterdrückung seines Wunsches, den Bruder zu schlagen oder ihm ein Spielzeug wegzunehmen. Oder geben Sie Ihrem Kind Ersatzventile für seinen Groll: «Nein, Tommy, du darfst deinen Bruder nicht schlagen. Aber ich weiß, daß du zornig bist und ihn am liebsten verhauen möchtest; deshalb kannst du jetzt statt dessen diesen Hanswurst verhauen.»

Ein sehr gutes Ersatzventil für die antisozialen Impulse eines Kindes ist das, was Dr. Ruth Hartley als «Puffpuppen» bezeichnet. Sie ermöglichen es dem Kind, seinen Wunsch, jemanden zu verhauen, zu verwirklichen, ohne diesem wehzutun. Eine typische Puffpuppe ist eine solide Stoffpuppe ohne Körper. Man kann solche Puppen anfertigen, indem man aus einem Stück Segeltuch und Füllstoff einen Kopf macht, dem Gesichtszüge aufgestickt und zum Schluß ein Männerhemd oder eine Frauenbluse angenäht werden. Jede Puffpuppe sollte einem Familienmitglied entsprechen: der Mutter, dem Vater, den Brüdern und Schwestern. Diese Geschöpfe lassen sich ohne Risiko zur Abreaktion von antisozialen Impulsen und Gemütserregungen verwenden.

Eine andere Art Ventil bietet das sogenannte Umkehrspiel. Sie sagen dabei zu Ihrem Kind: «Ich habe heute ein neues Spiel für uns. Es heißt Umkehrspiel und geht so – wir stellen uns eine Viertelstunde lang (weniger lang, wenn Ihre Toleranzzeit kürzer ist!) vor, du seist der Vater und ich das Kind. Ich muß dir gehorchen und alles tun, was du von mir verlangst.» Sie werden staunen, was bei diesem Spiel alles herauskommt und wie viele negative Gefühle und Impulse das Kind auf diese Weise ohne Gefahr los wird.

Ein Vierjähriger, der erstmals zu diesem Spiel aufgefordert wurde, sagte zu seinem Vater: «Also, jetzt mußt du deine Schulaufgaben machen!» Er holte das Rechenbuch seines ältesten Bruders und zwang seinen Vater, eine ganze Viertelstunde lang arithmetische Probleme zu lösen, wobei er ihm über die Schulter blickte und rief: «Gib dir mehr Mühe, du machst das nicht gut genug!»

Wir Väter sind uns oft gar nicht bewußt, wie sehr unsere Kinder die auferlegten Vorschriften und Einschränkungen als Last empfinden und wie sehr sie sich in ihrem tiefsten Innern danach sehnen, uns ebenso herumzukommandieren, wie sie sich von uns herumkommandiert fühlen. Das Umkehrspiel gibt ihnen dazu Gelegenheit und ermöglicht ihnen, einigen ihrer negativen Gefühle gefahrlos freien Lauf zu lassen. Eine Warnung: Es kann sein, daß Ihr Kind anfänglich zögert, aus sich herauszugehen. In diesem Fall müssen Sie das Spiel mehrmals wiederholen und das Kind ermutigen, damit es keine Hemmung mehr hat, Sie «herumzukommandieren».

Sehr viel helfen Sie Ihrem Kind bei der Entwicklung eines Kontrollsystems, wenn Sie es mit drei in den Kindergarten schicken. Unter der Führung einer erfahrenen Kindergärtnerin kann es weit mehr über Selbstkontrolle lernen als beim zwanglosen, unbeaufsichtigten Spiel hinter dem Haus. Diesen und andere Vorteile des Kindergartenbesuchs werde ich im übernächsten Abschnitt näher erläutern.

Die Entwicklung eines Systems zur Kontrolle seiner Impulse ist eine Aufgabe, die die *Handlungen* Ihres Kindes betrifft. Die nächste Entwicklungsaufgabe betrifft seine *Gefühle.*

## *3. Keine Angst vor Gefühlen oder Frechheiten sind normal*

Ich habe bereits gesagt, wie wichtig es ist, daß Ihr Kind seine Gefühle frei ausdrücken darf und nicht gezwungen wird, sie in sein tiefstes Inneres zurückzudrängen, von wo sie später in verkleideter und oft schädlicher Form doch wieder hervorbrechen. Die Jahre *zwischen drei und sechs sind eine Zeit, in welcher Ihr Kind einige sehr grundlegende Einstellungen zu seinen Gefühlen und Gemütsbewegungen entwickelt.* Es wird entweder zum Schluß kommen, daß seine Gefühle gefährlich seien und es besser daran tue, sie zu unterdrücken, oder es wird lernen, seine Gefühle, die negativen wie die positiven, als normal hinzunehmen.

Als Psychologe habe ich viele Jahre damit verbracht, Erwachsenen zu helfen, ihre Gefühle auszudrücken. Wenn unter Angst- oder Beklemmungszuständen leidende Erwachsene lernen, die Gefühle auszudrücken, die diese Zustände verursachten (meist feindselige oder sexuelle Gefühle), dann verlieren sich ihre Ängste oder Beklemmungen. Kein Erwachsener würde an psychologischen Problemen wie Angstzuständen und Depressionen oder an psychosomatischen Symptomen leiden, wenn er während seiner Vorschuljahre gelernt hätte, seine Gefühle in Worten auszudrücken! Falls Sie Ihrem Kind ersparen wollen, als Erwachsener jemals einen Psychologen aufsuchen zu müssen, so gibt es wohl kaum etwas Wichtigeres, als ihm im Vorschulalter das Recht zu geben, seine Gefühle auszusprechen.

Machen Sie Ihrem Kind klar, daß «gut» und «schlecht», «richtig» und «falsch» bei Gefühlen nicht gilt. Es gibt keine «schlechten» oder «falschen» Gefühle. Es gibt nur «schlechte» oder «falsche» Handlungen. Wir haben aber das Recht, zwischen unseren Gefühlen und unseren Handlungen zu unterscheiden.

Den meisten von uns war es als Kind leider nicht gestattet, unsere negativen Gefühle auszudrücken. In meinem Elternhaus beispielsweise war es völlig ausgeschlossen, dem Vater oder der Mutter zu sagen, ich sei wütend oder hasse sie. Dies wäre als «Unverschämtheit», «Maulen» oder «Mangel an Respekt» betrachtet worden. Meinen eigenen Kindern erlaube ich, ihre Gefühle mir gegenüber frei zu äußern. Wenn aber eines davon zu mir sagt: «Du bist gemein, ich hasse dich», so fühle ich manchmal eine Zorneswelle in mir aufsteigen und glaube eine innere Stimme zu hören, die sagt: «Untersteh dich, so mit mir zu reden, junger Mann. Ich bin dein Vater!»

Natürlich ist diese innere Stimme nicht jene des Psychologen, der weiß, was für Kinder gut ist. Es ist bloß das Echo der Stimme meines Vaters und seiner falschen Erziehungsweise, die da aus ferner Vergangenheit an mein Ohr dringt. Ich habe mich jedoch entschieden, die Fehler meines Vaters nicht an meine eigenen Kinder weiterzugeben. Aus diesem Grund lasse ich sie ihre Gefühle frei ausdrücken, die negativen wie die positiven. (Das bedeutet allerdings nicht, daß ich stets in der Lage bin, das, was ich für das Beste halte, auch tatsächlich durchzustehen. Wenn ich zum Beispiel einen besonders anstrengenden Tag in der Praxis hinter mir habe oder sonst irgendwie nervös bin, kann es sein, daß ich sage: «Komm, stell ab, ich mag im Moment nichts mehr von deinen Gefühlen hören.»)

Ich möchte hier eine kleine Geschichte aus meiner eigenen Familie erzählen, um zu veranschaulichen, was es für Ihr Kind bedeutet, seine Gefühle frei äußern zu können. Eines Samstagnachmittags kam ich nach Hause und fand, daß die wie gewohnt im Badezimmer stehende Vase mit frischen Blumen eine sonderbare gelbliche Flüssigkeit enthielt. Ich roch daran, und mein Verdacht bestätigte sich – es war *nicht* Wasser! Ich begann zu überlegen, wer das getan haben könnte. Meine Frau und meine Teenagertochter schloß ich von vornherein aus. Auch der einjährige Rusty kam als Verdachtsperson nicht in Frage, da seine Zielgenauigkeit nicht so gut war. Damit blieb nur der sechsjährige Randy. Ich spürte ihn auf und konfrontierte ihn mit dem Corpus delicti.

«Randy», sagte ich, «warum hast du in die Vase gepinkelt?»

«Weißnich», antwortete er im typischen Tonfall eines Sechsjährigen.

«Du mußt über irgend etwas wütend gewesen sein, um so was zu tun. Was hat dich denn so verärgert?»

Schließlich gab er zu, wütend geworden zu sein, weil ihn seine Mutter an jenem Nachmittag nicht ins Kino gehen lassen wollte. Das war also der Grund dieser feigen Tat. Ich sagte: «Randy, du weißt, daß du Mutti und Vati sagen darfst, wenn du uns böse bist. Wenn du also das nächste Mal über jemanden von uns wütend bist, so sag es uns, aber pinkel nicht mehr in die Vase!»

Aus diesem Zwischenfall kann man eine ganze Menge lernen. Er zeigt sehr klar, welche Alternative ein Kind hat: Entweder kann es seine negativen Gefühle in Worten ausdrücken oder dann pinkelt es in die Vase (oder findet sonst eine Hintertür, durch welche es seine Zornesgefühle in Form von antisozialen Handlungen loswerden kann).

Einige Väter werden mich hier vielleicht mißverstehen und meinen, ich verlange, daß sie ihren Kindern den Ausdruck ihrer negativen Gefühle zu allen Zeiten, an allen Orten und in jedem Alter erlauben. Nein, ich bin nicht dafür, daß man alle Kinder ihre negativen Gefühle überall und jederzeit frei ausdrücken läßt. Kinder müssen lernen, ihre negativen Gefühle zuweilen auch zurückzuhalten. Sie müssen lernen, daß es sie wahrscheinlich in Schwierigkeiten bringt, wenn sie ihrem Lehrer in der Schule sagen, sie verabscheuten ihn. Kinder müssen ferner lernen, daß auch andere Leute Gefühle haben und daß sie diese nicht durch Grobheit verletzen dürfen.

Doch im Augenblick rede ich von Vorschulkindern, und Vorschulkinder sind zu jung, um zwischen Kontrolle negativer Gefühle und Kontrolle positiver Gefühle unterscheiden zu können. Wenn wir unsere Vorschulkinder am Ausdruck ihrer negativen Gefühle hindern, lehren wir sie, auch ihre positiven Gefühle zu unterdrücken. Das bedeutet letztlich, daß wir unsere Kinder zu gefühlsmäßig gehemmten Menschen erziehen. Kinder im Vorschulalter kann man nicht lehren, die Gefühle anderer zu schonen, ohne dadurch ihrer Spontaneität und ihrer Gefühlsfreiheit Fesseln anzulegen.

Erst mit etwa sechs Jahren ist das Kind soweit, daß es anfangen kann, auf die Gefühle anderer Rücksicht zu nehmen. Während der Grundschulzeit können Sie Ihr Kind lehren, zu unterscheiden, wo gewisse Gefühle ohne weiteres geäußert werden dürfen und wo es klüger ist, sie nicht auszudrücken. Doch das Vorschulalter ist eine Zeit, wo man die Kinder ermutigen soll, *alle* ihre Gefühle, die negativen wie die positiven, zum Ausdruck zu bringen.

## 4. *Der Drang zur Selbständigkeit*

In der frühen Kindheit ist Ihr Kind noch unfähig, sich von seiner Mutter zu lösen. Die Mutter bildet den Mittelpunkt der Welt eines Zweijährigen. Mit drei ist das Kind aber einen großen Schritt weiter. Es liebt jetzt die Gesellschaft anderer Kinder und will mit ihnen spielen. Es möchte lernen, sich in eine Gruppe Gleichaltriger einzufügen, selbständiger zu werden und sich von seiner Mutter zu lösen. Dennoch steht es dieser Lösung aus der sicheren, geschützten Sphäre seiner Mutter mit gemischten Gefühlen gegenüber. Diese «Trennungsangst» sollte Sie nicht weiter erstaunen, denn schließlich war die Mutter ganze drei Jahre lang sozusagen sein «Hauptstützpunkt».

Schon der *Übergang zum selbständigen Spiel* mit seinesgleichen ist *ein großer Schritt* für Ihr Kind. Er gleicht beinahe einer beängstigenden Reise durch das Weltall zu einem unbekannten Planeten.

Der Besuch eines *Kindergartens* kann dem Kind diese Entwicklungsaufgabe erleichtern. Im Kindergarten steht Ihrem Kind eine erfahrene Lehrerin zur Seite, die ihm hilft, die emotionale Lösung von der Mutter zu vollziehen.

Einen guten Einblick in die Gefühle Ihres Kindes bezüglich der Lösung von der Mutter würden Sie gewinnen, wenn Sie sehen könnten, was am ersten Kindergartentag in seinem Gemüt vorgeht. Es empfindet etwa so: «Mutti hat mich an diesen neuen Ort gebracht. Sie sagte, es werde mir hier gefallen, und ich werde es sehr lustig haben. Aber ich weiß nicht so recht. Mutti sagte, die Frau da drüben sei die Kindergartentante. Wie ist sie? Wird sie lieb sein mit mir? Wird sie sich meiner annehmen? Wer sind alle diese fremden Kinder? Ich habe noch nie so viele Kinder in einem Zimmer beieinander gesehen. Werden sie mich mögen? Wird es nett sein, mit ihnen zu spielen, oder werden sie mir wehtun? Ich fürchte mich. Eigentlich mag ich diesen Ort überhaupt nicht leiden. Mutti, laß mich nicht hier, laß mich nicht alleine! Ich habe solche Angst, daß ich gleich weinen werde!»

Und das ist genau, was viele Kinder an ihrem ersten Kindergartentag auch tun: sie weinen – und müssen von der Kindergärtnerin getröstet werden.

Sofern es Ihnen möglich ist, sollten Sie sich unbedingt etwa einen Monat nach Beginn des Kindergartenbesuchs Zeit nehmen, um ihr Kind beim Spiel in seiner Klasse zu beobachten. Setzen Sie sich bei Ihrem Besuch unauffällig in eine Ecke, um die Kinder nicht zu stören. Ihre Mühe wird sich lohnen, denn beim Zuschauen werden Sie eine Vorstellung davon erhalten, was im Kindergarten überhaupt vor sich geht und wie die Entwicklung Ihres Kindes dabei gefördert wird.

Als Vater können Sie Ihrem Kind auch dadurch helfen, daß Sie ihm mehr Zeit widmen, in dem Sinne, wie ich es in den vorhergehenden Abschnitten beschrieben habe. Ein Kind wird es leichter haben, sich von der Mutter zu lösen, wenn es durch ein inniges Verhältnis zum Vater gestützt wird.

## 5. *Die neue Welt der Gleichaltrigen*

Die Grundlagen seines Sozialverhaltens erwirbt sich das Kind im Alter von drei bis sechs Jahren, und zwar im Umgang mit seinesgleichen. In dieser Zeit lernt es zu teilen, zu warten, bis es an die Reihe kommt, ein anderes Kind um etwas zu bitten, statt es einfach zu nehmen, und seine Gefühle in Worte zu fassen. Es lernt, seine Rechte zu verteidigen, sich von anderen Kindern nicht einschüchtern zu lassen, seine Meinung anders als mit den Fäusten zu vertreten, mitzumachen und zu beobachten. Es muß lernen, im Umgang mit anderen Kindern Selbstvertrauen zu entwickeln. Kein Kind wird mit diesen grundlegenden sozialen und charakterlichen Eigenschaften geboren. Wieweit es sie sich in seiner frühen Kindheit aneignet, ist für sein späteres Leben von überragender Bedeutung.

Jedes Kind lernt, daß sich die Beziehungen mit seinesgleichen radikal von jenen innerhalb seiner Familie unterscheiden. In der Familie wird es um seiner selbst willen geliebt und akzeptiert. Sein Platz in der Familie ist ihm allein durch die Tatsache gesichert, daß es in sie hineingeboren wurde. Doch *in den Beziehungen mit Gleichaltrigen* hat es keinen solchen angestammten Platz. Es tritt hier in *eine psychologisch ganz andere Welt mit völlig neuen ungeschriebenen Gesetzen* und Forderungen ein. Bei seiner ersten Fühlungnahme mit dieser Welt wird das Kind mit den eigenen Stärken und Schwächen konfrontiert. Es erwirbt sich Anerkennung, erfährt aber auch, was Ablehnung heißt. Es erhält den ersten Unterricht im psychologisch so überaus *wichtigen Wechselspiel von Geben und Nehmen im Umgang mit anderen* Menschen.

Um diese Sozialisierungsfähigkeiten zu erwerben, braucht Ihr Kind das Spiel mit anderen Kindern. Der Kindergarten ist dazu der ideale Ort, weil der Lernprozeß hier von einer ausgebildeten Kindergärtnerin überwacht und geleitet wird. In dieser Hinsicht ist der Kindergarten sowohl für das schüchterne Kind als auch für das übermäßig aggressive Kind von besonderem Vorteil, benötigen doch beide besondere Hilfe bei der Meisterung dieser Entwicklungsaufgabe. Das freie Spiel mit Nachbarskindern ist zwar wertvoll, doch muß das Kind hier durch Erfahrungen lernen. Es ist keine Kindergärtnerin da, die dem schüchternen Kind hilft, sich in einer Gruppe einen Platz zu verschaffen, sein Selbstvertrauen zu stärken und seine Schüchternheit zu überwinden.

Ich möchte hier vor einer Tendenz warnen, die mancher Vater seinem schüchternen Vorschulkind gegenüber zeigt. Es ist die Tendenz, über die *ängstlichen Gefühle* des beim Spiel abseits stehenden Kindes zu spotten und es zum Mitmachen zu drängen. Dieses Vorgehen ist falsch und wird das Kind nur veranlassen, sich noch tiefer in sein Schneckenhaus zurückzuziehen.

Statt dessen sollte der Vater die bereits erläuterte Rückkoppelungstechnik anwenden, indem er zu seinem Kind sagt: «Ich weiß, daß du ein wenig Angst hast, mit dem Fredi zu spielen, weil er so laut und grob ist», oder: «Ich glaube, du scheust dich etwas, den neuen Jungen von nebenan zum Spiel aufzufordern.» Durch diese Rückkoppelung der Angst- und Unsicherheitsgefühle zeigt der Vater dem schüchternen Kind, daß er es wirklich versteht und daß es einen Verbündeten hat. Dies ist für einen Vater der beste Weg, dem schüchternen Kind Mut für das zu machen, wovor es sich fürchtet. *Nach* der Rückkoppelung kann der Vater irgendeinen Plan aushecken, um dem Kind zu helfen, sich zur Einladung des neuen Gespielen durchzuringen.

Oft haben Väter das Gefühl, das beste Mittel, *ein übermäßig aggressives Kind* zur Änderung seines Verhaltens zu veranlassen, sei eine tüchtige Tracht Prügel. Man hört etwa einen Vater, der zur Mutter sagt: «Was der Bengel braucht, ist ein paar um die Ohren!» Dies wäre aber dasselbe, wie wenn man versuchen wollte, ein Feuer zu löschen, indem man Benzin hineingießt. Was das übermäßig aggressive Kind braucht, sind nicht Schläge (es sei denn als letzter Ausweg, wenn der Vater selbst seinen Zorn nicht mehr zügeln kann), sondern festes Zurückhalten. Wenn ein Vorschulkind einen Spielkameraden ärgert oder schlägt, sollte es der Vater mit beiden Armen fest packen und so am Schlagen hindern. Gleichzeitig sollte er bestimmt und mit Nachdruck sagen: «Du darfst Dany nicht schlagen! Wenn du wütend auf ihn bist, so sag es ihm, aber schlag ihn nicht!»

## *6. Festigung des Geschlechtsbewußtseins: Junge oder Mädchen*

Bis zum Alter von drei Jahren ist das Geschlechtsbewußtsein bei Knaben und Mädchen nur schwach entwickelt. Beide Geschlechter lieben die gleiche Art von Spielzeugen. Ein- bis zweijährige Jungen und ein- bis zweijährige Mädchen interessieren sich gleichermaßen für Zugspielzeuge, Wuscheltiere, Bauklötze, Sand- und Wasserspiele. Natürlich gibt es schon in diesen ersten Lebensjahren Verhaltensunterschiede zwischen Jungen und Mädchen, doch sind sie bei weitem nicht so ausgeprägt wie später. Jungen sind im allgemeinen etwas aggressiver und körperlich aktiver; Mädchen entwickeln sich in vielen Bereichen, etwa im Sprachlichen, oft rascher als Jungen. Doch gesamthaft gesehen macht sich eine klare Geschlechtertrennung erst mit dem Eintritt ins Vorschulstadium bemerkbar. Zu diesem Zeitpunkt *beginnen Jungen und Mädchen die Welt durch verschiedene psychologische Brillen zu sehen und sich* infolgedessen auch *unterschiedlich zu verhalten.*

Die emotionalen und psychischen Unterschiede zwischen Jungen und Mädchen und später zwischen Männern und Frauen sind aller Wahrscheinlichkeit nach sowohl durch angeborene biologische Faktoren als auch durch die unterschiedliche Erziehung von Jungen und Mädchen bedingt, wobei sich die Fachleute darüber streiten, was dem Biologischen und was dem Anerzogenen zuzurechnen sei.

Worauf es jedoch für Sie als Vater ankommt, ist, dafür zu sorgen, daß Ihr Kind während seiner Vorschuljahre ein klares und stabiles Geschlechtsbewußtsein entwickelt, denn dieses ist ein wichtiger Teil seines Selbstverständnisses und gehört zu den Voraussetzungen seiner geistigen Gesundheit.

Denken Sie daran, daß sich in frühester Kindheit sowohl Jungen als auch Mädchen mit ihrer Mutter identifizieren und daß sie die wichtigste Person im Leben eines Kleinkindes ist. Kleine Jungen wie kleine Mädchen wollen ihre Mutter nachahmen. Es ist für einen dreijährigen Jungen durchaus normal, zu seiner Mutter zu sagen: «Wenn ich erwachsen bin, will ich eine Mutti sein, grad wie du!» Und es ist keineswegs ungewöhnlich, wenn ein kleiner Junge nicht nur die Schuhe seines Vaters, sondern auch jene seiner Mutter anziehen oder deren Lippenstift oder Parfüm benutzen will. Sie brauchen sich darob keineswegs zu beunruhigen oder gar zu fürchten, Ihr Sohn sei ein Weichling oder habe homosexuelle Veranlagungen.

Ein derartiges Verhalten ist für die frühe Kindheit typisch. Im Alter von drei bis sechs Jahren jedoch beginnen Knaben und Mädchen in ihrer psychischen Entwicklung verschiedene Wege zu gehen. Während Mädchen weiterhin die Mutter nachahmen, imitieren Knaben nun vermehrt den Vater, was ihnen aber natürlich nur dann möglich ist, wenn ihnen dieser durch seine Anwesenheit auch Gelegenheit dazu gibt. In dieser Hinsicht bin ich der Meinung, daß es in unserer gegenwärtigen Gesellschaft für Mädchen viel leichter ist, ein starkes Geschlechtsbewußtsein zu entwickeln als für Knaben.

Vor hundert Jahren war das anders. Damals lebten wir in einer ländlichen oder kleinstädtischen Gesellschaft, wo kleine Jungen sehr viel mit ihren Vätern zusammen waren, sie dabei unbewußt nachahmen und damit ihr Geschlechtsbewußtsein stärken konnten. Der Bauernjunge begleitete seinen Vater aufs Feld und half ihm bei der Arbeit. Der Sohn eines kleinstädtischen Kaufmanns sah den Vater wenigstens über die Mittagszeit. Heute aber sind viele Väter vom frühen Morgen bis zum späten Abend weg, so daß ein kleiner Junge sein «Modell» höchstens an Wochenenden für längere Zeit zu Gesicht bekommt. Noch schlimmer ist es meist bei Scheidungen.

Vor hundert Jahren gab es auch viel weniger weibliche Lehrkräfte. Heute ist es durchaus möglich, daß ein Knabe erst in der fünften oder sechsten Klasse von einem Lehrer unterrichtet wird. All das bedeutet, daß Jungen wenig Gelegenheit zur Nachahmung männlicher Vorbilder und mithin zur Stärkung ihres Geschlechtsbewußtseins haben.

In Anbetracht dessen sollte man eigentlich meinen, daß Väter heute *besondere Anstrengungen unternehmen, um sich sooft wie möglich mit ihren Söhnen abzugeben.* Doch ist das leider selten der Fall. Viele Väter werden von ihrer Arbeit so sehr beansprucht oder vom Drang nach Erfolg getrieben, daß sie wenig

Zeit für ihre kleinen Kinder finden. Ein Vater wurde sich dessen erst bewußt, als ihn sein fünfjähriger Sohn regelrecht um eine Verabredung bat!

Gewöhnlich suchen Väter ihre zur Obsession gewordene Arbeitswut dadurch zu rechtfertigen, daß sie damit ja den Wohlstand der Familie sicherten. Sie sagen sich, wenn die Kinder größer seien, würden sie schon mehr Zeit für sie finden, was sich aber meistens als Trugschluß erweist. Die Vorschuljahre sind ein überaus wichtiger Abschnitt in der kindlichen Entwicklung. Gerade hier hat das Kind und besonders ein Junge seinen Vater als Vorbild am meisten nötig. Die Nachahmung des Vaters ist ein sehr subtiler, unbewußter Vorgang. Der kleine Junge wacht nicht eines Morgens auf und sagt sich: «Heute will ich mal meinen Vater beobachten, wie er die Familie zum Strand fährt, und ihn dann nachahmen!»

Wenn Väter aber oft mit ihren Kindern zusammen sind, werden diese sie ganz ohne ihr Zutun nachahmen. Am besten helfen Sie Ihrem Vorschulsohn bei der Stärkung seines Geschlechtsbewußtseins, wenn Sie mit ihm zusammen etwas unternehmen, das Ihnen beiden Spaß macht. Väter sollten sich daran gewöhnen, ihre Vorschulkinder mitzunehmen, wenn sie irgendeine Besorgung machen. Für den Vater mag der Besuch eines Eisenwarengeschäfts, eines Lebensmittelladens, einer Autowerkstätte oder einer Buchhandlung nichts Besonderes sein, für ein Vorschulkind aber ist es ein richtiggehendes Abenteuer! Wenn Sie also eine Besorgung ohnehin machen müssen – warum nicht Ihren Sohn mitnehmen?

Sie können Ihren Vorschuljungen an Wochenenden aber auch zu Besichtigungen mitnehmen, die nicht nur erzieherischen Wert haben, sondern auch dazu beitragen werden, ein inniges Verhältnis zwischen Ihnen und Ihrem Sohn herzustellen. So besuchte ich mit meinen eigenen Vorschulkindern eine Feuerwache, einen Polizeiposten, eine Zeitungsredaktion, eine Schweißwerkstätte, eine Buchhandlung, eine Bank, einen Gemüsemarkt, einen Flughafen, eine Schuhreparaturwerkstatt, eine Autogarage, eine Gießerei, eine Keksfabrik und ein Postamt. Gewöhnlich freuen sich die Leute, einem Kind die verschiedenen Einrichtungen zu zeigen, obwohl sie nicht immer in der Lage sind, sie ihm in einer Sprache zu erklären, die es versteht. Ich begann bald, an solchen Entdeckungsfahrten selbst Gefallen zu finden, denn gewöhnlich hat man als Erwachsener wenig Gelegenheit, Dinge dieser Art zu tun. Anfänglich werden Sie sich vielleicht scheuen, irgendwohin zu gehen und zu sagen: «Hätten Sie wohl etwas dagegen, wenn wir uns bei Ihnen ein bißchen umsähen?» Doch Ihr Kind öffnet Ihnen die Tür zu manchem unerwarteten Abenteuer im Umkreis einer halben Autostunde. Genauso bezeichnete ich meinen Kindern gegenüber auch solche Ausflüge als «Abenteuer».

Es gibt viele Möglichkeiten, die Erlebnisse solcher gemeinsamer Fahrten auszuwerten. Sie können das Kind ermutigen, sie zeichnerisch darzustellen oder darüber Geschichten zu erfinden. Sie können mit ihm sogar ein «Buch» darüber schreiben. Sie gehen dabei wie folgt vor.

Nach der Rückkehr von der Fahrt sagen Sie zu Ihrem Kind: «Eigentlich könnten wir doch über unseren Besuch auf der Feuerwache von heute vormittag ein Buch schreiben. Das ist nämlich ganz einfach. Der eine erzählt und der andere schreibt es auf. Wir machen das so: Du erzählst, und ich schreibe. Das gibt dann ein Buch. Also, was willst du über den Besuch auf der Feuerwache sagen?»

«Vati und ich waren heute bei der Feuerwache.»

«Gut, das gibt die erste Seite unseres Buches.»

Schreiben Sie diesen Satz nun in Druckbuchstaben auf die erste Seite. Lassen Sie dabei Raum für eine Zeichnung oder für eine Fotografie eines Löschwagens oder einer Feuerwehrmannschaft. Dann fragen Sie: «Was willst du als nächstes erzählen?»

«Wir sahen einen Feuerwehrmann. Der ließ mich auf den Löschwagen klettern.»

Schreiben Sie das auf die nächste Seite. Auf jeder Seite sollte nur ein Satz stehen. Korrigieren oder ändern Sie die Sätze nicht, sondern schreiben Sie sie so nieder, wie sie das Kind sagt, denn es ist *sein* Buch, nicht Ihres. Setzen Sie das Spiel so lange fort, wie das Kind Lust zum Diktieren hat. Wenn Sie bemerken, daß sein Interesse nachläßt, so lassen Sie sich etwas einfallen, um das Buch in geeigneter Weise abzuschließen. Verwenden Sie wie in einem richtigen Buch große und kleine Buchstaben, selbst wenn sie Ihr Sohn jetzt noch nicht lesen kann.

Lassen Sie Ihr Kind zum Schluß einen Titel für das Buch erfinden, den Sie dann auf das Deckblatt schreiben, versehen mit dem Zusatz «von Cornelia Wagner», denn Verfasser ist ja Ihr Kind. Machen Sie am Besichtigungsort einige Aufnahmen und kleben Sie die Bilder in das Buch ein. Eines davon kann als Titelbild dienen, die anderen als Illustrationen zu den verschiedenen Sätzen.

Wenn das Buch fertig ist, lesen Sie es Ihrem Kind vor. Vielleicht wird es Sie später auffordern, ihm das Buch nochmals vorzulesen, denn als etwas, das Sie zusammen gemacht haben, bedeutet es ihm sehr viel.

Wenn Sie Zugang zu einem Xerox-Apparat oder einem anderen Vervielfältigungsgerät haben, so können Sie das Spiel um eine Dimension erweitern: Ihr Kind wird mit Begeisterung entdecken, daß es sein eigenes Buch vervielfältigen kann. Es ist nun in der Lage, eine Kopie davon den Großeltern zu schenken oder in den Kindergarten mitzunehmen, wo es sie den anderen zeigen kann. Das Lob, das es für sein Buch erntet, motiviert es zur Fortsetzung seiner vorschulischen «Schriftstellerkarriere».

Von allen möglichen Entdeckungsfahrten, die ein Vater mit seinen Vorschulkindern unternehmen kann, ist eine ganz besonders zu empfehlen: jene an seinen Arbeitsplatz. Zeigen Sie Ihrem Kind, wo und was Sie arbeiten. Es kann sein, daß dies eine gewisse Vorbereitung erfordert, denn es ist wichtig, daß Sie Ihre Arbeit so erklären, daß sie das Kind verstehen kann.

Ist ein Vater Feuerwehrmann, Polizist, Arzt oder Kaufmann, wird die Erklärung leichtfallen und vom Kind im Spiel nachgeahmt werden können. Ein Rechtsanwalt oder EDV-Spezialist wird es dagegen schwerer haben, seine Arbeit dem Vorschulkind verständlich zu machen.

Wenn Ihr Kind zu Ihnen wie zu einem Vorbild aufsehen soll, so ist es sehr wichtig, daß es eine seinem Alter entsprechende Vorstellung von Ihrer Arbeit hat. Es weiß, was seine Mutter tut, denn es ist ja ständig um sie herum und kann sie in ihrer

Tätigkeit beobachten, doch wenn Sie ihm nicht zeigen, was *Sie* tun und warum Ihre Arbeit wichtig ist, so wird es in Ihnen bloß eine Person sehen, die jeden Morgen an einen schleierhaften Ort namens «Arbeit» verschwindet und abends wieder auftaucht.

Hoffentlich habe ich nicht den Eindruck erweckt, daß Väter sich nur mit ihren *Jungen* abgeben sollen. *Der Vater ist auch für ein Vorschulmädchen sehr wichtig,* nicht als Vorbild, das es nachzuahmen gilt, sondern als der erste Mann in ihrem Leben. Als Vater sind Sie das Vorbild für den künftigen Ehemann Ihrer Tochter. Wenn sie Sie nur wenig sieht, wird sie vom männlichen Geschlecht nur eine sehr blasse Vorstellung haben. Ich werde auf dieses Thema in einem der folgenden Abschnitte bei der Beschreibung der «Familien-Romanze» zurückkommen und es dort eingehender behandeln. Hier sei nur soviel gesagt, daß Ihre kleine Tochter wissen muß, wie gern Sie sie haben. Doch wie soll sie das, wenn Sie praktisch nie zu Hause sind?

Was ist zu tun, wenn Sie ein Vater sind, der schrecklich beschäftigt ist und es sehr schwer findet, irgend etwas von dem zu tun, was ich hier angeregt habe? Nun, selbst der beschäftigtste Vater kann sich über Mittag oder während der Kaffeepause für fünf Minuten freimachen, um sein Kind zu Hause anzurufen. Dieser Anruf wird dem Kleinen sehr viel bedeuten, weil er zeigt, daß es vom Vater nicht vergessen wird. Sie können ihm vom Arbeitsplatz aus auch eine Karte oder eine kurze Notiz schicken. Kleine Kinder erhalten selten Briefe und finden es sehr aufregend, von Paps einen Brief zu bekommen. Wenn sich Väter auf einer Geschäftsreise befinden oder aus sonst einem Grund abwesend sind, pflegen sie ihren Kindern eine Postkarte zu schicken oder sie anzurufen. Doch sie sind sich selten bewußt, daß es für ein Vorschulkind geringen Unterschied macht, ob sein Vater Hunderte von Kilometern entfernt auf einer Geschäftsreise oder bloß eine Viertelstunde von zu Hause an seinem Arbeitsplatz ist. Überbrücken Sie daher auch Ihre «normale» Abwesenheit mit einem Anruf oder einer Postkarte, damit Ihr Sprößling weiß, daß Sie an ihn denken.

Zusammenfassend sei gesagt, daß Ihr Vorschuljunge den

Kontakt mit Ihnen benötigt, um Sie nachahmen und sein Geschlechtsbewußtsein festigen zu können, während Ihre Vorschultochter diesen Kontakt braucht, damit sie bei der späteren Partnerwahl ein klares Vorbild hat und weiß, daß Sie, der erste Mann in ihrem Leben, sie wirklich liebhaben und ihre kleinmädchenhafte Weiblichkeit zu schätzen wissen.

Sie tun indessen gut daran, sich zu erinnern, daß kein Kind (und auch kein Erwachsener) je hundertprozentig «männlich» oder hundertprozentig «weiblich» ist. Wäre das der Fall, so gäbe es zwischen den Geschlechtern gar keine Verständigungsmöglichkeit. Klischees wie «Jungen weinen nicht» oder «Mädchen brauchen nicht zu denken, wenn sie bloß fähig sind, einen Mann zu angeln» sind daher zu vermeiden. Wir wollen unsere Söhne im Gegenteil zu Männern erziehen, die so «weibliche» Charakterzüge wie Wärme und Zärtlichkeit bekunden und fähig sind, zu weinen und tiefe Gefühle zu zeigen. Ebenso sollen aus unseren Töchtern Frauen werden, die unabhängig sein und logisch denken können und es wagen, als eigenständige Wesen aufzutreten.

*Seien Sie* daher *flexibel, wenn Sie Ihre Vorschulkinder lehren, was männliches und was weibliches Verhalten* ist. Geben Sie ihnen die Möglichkeit, neben der Rolle und den Gefühlen ihres eigenen Geschlechts auch jene des anderen Geschlechts zu spielen bzw. zu äußern. Es schadet einem dreijährigen Jungen in keiner Weise, mit Puppen zu spielen oder mit seiner Mutter Kuchen zu backen, ebensowenig wie es einem dreijährigen Mädchen abträglich sein kann, mit Lastwagen oder Flugzeugen zu spielen, wenn es daran Gefallen findet. Bestärken Sie Ihre Vorschulkinder in ihrem Geschlechtsbewußtsein, vermeiden Sie dabei aber stereotype, starre Einstellungen.

## *7. Klare Antworten auf «peinliche» Fragen oder Positive Sexualerziehung*

In den vorhergehenden Kapiteln erfuhren Sie, daß Kinder erst mit etwa drei Jahren anfangen, sich näher für das Geschlechtliche zu interessieren. Bis zu diesem Zeitpunkt haben Sie in diesem Bereich bloß dafür zu sorgen, daß Ihr Kind nicht eine negative Sexualerziehung erhält. Doch jetzt, im Vorschulalter, ist es an der Zeit, ihm eine *positive* Sexualerziehung zu geben.

Bei der Erläuterung der bisherigen Entwicklungsaufgaben Ihres Kindes im Vorschulstadium setzte ich stillschweigend voraus, daß es keinerlei psychische Hemmungen gebe, die Sie daran hindern könnten, Ihr Kind bei der Erfüllung dieser Aufgaben zu unterstützen. Doch das kann sich jetzt ändern. Es ist sehr gut möglich, daß es Ihnen gewisse psychische Hemmungen schwer machen, Ihrem Kind bei der *Entwicklung einer positiven, gesunden Einstellung zum Sexuellen* zu helfen.

Als Psychologe, der sich seit mehr als zwanzig Jahren mit den intimen, also auch den sexuellen Problemen anderer Leute beschäftigt, bin ich mir durchaus bewußt, daß viele Väter durch Fehlinformationen, Ängste oder Gewissensbisse in bezug auf das Sexuelle gebrandmarkt sind, die auf ihre eigene Kindheit zurückgehen. Sex war auch in meiner Kindheit etwas, das man vertuschte, wovon man einfach nicht sprach (außer mit anderen Kindern, und zwar in aller Heimlichkeit!).

Ich verstehe daher sehr gut, daß gewisse Väter Hemmungen haben, über Sex zu sprechen, und es als schwierig empfinden, die diesbezüglichen Fragen ihrer Kinder mit der gleichen Gelöstheit zu beantworten wie jene über andere Themen. Es lohnt sich indessen, Ihre eigenen Hemmungen zu überwinden, versetzen Sie sich doch damit in die Lage, Ihren Kindern eine bessere Sexualerziehung zu geben als jene, die Sie von Ihren Eltern erhielten. Es wird Sie beruhigen zu wissen, daß es weit leichter ist, die das Geschlechtliche betreffenden Fragen Ihres Kindes zu beantworten, wenn es noch klein ist.

Eine positive Sexualerziehung im Vorschulalter besteht aus zweierlei: erstens, der Beantwortung der Fragen Ihres Kindes und zweitens, der Vermittlung einer umfassenden, systematischen Vorstellung von Sexualität, Liebe und Familie.

*Beantworten Sie die Fragen Ihres Kindes direkt und aufrichtig* und drücken Sie sich dabei so einfach und nüchtern aus wie bei der Beantwortung von Fragen über die Ursache des Regens oder einer Fernsehpanne. Ihr Kind wird Sex keineswegs als etwas Beunruhigendes empfinden oder vom Gedanken daran besessen sein, es sei denn, Erwachsene lehren es das Gegenteil. Wenn es ganz naive Fragen stellt und Sie antworten: «Darüber werden wir reden, wenn du älter bist», oder: «Warum fragst du nicht deine Mutter?», so wird es das Gefühl bekommen, Sex sei etwas Verbotenes und Schmutziges (und gerade deshalb etwas Faszinierendes, weil es verboten ist).

Gewöhnlich kommen die Fragen kleiner Kinder über geschlechtliche Dinge aus heiterem Himmel, das heißt, wenn wir sie am wenigsten erwarten. Mein ältester Sohn, Randy, war etwa dreieinhalb, als er eines Abends mitten im Tischgespräch fragte: «Vati, wo kommen die kleinen Kinder her?» Natürlich ist dies meistens die erste Frage, die Kinder zum Thema stellen. Ich erwiderte darauf etwa folgendes: «Randy, kleine Kinder kommen aus der Mutter. Sie wachsen an einem besonderen Ort, den man Gebärmutter nennt.» – «Aha», sagte Randy und fragte im selben Atemzug: «Was gibt's heute zum Nachtisch?»

Dieser kleine Wortwechsel zeigt sehr deutlich, daß Kinder ihre Fragen über Geschlechtliches keineswegs als etwas Besonderes betrachten. Sie wollen eine kurze und einfache Antwort. Wenn sie eine nähere Erklärung benötigen, werden sie weitere Fragen stellen.

Nebenbei sei gesagt, daß Sie nicht den Fehler begehen sollten, wie viele Eltern zu sagen, daß kleine Kinder in Mutters Bauch oder gar im Magen wachsen. Dies ist nicht nur anatomisch ungenau oder richtiggehend falsch, sondern erzeugt im Kind höchst verworrene Vorstellungen über Sex und Geburt. Es wird sich wundern, wie sich das kleine Schwesterchen oder Brüderchen wohl zurechtfindet zwischen den Schnitzeln, Spaghetti und Tomaten, die die Mutter soeben gegessen hat! Sprechen Sie daher lieber von der Gebärmutter als vom Bauch oder Magen.

Eine der schwierigen Fragen, die Ihr Kind stellen wird, betrifft den Unterschied zwischen Knaben und Mädchen. Irgendwann zwischen drei und sechs entdeckt das Kind, daß Jungen einen Penis haben und Mädchen nicht. Herrscht in der Familie hinsichtlich des Sexuellen eine gesunde Atmosphäre, so wird diese Entdeckung kaum einen größeren psychologischen Schock auslösen. Doch wenn die allgemeine Einstellung zum Geschlechtlichen von starken Hemmungen und Schuldgefühlen geprägt ist, wird der kleine Junge oder das kleine Mädchen Mühe haben, die aus seiner Sicht höchst überraschende Entdeckung zu verkraften und zu verstehen.

Die meisten Eltern erwarten, daß ein Kind diese Entdeckung ebenso ruhig hinnehmen werde wie jene, daß Affen auf Bäume klettern können, Hunde dagegen nicht. Zum Leidwesen der Eltern ist das aber nicht der Fall. Das kleine Kind ist verstandesmäßig nicht reif genug, um zu verstehen, daß Jungen mit einem Penis und Mädchen mit einer Gebärmutter und ohne Penis zur Welt kommen. Kleine Jungen und Mädchen neigen zur Auffassung, daß ursprünglich alle Kinder mit einem Penis geboren wurden und daß den Mädchen dann ein Unglück zustieß. Dies wird etwa durch jene Karikatur veranschaulicht, die ein kleines Mädchen zeigt, welches seinem Brüderchen beim Bad zuschaut und dann ausruft: «Mutti, ich glaube, ich hab' ein Stück zu wenig!»

Manche kleinen Mädchen fühlen sich betrogen und halten sich für minderwertige Wesen. Andere glauben, sie hätten ursprünglich einen Penis gehabt, der ihnen dann zur Strafe abgeschnitten worden sei. Wenn Ihre kleine Tochter solche Vorstellungen äußert, können Sie sie mit der Erklärung beruhigen, daß Mädchen zwar keinen Penis haben, dafür aber etwas anders, das Jungen nicht besitzen: eine Gebärmutter. Erklären Sie ihr, daß die Gebärmutter eine besondere kleine Tasche im Unterleib ist, wo die kleinen Kinder wachsen, und daß Mädchen, wenn sie erwachsen sind, Kinder haben können, Jungen aber nicht. Ein kleines Vorschulmädchen, dem die Mutter die Sache in solcher Weise dargelegt hatte, war so stolz darauf, auch etwas Besonderes zu haben, daß es in den nächsten Tagen jedem, der es hören wollte, erzählte, es habe eine Gebärmutter!

Doch auch kleine Jungen können auf die Entdeckung, daß weibliche Wesen keinen Penis haben, mit Angst reagieren. Da das Denken kleiner Vorschulkinder noch recht rudimentär ist, schließen viele Knaben, den Mädchen sei der Penis als Strafe abgeschnitten worden, und fürchten deshalb, auch ihnen könnte eine solche Strafe zuteil werden. So antwortete ein fünfjähriger Junge seiner Mutter, die ihn auf seine wiederholten Fragen nach ihrem Penis daran erinnert hatte, daß sie ja als Frau gar keinen habe: «Ach ja, jetzt weiß ich's wieder, den hat dir ja jemand abgehauen!»

Wenn hinsichtlich des Geschlechtlichen in Ihrer Familie aber eine entspannte, gesunde Atmosphäre herrscht und das Interesse des Kindes an den Geschlechtsorganen als natürlich hingenommen wird, so werden die durch die Entdeckung der anatomischen Unterschiede zwischen den Geschlechtern ausgelösten Befürchtungen des kleinen Jungen oder des kleinen Mädchens bald verschwinden. Wenn ich mir die Mühe nehme, diesen Punkt so eingehend zu behandeln, so deshalb, weil sich die Eltern bewußt werden müssen, *daß kleine Kinder trotz rationaler Erklärungen sehr oft ganz irrationale Ängste entwickeln können.* Erwarten Sie nicht, daß Ihre rationalen Erklärungen diese irrationalen Ängste über Nacht beheben werden. *In einer gesunden, offenen Atmosphäre werden sie langsam abflauen* und gegen Ende des Vorschulstadiums verschwunden sein.

Es wäre sehr bequem, wenn wir einzig und allein auf das aufrichtige Beantworten von Fragen abstellen könnten, um unseren Kindern sämtliche Auskünfte über das Geschlechtliche zu erteilen, die sie in den Vorschuljahren benötigen. Doch leider reicht dies nicht aus. Kinder scheuen sich oft, Fragen zu stellen, weil sie aus den Reaktionen Erwachsener und älterer Kinder spüren, daß das Thema unwillkommen oder gar tabu ist.

Dies bringt uns zum zweiten Teil der Hilfe, die Sie als Vater Ihrem Kind bei der *Entwicklung einer positiven Einstellung* zum Sexuellen leisten müssen. Er besteht darin, daß Sie Ihrem Kind eine *umfassende, systematische Vorstellung von der Sexualität vermitteln,* die es ihm ermöglicht, den engen Zusammenhang zwischen Sexualität, Liebe und Familie zu sehen. Das geschieht am besten dadurch, daß Sie ihm ein speziell für Kinder geschriebenes Buch vorlesen, welches den Fortpflanzungsvorgang darstellt und dessen Platz im Familienleben veranschaulicht. Machen Sie aber daraus nichts Besonderes, sondern lesen Sie Ihrem Kind in gleicher Weise vor wie aus irgendeinem anderen Buch und beantworten Sie die Fragen, die es dabei stellt, auf dieselbe Art wie Fragen über irgendein anderes Buch.

Erwarten Sie nicht, daß Ihr Kind die in einem solchen Buch dargelegten Dinge auf Anhieb verstehen wird. Die scham- und schuldgeladene Atmosphäre, die in unserer Gesellschaft vielerorts noch alles umhüllt, was mit Sex zu tun hat, kann das Kind daran hindern, Informationen über sexuelle Dinge mit der gleichen Selbstverständlichkeit aufzunehmen wie Informationen über andere Gegebenheiten der Natur. Aus diesem Grund wird es wahrscheinlich notwendig sein, daß Sie gewisse Erklärungen mehrmals wiederholen. Wie schwierig es sein kann, einem Kind etwa den Geburtsvorgang begreiflich zu machen, zeigt das Beispiel meiner Tochter, die, obwohl sie damals bereits zwölf war, bei der Geburt unseres Jüngsten überzeugt war, der Arzt müsse ihre Mutter aufschneiden, um das Kleine herauszuholen – ein harter Schlag für meine Frau und mich, die wir glaubten, eine in geschlechtlichen Dingen erleuchtete Tochter zu haben!

Verlieren Sie daher nicht die Geduld, wenn Sie noch und noch dieselben Fragen beantworten müssen. Aus demselben Grund empfehle ich Ihnen auch, Ihrem Kind das oben erwähnte Buch mehrmals vorzulesen, und zwar vorzugsweise einmal, wenn es drei ist, ein zweites Mal, wenn es vier ist, und ein drittes Mal, wenn es fünf ist. Legen Sie den Band dann zu den anderen Büchern Ihres Kindes, damit es ihn später, wenn es lesen gelernt hat, selbst konsultieren kann.

Ein gutes Sexualerziehungsbuch für Kinder sollte alle Informationen enthalten, die Ihr Kind bis zum Alter von etwa elf Jahren braucht. Dann aber beginnt ein völlig neuer Abschnitt der Sexualerziehung, auf den ich im 10. Kapitel eingehen werde.

Wir kommen nun zu jenem Aspekt einer positiven Sexualerziehung für Vorschulkinder, welcher der Mehrzahl der Eltern am meisten Schwierigkeiten bereitet: Was ist zu tun, wenn Ihr Kind mit seinem Geschlechtsorgan spielt?

Ganz kleine Kinder berühren ihr Geschlechtsorgan aus reiner Neugier, in derselben Weise wie sie Zehen oder Ohrläppchen berühren. Sie finden daran nichts Ungewöhnliches. Doch jetzt, im Vorschulalter, entdeckt das Kind, daß dieses Organ etwas Besonderes ist. Es empfindet es als angenehm, diesen Körperteil zu streicheln. Früher glaubte man, solche Empfindungen kämen erst im Pubertätsalter, doch heute wissen wir, daß sie zur normalen Entwicklung des Kindes gehören. Wie sollen sich die Eltern bei solchen Spielen verhalten?

Das beste ist, sie zu ignorieren. Wenn Sie in Ihrer eigenen Einstellung zum Sexuellen entspannt und natürlich genug sind, um Ihr Kind gewähren zu lassen, so wird es nach einer Weile innehalten und sich einer anderen Beschäftigung zuwenden. Auf diese Weise werden keinerlei Probleme entstehen.

Bis jetzt haben wir von jenen Spielen gesprochen, die ein Kind mit sich selbst treibt. Es kommt aber sehr oft vor, daß mehrere Kinder gemeinsame Sexspiele veranstalten. Gewöhnlich nehmen diese die Form des «Doktorspiels» an, bei welchem die Kinder der Reihe nach andere «kranke» Kinder untersuchen. Sie können auch die offenere Form des «Zeigst du mir deins, so zeig ich dir meins» annehmen. Diese Art von Sexspiel ist eine durchaus normale Erscheinung dieses Entwicklungsstadiums, und sobald die ursprüngliche Neugier des Kindes befriedigt ist, verschwindet die Faszination, die von solchen Spielen ausgeht. Darüber brauchen Sie sich keine Sorgen zu machen.

Gewöhnlich ist es Ihre Frau und nicht Sie selbst, die auf diese Art von Gruppenspielen aufmerksam wird, so daß Sie selten damit zu tun haben werden. Ihre Frau kann den Kindern sagen, sie wisse sehr gut, daß sie bezüglich der Geschlechtsorgane der anderen neugierig seien, und nachdem sie jetzt gesehen hätten, was sie sehen wollten, könnten sie sich anderen Spielen zuwenden. Hierauf lenkt sie die Aufmerksamkeit der Kinder auf eine andere Beschäftigung. Was Sie sich in erster Linie vor Augen halten müssen, ist die Tatsache, daß die Eltern ihren *Kindern im*

*Alter von drei bis sechs Jahren in bezug auf das Geschlechtliche nicht so sehr Informationen als vielmehr Gefühle und Einstellungen vermitteln.* Es ist für Ihr Kind aber nicht gesund, wenn Sie ihm das Gefühl geben, die Sexualität und das Spielen mit seinem Geschlechtsorgan sei etwas Schlechtes und Schmutziges.

Die positive Sexualerziehung kleiner Kinder hat noch einen weiteren Aspekt, jenen der Nacktheit zu Hause. In früheren Zeiten pflegten die Badezimmertüren verriegelt zu sein, so daß Kinder ihre Eltern nie nackt zu Gesicht bekamen. Heute scheint das Pendel auf die Gegenseite auszuschlagen, lassen sich doch viele Eltern selbst vor ihren größeren Kindern noch nackt sehen. Welche Haltung nimmt man hier am besten ein?

Ganz allgemein glaube ich, daß die moderne, ungezwungene Haltung in punkto Nacktheit für die Sexualerziehung der Kinder weit gesünder ist als die frühere Zugeknöpftheit. Für Kinder bis zum Alter von sechs Jahren ist eine Politik der offenen Türen das beste. Sie entspricht jener in einem guten Kindergarten, wo Kinder beider Geschlechter die gleiche Toilette benützen, statt gesonderter Toiletten für «Jungen» und «Mädchen», wie es sie später in der Schule gibt. Es ist einer entspannten, gesunden Einstellung gegenüber dem Geschlechtlichen und den Körperfunktionen durchaus zuträglich, wenn Eltern wie Kinder in Haus und Garten nackt oder fast nackt umherlaufen dürfen, solange die Kinder im Vorschulalter stehen. Doch nach sieben oder acht beginnen sich die Dinge zu ändern. Ungefähr in diesem Alter fangen Kinder an, eine Art instinktiver Scheu zu entwickeln und es vorzuziehen, die Türen zu verschließen, wenn sie auf die Toilette gehen oder sich duschen. Dieser Wunsch nach Wahrung der persönlichen Sphäre sollte von den Eltern unbedingt respektiert werden.

Natürlich denke ich bei dieser zweiten Phase in erster Linie an die Nacktheit von Kind und Elternteil verschiedenen Geschlechts. Für ein Kind im Alter von neun, zehn oder mehr Jahren kann die Nacktheit des Elternteils des andern Geschlechts sexuell zu stimulierend sein. Vorzeitige sexuelle Stimulierung aber kann psychische Probleme verursachen, weil sie mehr ist, als das Kind ohne Schwierigkeiten verarbeiten kann. Doch bin ich der Ansicht, daß es Elternteil und Kindern des gleichen Geschlechts keineswegs schadet, sich auch nach dem Vorschulstadium nackt zu sehen, wenn diese Nacktheit als etwas Selbstverständliches behandelt wird.

Zusammenfassend kann man sagen, daß sowohl Eltern als auch Kinder im Schulalter ganz von selbst eine größere Zurückhaltung bei der Nacktheit zu Hause entwickeln. Doch im Vorschulalter ist beiderseits eine weit gelöstere Haltung am Platze.

## *8. Familien-Romanze oder Die Rivalität mit Vater und Mutter*

Zu den Aufgaben, die Ihr Vorschulkind zu meistern hat, gehört ferner das, was ich als «Familien-Romanze» bezeichne. In der Fachsprache verwendet man dafür den Ausdruck «Ödipus-Komplex«, in Anlehnung an den griechischen Mythos vom Königssohn, der seinen Vater erschlug und seine Mutter heiratete. Ich verwende diesen Ausdruck aber nicht besonders gern, weil er in vielen Eltern den Eindruck des Ungesunden oder Neurotischen erweckt. Wenn ich statt dessen «Familien-Romanze» sagte, so, um zu unterstreichen, daß wir es hier mit einer *völlig normalen Entwicklungsphase* zu tun haben, die alle Kinder im Alter von drei bis sechs Jahren durchlaufen. Viele Väter scheinen sich dessen gar nicht bewußt zu sein. Die Familien-Romanze verläuft für Jungen und Mädchen in unterschiedlicher Weise, weshalb ich beide gesondert behandle. Beginnen wir mit dem Knaben.

Ungefähr im Alter von drei Jahren entdeckt Ihr kleiner Sohn, daß Ihr Verhältnis zu seiner Mutter von einer anderen Art ist als das seine. Früher war er verstandesmäßig zu dieser Entdeckung noch nicht fähig. Selbstverständlich war die Mutter für ihn seit jeher die wichtigste Person in seinem Leben, doch während seine Gefühle der Mutter gegenüber bisher vor allem durch die kleinkindliche Abhängigkeit geprägt waren, erfahren sie nun eine Änderung.

Der *kleine Junge beginnt sich in seine Mutter zu «verlieben»* und ihr gegenüber romantische Gefühle zu entwickeln. Das ist durchaus normal. Alle kleinen Jungen haben solche Gefühle für ihre Mutter. Einige behalten sie für sich und sagen nie ein Wort darüber, andere machen daraus kein Hehl. Ihr kleiner Sohn will nun die Mutter ganz für sich allein und malt sich eine romantische Bindung an sie aus. Kleine Jungen in diesem Alter sagen oft: «Wenn ich groß bin, werde ich Mutti heiraten!»

Statt solche «köstlichen» Äußerungen mit einem amüsierten Lächeln anzuhören, müssen Sie sie als Vater durchaus ernst nehmen, denn diese Gefühle und Vorstellungen berühren Ihren kleinen Sohn sehr tief. In diesem Alter nimmt *er* sie völlig ernst, selbst wenn Sie das nicht tun. Die romantischen Gefühle für die Mutter sind die Art der Natur, Ihren Sohn auf seine spätere Rolle als Ehemann vorzubereiten. Die Familien-Romanze ist daher ein *höchst wichtiger Teil seiner psychischen Entwicklung* und spielt *im Hinblick auf sein späteres Familienglück* eine Rolle von überragender Bedeutung.

Die Mutter ist die erste Frau im Leben des kleinen Jungen, das erste Wesen, für das er romantische Liebesgefühle hegt. In den tiefen Schichten seines Unbewußten weiterlebend, werden ihn diese Gefühle für die Mutter später bei der Wahl der Ehefrau leiten. Er wird im allgemeinen eine Frau heiraten wollen, die ihn auf irgendeine Weise an seine Mutter erinnert. Bis zum Alter von sechs oder sieben Jahren wird Ihr kleiner Sohn die Familien-Romanze überwunden haben.

Der Haken an der Sache ist jedoch, daß die Familien-Romanze gleichzeitig auch ein «Dreiecksverhältnis» darstellt. Während Ihr kleiner Sohn für seine Mutter tiefe romantische Gefühle hegt, *empfindet* er Sie, *seinen Vater, als Nebenbuhler* und ist auf Sie eifersüchtig. Sein reifender Verstand sagt ihm jetzt, daß Sie zu seiner Mutter ein spezielles Verhältnis haben, von dem er ausgeschlossen ist. Wenn Sie abends mit ihr ausgehen, darf er nicht mit. Während Sie mit ihr im gleichen Zimmer schlafen, muß er im eigenen Zimmer schlafen. Das beginnt er Ihnen nun übelzunehmen.

Ein Vater, der sich nicht bewußt ist, was im Gemüt des Jungen vorgeht, kann durch die ablehnende Haltung seines Sohnes völlig aus der Fassung gebracht werden. Wenn er nicht weiß, daß diese Ablehnung eine normale Erscheinung ist, wird er vielleicht glauben, er habe etwas Falsches getan, um sich den Groll des Kindes zuzuziehen, oder er kann einfach schließen, sein Sohn sei ein «verwöhnter Balg», und beginnen, ihn seinerseits gefühlsmäßig abzulehnen und sich weniger um ihn zu kümmern.

Ich erinnere mich lebhaft an den Tag, an dem ich erstmals mit diesem Aspekt der Familien-Romanze konfrontiert wurde. Ich war eben nach Hause gekommen und wollte meinen ältesten Sohn, der damals drei Jahre alt war, wie gewohnt zärtlich begrüßen; der aber wollte davon nichts wissen und schlug mir die Türe vor der Nase zu, mit den Worten: «Geh weg, ich will Mammi!» Und obwohl ich wußte, was in seiner Psyche vorging, fand ich es schwer, diese Ablehnung nicht persönlich aufzufassen und mich nicht verletzt zu fühlen.

Wenn *Sie* im Verhältnis mit Ihrem kleinen Sohn während dieses Entwicklungsstadiums wie auf heißen Kohlen sind, was empfindet dann er? Die neuen Gefühle von *Eifersucht und Feindseligkeit,* die Ihr kleiner Junge Ihnen gegenüber empfindet, bringen ihn in eine außerordentlich unbequeme Lage. Er liebt Sie, braucht Sie, sieht zu Ihnen auf und ahmt Sie nach. Doch wie kann er Sie zugleich lieben und wünschen, Sie wären weit weg, damit er die Mutter ganz für sich allein haben kann? In seinem tiefsten Innern tobt daher gleichsam ein Bürgerkrieg. Diese gemischten Gefühle sind für ihn sehr schwer zu ertragen.

Sein noch wenig entwickeltes Denken führt ihn zur Annahme, auch Sie empfänden ihm gegenüber Eifersucht und Feindseligkeit. Da Sie soviel größer und stärker sind als er, kann es sein, daß er zu fürchten beginnt, Sie würden sich rächen und ihn für seine heimlichen Wünsche und Vorstellungen schwer bestrafen. Diese Furcht vor der väterlichen Rache wird oft auf Tiere oder andere Personen projiziert. Der Junge kann daher in diesem Stadium plötzlich irrationale Ängste vor Tieren oder Einbrechern zeigen oder Alpträume haben, in denen er von Löwen oder Ungeheuern verfolgt wird. Diese Wesen symbolisieren seine Furcht, Sie könnten ihn für seine feindseligen Gefühle bestrafen.

In einer Familie, wo normale, gesunde Verhältnisse herrschen, wird der kleine Junge nach und nach merken, daß sich sein *geheimer Wunsch, den Vater zu ersetzen*, nicht erfüllen wird. Dieses Bewußtwerden ist zum Teil auf die Entwicklung seiner Fähigkeit zurückzuführen, Wirklichkeit und Einbildung voneinander zu unterscheiden. (Erinnern Sie sich, wie schwer gerade einem Vierjährigen diese Unterscheidung fällt?) Gewöhnlich dauert es bis zum Alter von etwa sechs Jahren, bis der Junge seine romantischen Vorstellungen gänzlich überwunden und sich damit abgefunden hat, daß seine Mutter Ihre Frau ist und nicht die seine. Mein jüngster Sohn Rusty zum Beispiel weigerte sich vom dritten Jahr bis zum Alter von rund fünfeinhalb Jahren konsequent, mich die Gutenachtgeschichte vorlesen zu lassen. Er beharrte unbedingt darauf, daß seine Mutter dies tue. Selbst wenn sie abends nicht da war und ich ihn zu Bett brachte, ließ er mich nicht vorlesen. Mit fünfeinhalb aber begannen sich die Dinge zu ändern. Er ließ es nun zu, daß ich die Geschichte vorlas, was ein sicheres Zeichen dafür war, daß er aus dem Stadium der Familien-Romanze herauszuwachsen begann.

Irgendwann in dieser Zeitspanne von drei Jahren wird Ihr kleiner Sohn auf den Gedanken kommen, daß er seine romantischen Gefühle für die Mutter aufgeben müsse. Er nimmt nun eine Haltung ein, die sich etwa folgendermaßen resümieren läßt: «Wenn ich schon nicht der Vater sein kann, will ich zumindest *wie* Vater sein.» Damit beginnt der Prozeß der Identifikation mit dem Vater. Ihr kleiner Sohn wird Sie nun, wie ich schon im Abschnitt über das Geschlechtsbewußtsein darlegte, zum Vorbild nehmen und Sie auf vielerlei Arten nachzuahmen versuchen. Der doppelschichtige Vorgang der allmählichen Aufgabe der romantischen Vorstellungen bezüglich der Mutter und der allmählichen Aufgabe des Rivalisierens mit dem Vater wird die ganzen drei Jahre des Vorschulstadiums in Anspruch nehmen.

Wie können Sie Ihrem Sohn bei der Meisterung dieser Aufgabe helfen?

Zuallererst müssen Sie verstehen, was im Gemüt Ihres Sohnes vorgeht, und sich bemühen, irgendwelche Eifersüchteleien oder Feindseligkeiten Ihnen gegenüber nicht persönlich aufzufassen. Sodann ist es wichtig, daß Sie mehr Zeit mit ihm verbringen, in dem Sinne, wie ich es in den vorhergehenden Darlegungen zum Geschlechtsbewußtsein empfohlen habe. Wenn Sie ständig abwesend oder sonstwie zurückgezogen sind, wird es Ihr Sohn schwerer haben, sich mit Ihnen zu identifizieren und Sie nachzuahmen. Es wird für ihn mühsamer sein, das «Dreiecksverhältnis» zu überwinden, indem er seine romantischen Gefühle für die Mutter aufgibt und versucht, wie Sie zu sein.

Besonders schwer ist die Meisterung dieser Entwicklungsaufgabe für einen Jungen, dessen Eltern sich scheiden lassen, wenn er drei bis sechs Jahre alt ist. In diesem Stadium will er wie gesagt die Mutter für sich allein haben und wünscht, der Vater wäre nicht da. Wenn es dann zur Scheidung kommt, hat das Kind, dessen Denken noch primitiv und magisch ist, den Eindruck, sein Wunsch sei plötzlich in Erfüllung gegangen. Es beginnt zu glauben, daß es auf irgendeine Weise, die es nicht so recht verstehen kann, für die Scheidung verantwortlich sei, was in ihm schwere Gewissensbisse hervorruft. Es kann in diesem Fall verzweifelt versuchen, bei beiden Elternteilen das gutzumachen, was es verschuldet zu haben glaubt.

Wenn Sie sich während des Vorschulalters Ihres Sohnes scheiden lassen, so müssen Sie ihm daher helfen, sich bewußt zu werden, daß er für die Scheidung nicht verantwortlich ist. Wenden Sie dabei die Rückkoppelungstechnik an, indem Sie seine Gefühle angesichts der Scheidung in Worte fassen. Machen Sie sich nichts daraus, wenn diese Gefühle irrational sind: Fassen Sie sie einfach in Ihre eigenen Worte und spiegeln Sie sie ihm in dieser Form zurück. Erst nachdem Sie das getan und ihm damit gezeigt haben, daß Sie verstehen, was er empfindet, können Sie ihm rational erklären, daß ihn für die Scheidung keinerlei Schuld trifft.

Doch in den meisten gesunden Familien hat der kleine Junge bis zum Alter von sechs oder sieben Jahren die Familien-Romanze hinter sich gebracht, diese sehr bedeutende Entwicklungsphase ohne Schaden überstanden und in seinem tiefsten Inneren unbewußte Vorstellungen von der Art von Frau gespeichert, die er später heiraten wird. Er trägt in sich auch unbewußte Vorstellungen davon, welche Art von Ehemann er einer solchen Frau sein wird. Dieses Bild seiner selbst aber haben Sie, sein Vater, ihm geliefert. Wenn es Ihrem Sohn nicht gelingt, die Familien-Romanze im Vorschulalter zu meistern, kann es sehr wohl sein, daß er später nicht fähig ist, einen Ehepartner zu finden. Sicher gehört zu Ihrem Bekanntenkreis mindestens ein Mann in den Dreißigern oder Vierzigern, dem es nicht gelungen ist, die unbewußte Bindung an seine Mutter zu lösen und sich zu verheiraten. Natürlich ist sich ein solcher Mann meistens gar nicht bewußt, daß dies der Grund seines Junggesellentums ist, sondern er wird wahrscheinlich sagen: «Bisher habe ich die richtige Frau einfach noch nicht gefunden.»

Väter, die viel Zeit mit ihren Vorschulsöhnen verbringen, tragen ganz erheblich dazu bei, diesen die Lösung von der Mutter sowie die Identifikation mit dem Vater und folglich die Meisterung auch dieser achten Entwicklungsaufgabe des Vorschulstadiums zu erleichtern.

*Beim kleinen Mädchen nimmt die Familien-Romanze naturgemäß einen anderen Verlauf.* Zwar ist auch für sie die erste Liebesgestalt die Mutter, doch im Gegensatz zum kleinen Jungen muß sie nun ihre *Liebesgefühle von der Mutter auf den Vater übertragen* (da sie ja die Mutter nachahmt). Dies macht die Familien-Romanze für das kleine Mädchen ungleich komplizierter.

Einige Mädchen behalten ihre Gefühle und Vorstellungen für sich, andere bringen sie offen zum Ausdruck. Kleine Mädchen können in diesem Alter dem Vater gegenüber sehr weiblich und kokett sein. Ich erinnere mich lebhaft an eine Szene, als meine Tochter fünf Jahre alt war. Sie kam nach der Dusche aus dem Badezimmer gelaufen, ein Badetuch um die Hüften geschlungen, stellte sich vor mich hin und vollführte einen Wackeltanz, wobei sie schelmisch sagte: «He, Papi, guck mich an!»

Ihre kleine Tochter ist hinsichtlich des Zusammenseins mit

dem romantisierten Elternteil in einer ganz anderen Lage als ein Junge. In unserer gegenwärtigen Gesellschaft sind die Mütter die meiste Zeit über zu Hause, während die Väter auswärts arbeiten. Ein kleiner Junge hat daher ausreichend Gelegenheit, mit dem Objekt seiner romantischen Liebe zusammen zu sein. *Das kleine Mädchen* dagegen verbringt einen großen Teil seiner Zeit damit, sich nach dem abwesenden Vater zu sehnen, und *lebt seine romantischen Gefühle daher mehr in der Vorstellung aus.*

Ebenso wie Ihr kleiner Sohn auf Sie eifersüchtig ist und mit Ihnen zu rivalisieren sucht, *beginnt das kleine Mädchen auf seine Mutter eifersüchtig zu sein* und mit ihr zu rivalisieren. Wenn Ihre Tochter offen ist und kein Blatt vor den Mund zu nehmen pflegt, kann sie sogar sagen: «Mutti, warum machst du nicht irgendeine schöne Reise? Ich könnte sehr gut für Vati sorgen, während du weg bist!» Doch diese Gefühle beunruhigen Ihr kleines Mädchen, denn schließlich hängt es von seiner Mutter ab und braucht ihre Zuneigung und Liebe. Sein Wunsch, die Mutter möge weggehen und niemals wiederkommen, erweckt in ihm daher das Gefühl, ein sehr schlechtes Geschöpf zu sein. Es glaubt auch, die Mutter wisse, wie sehr es sich ihrer entledigen möchte, sei ihm darob böse und wolle es dafür bestrafen. Wie Ihr Sohn kann auch Ihre Tochter in diesem Stadium Alpträume haben, in welchen sie von einer bösen Hexe oder einem Ungeheuer – unbewußte Verkleidungen der rachelüsternen Mutter ihrer Wachträume – verfolgt wird.

Auch hier wird das Kind unter normalen Familienverhältnissen lernen, daß es den Platz des weggewünschten Elternteils an der Seite des geliebten Elternteils, im vorliegenden Falle also jenen der Mutter an der Seite des Vaters, nicht einnehmen kann. Dieser Lernprozeß erstreckt sich über die gesamte Periode zwischen drei und sechs Lebensjahren. Nach und nach *läßt Ihre Tochter den romantischen Wunsch,* Ihre Frau zu sein, *fallen und ersetzt ihn durch eine allgemeine Vorstellung vom Manne,* den sie später lieben und heiraten wird. In den Beziehungen zur Mutter hört sie allmählich auf, sich als deren Rivalin zu betrachten, und beginnt sich mit ihr zu identifizieren und sie nachzuahmen. Dabei eignet sie sich unbewußt eine allgemeine Vorstellung davon an, welche Art von Ehefrau sie in ihrem späteren Leben sein wird. Auf diese Weise überwindet, wie schon Ihr Sohn, auch Ihre Tochter das Dreiecksverhältnis in der Familie.

Was können Sie tun, um Ihrer kleinen Tochter das normale Durchlaufen dieses Entwicklungsstadiums und dessen Bewältigung bis zum Alter von sechs oder sieben Jahren zu erleichtern?

Zunächst einmal dasselbe, wie beim Jungen: Widmen Sie ihr mehr Zeit. Zuweilen glauben Väter, es sei zwar wichtig, sich mit ihren kleinen Söhnen abzugeben, nicht aber mit ihren kleinen Töchtern, weil das «Weibersache» sei. Wer eine solche Einstellung hat, übersieht die wichtige psychologische Tatsache, daß ein kleines Mädchen in diesem Stadium den Vater ebenso nötig hat wie ein kleiner Junge, wenn auch vielleicht aus anderen Gründen. Ihr Vorschuljunge braucht Ihre Zeit und Ihre Aufmerksamkeit, damit er sich an Ihnen orientieren, Sie nachahmen kann. Ihr Vorschulmädchen braucht Ihre Zeit und Ihre Aufmerksamkeit, damit es sich unbewußt eine gesunde Vorstellung vom Manne, den es später heiraten wird, aneignen kann. Nehmen Sie sich deshalb Zeit für Ihre Vorschultochter und genießen Sie die Romanze, solange sie andauert!

Selbstverständlich dürfen Sie und Ihre Frau nicht zulassen, daß Ihr Sohn oder Ihre Tochter im Vorschulstadium einen Keil zwischen Sie treibt. Wenn Ihr gegenseitiges Verhältnis im Grunde fest und von Liebe getragen ist, werden die Kinder ihre romantischen Gefühle während dieses Stadiums allmählich ablegen. Doch wenn es in der Ehe grundlegende Schwierigkeiten gibt, so kann es zum Beispiel einem Jungen gelingen, seine Mutter zu veranlassen, ihn eher als «Miniatur-Geliebten» denn als Kind zu behandeln. Es ist jedoch für einen Jungen nicht gesund, wenn die Mutter an seiner Aufmerksamkeit für sie allzu großen Gefallen findet, weil sie sich von ihrem Gatten vernachlässigt fühlt.

Sie und Ihre Frau müssen somit während dieser Zeit darauf achten, daß die Kinder in Ihrem Verhältnis nicht irgendwelche Risse finden und sie dazu benutzen, um «trenne und herrsche» zu spielen. Nehmen Sie gegenüber dem romantisierten Verhältnis, das Ihr Kind anbietet, eine Haltung ein, die am besten als «zärtliche Abweisung» zu umschreiben ist. Beide Elternteile müssen einem Vorschuljungen klarmachen, daß er Mutti nicht heiraten kann, wenn er erwachsen ist, weil Mutti bereits mit Vati verheiratet und dabei glücklich ist. Eines Tages, wenn er erwachsen ist, wird er selbst eine Frau heiraten. In der Zwischenzeit aber bleibt er Muttis und auch Vatis kleiner Schatz, denn beide haben ihn sehr lieb.

In gleicher Weise machen Sie einem Vorschulmädchen klar, daß es Vati nicht heiraten kann, wenn es erwachsen ist, weil Vati schon glücklich mit Mutti verheiratet ist. Vati und Mutti haben es aber zärtlich lieb, und niemand kann ihm den ganz besonderen Platz nehmen, den es in Ihrem Herzen hat. Eines Tages wird es sich selbst einen Ehemann aussuchen.

Sie sollten unbedingt vermeiden, Ihr Kind seiner romantischen Gefühle wegen zu verspotten oder zu necken. Denken Sie daran, daß sie eine *normale Erscheinung dieses Entwicklungsstadiums* und eine *normale Vorbereitung auf sein künftiges Eheleben* sind. Ebensowenig sollten Sie das Kind aber in diesen Gefühlen aktiv ermutigen. Damit würden Sie nur eine allzu enge Bindung fördern, aus der es sich später nur schwer zu lösen vermag. Wenn Sie und Ihre Gattin jedoch vernünftige, reife Menschen sind und Ihre Ehe verhältnismäßig stabil und glücklich ist, so sollte Ihr Sprößling das Auf und Ab der Familien-Romanze bis zum Alter von sechs oder sieben Jahren ohne Schaden überwunden haben.

## *9. Denken lernen durch anregende Spiele*

Die neunte und damit letzte Aufgabe, die Ihr Kind während des Vorschulalters zu bewältigen hat, ist die Entwicklung grundlegender Fähigkeiten und Einstellungen zum Lernen, die ihm für den Rest seines Lebens bleiben werden.

Die Intelligenz eines Kindes läßt sich sehr einfach als die

«Gesamtheit seiner grundlegenden Lernfähigkeiten» definieren. Die Vorschuljahre sind die ideale Zeit für den Erwerb dieser grundlegenden Lernfähigkeiten, ist das Kind während dieser Periode doch besonders empfänglich für geistige Anregungen. *Je mehr* solche *Anregungen Sie Ihrem Vorschulkind vermitteln* (jedoch ohne es zu drängen), *desto aufgeweckter und intelligenter wird es sein.*

Wie kann ein Vater sein Kind im Alter von drei bis sechs Jahren in seiner geistigen Entwicklung am besten fördern?

Erstens dadurch, daß Sie es, sofern dies finanziell möglich ist, in einen guten Kindergarten schicken. Dieser hat Ihrem Kind nicht nur bei seiner emotionellen Entwicklung viel zu bieten, sondern fördert es auch in geistiger Hinsicht.

Sodann können Sie auch zu Hause vieles unternehmen, um Ihr Kind in seiner intellektuellen Entwicklung zu fördern. Die Schaffung eines optimalen «Lernmilieus» mit Hilfe von Spielsachen, Büchern, Schallplatten braucht keine kostspielige Angelegenheit zu sein. Viele *Bücher (und* oft auch *Schallplatten)* stehen in öffentlichen Bibliotheken zur Verfügung und können, sofern sie in der Bibliothek Ihres Wohnorts nicht vorhanden sind, über diese von einer größeren Bibliothek bezogen werden.

Viele Spielzeuge und gerade jene mit dem größten Spielwert können Sie für wenig Geld oder oft sogar kostenlos selbst herstellen; Phantasie und Kreativität Ihres Kindes können sich gerade an einfachem, *selbstgebasteltem Spielzeug* sehr stark entzünden.

Sie können mit Ihrem Kind aber auch *erzieherische Spiele* veranstalten, zum Beispiel auf einer Autofahrt, wenn Sie es mitnehmen, um irgendeine Besorgung zu machen.

Zu dem, was Sie in Ihrem Kind fördern wollen, gehört sicherlich auch die Entwicklung neuer und orgineller Ideen, denn von seiner diesbezüglichen Fähigkeit hängt es weitgehend ab, wie erfolgreich es im späteren Leben sein wird. Sehr einfach und überall durchführbar ist das diesem Zweck dienende Wäre-es-nicht-lustig-wenn-Spiel. Beginnen Sie es mit etwa diesen Worten: «Ich kenne ein neues Spiel für uns. Es heißt Wäre-es-nicht-lustig-wenn-Spiel. Man spielt es so. Ich fange an.

Wäre es nicht lustig, wenn Katzen reden und Menschen miauen könnten? Nun bist du an der Reihe.»

Sie werden wahrscheinlich überrascht sein, wie viele neue Ideen Ihr Kind hervorzubringen vermag. Es kann sein, daß Sie einige dieser Ideen nach einer Weile weiterentwickeln oder Ihr Kind veranlassen möchten, sie selbst weiterzuentwickeln. Beispielsweise: Wäre es nicht lustig, wenn Flüsse und Seen Salzwasser und die Meere Süßwasser hätten? Was würde geschehen? Was würde sich in unserem Alltagsleben ändern, wenn das so wäre? Wo würden wir zum Beispiel unser Trinkwasser hernehmen? Mit diesem Spiel regen Sie Ihr Kind zu neuartigem Denken an. Sie helfen ihm, seine Vorstellungskraft zu entwickeln, und stärken sein Vertrauen in die eigene Fähigkeit, neue Ideen hervorzubringen.

Eine der wichtigsten intellektuellen Fähigkeiten, die ein Kind besitzen kann, ist jene zum abstrakten Denken. In ihrer einfachsten Form ist sie die Fähigkeit, zwei scheinbar ganz verschiedene Dinge miteinander zu vergleichen und herauszufinden, was sie gemein haben. Üben Sie sich also mit Ihrem Kind im «Gleich-Spiel» und im «Anders-Spiel». Beginnen wir mit dem «Gleich-Spiel».

Sagen Sie: «Hier ist ein neues Spiel, das wir zusammen spielen können. Es heißt Gleich-Spiel. Schau her!»

Nehmen Sie nun zwei Gegenstände irgendwelcher Art und legen Sie sie nebeneinander. Beginnen Sie mit etwas Leichtem, zum Beispiel einer Socke und einem Schuh oder einem Bleistift und einem Filzstift. Fragen Sie nun Ihr Kind: «In was sind sich diese Socke und dieser Schuh gleich oder ähnlich? Sag mir alle Arten von Gleichheit oder Ähnlichkeit, die dir in den Sinn kommen.» Loben Sie das Kind für jede Antwort, die richtig ist, indem Sie sagen: «Gut so» oder «Gut gedacht, Patrick!» Jedesmal, wenn Sie Ihr Kind loben und ihm sagen, es sei ein guter Denker, stärken Sie sein Selbstvertrauen und erhöhen seine Selbstsicherheit beim Angehen neuer Denkaufgaben.

Je älter Ihr Kind wird und je mehr sich seine Denkfähigkeit entwickelt, desto schwierigere Gegenstände können Sie bei diesem Spiel verwenden. Wiederum ein Beispiel: In was sind sich eine Münze und ein Butterplätzchen ähnlich? Sind beide rund? Kann man beide zum Rollen bringen? Werden beide umfallen, wenn man sie hochkantig stellt? Wenn Ihr Kind bei diesem Spiel genügend Selbstvertrauen entwickelt hat, können Sie gewisse Ähnlichkeiten, an die es nicht dachte, selbst zur Sprache bringen. Wenn ihm zum Beispiel beim Vergleich einer Katze und eines Tigers bloß der Schwanz als Gemeinsamkeit in den Sinn kommt, so loben Sie es für seine Antwort und fügen bei: «Du könntest auch sagen, sie seien sich darin gleich, daß sie beide Tiere sind.»

Wenn Sie dieses Spiel mit Ihrem Dreijährigen beginnen, so verwenden Sie zunächst stets zwei konkrete Gegenstände, die Sie nebeneinander legen. Später, wenn das Kind mit dem Spiel vertraut ist, brauchen Sie nur noch die *Namen* der Gegenstände zu nennen und können das Spiel dann auch im Auto oder sonstwo spielen.

Das Anders-Spiel ist eigentlich dasselbe, nur unter umgekehrten Vorzeichen. Sie nehmen wiederum zwei handliche Gegenstände und legen sie nebeneinander. Das Kind wird dann aufgefordert zu sagen, in was sie sich unterscheiden. Beim Vergleich von Münze und Butterplätzchen zum Beispiel könnten die Antworten lauten: Das Butterplätzchen kann man essen, die Münze nicht (ohne Bauchweh zu bekommen!); eine Münze kann man in einen Automaten einwerfen, das Butterplätzchen nicht usw.

Ein weiteres Erziehungsspiel, das Sie überall und jederzeit mit Ihrem Vorschulkind veranstalten können, ist das Was-tut-man-am-besten-wenn-Spiel. Der amerikanische Philosoph und Pädagoge John Dewey sagte, Denken beginne mit einer unmittelbar verspürten Schwierigkeit. Er meinte damit, daß wir nur dann denken, wenn wir irgendeiner Schwierigkeit oder einem Problem gegenüberstehen, und dieser Gedanke liegt denn auch unserem neuen Spiel zugrunde.

Sie nennen dabei eine schwierige Situation und fordern das Kind auf, sich einen Ausweg auszudenken. Beginnen Sie etwa in folgender Weise: «Ich habe ein neues Spiel für dich, Beate. Es heißt Was-tut-man-am-besten-wenn-Spiel und wird so gespielt:

Ich frage dich, was tut man am besten, wenn man im Wagen an einem Wald vorüberfährt und bemerkt, daß dort ein Feuer ausgebrochen ist?» Hier zwei weitere Fragen, die Sie Ihrem Kind stellen können. Was tust du am besten, wenn du beim Spiel im Nachbarhaus aus Versehen ein Spielzeug deines Kameraden zerbrichst? Was tust du am besten, wenn die ganze Familie in einem großen Wald zeltet und du bei einem Spaziergang den Weg zum Zelt nicht mehr findest?

Da solche Fragen auf verschiedene Arten «richtig» beantwortet werden können, ist dieses Spiel ebenfalls sehr gut geeignet, das Selbstvertrauen Ihres Vorschulkindes bei der Lösung von Denkproblemen zu stärken. Loben Sie es für jede Antwort, die vernünftig ist. Bedenken Sie, daß das Kind noch klein ist und wenig Erfahrung in derartigem Denken hat.

Wir haben hier also bereits drei Erziehungsspiele, die absolut nichts kosten und keine besondere Freizeit erfordern. Natürlich können alle drei manches Jahr hindurch gespielt werden, doch sind sie in den Vorschuljahren besonders wichtig, weil Ihr Kind in diesem Stadium die grundlegenden Voraussetzungen des Lernens erwerben muß, und dazu gehört namentlich auch das Vertrauen in seine eigenen Fähigkeiten als Denker und Lernender. In diesen Jahren muß es *gewissermaßen das Lernen erlernen.*

Sie können Ihrem Kind auch vorlesen. Ich habe bereits darauf hingewiesen, daß eine der besten Tageszeiten für das Vorlesen der Abend ist, wenn das Kind zu Bett geht, und daß man diese «Lesestunde» sehr gut dem üblichen Gutenachtritual eingliedern kann. Das soll Sie indessen nicht daran hindern, Ihrem Kind auch zu irgendeiner anderen Tageszeit vorzulesen, die Ihnen gerade paßt. Es versteht sich von selbst, daß Sie sich dabei von Ihrem gesunden Menschenverstand leiten lassen und nicht etwa erwarten, daß Ihr Sprößling freudig herbeigelaufen kommt, wenn Sie ihn zum Vorlesen von einer spannenden Fernsehsendung oder einem interessanten Spiel wegrufen.

Bei der Wahl von Büchern zum Vorlesen sollte ein Vater meiner Ansicht nach in erster Linie darauf achten, daß diese auch ihm selbst zusagen. Lesen Sie Ihrem Kind nicht aus einem abgedroschenen, billigen Buch vor, das Sie selbst als langweilig und geschmacklos empfinden. Ich selbst zum Beispiel fand es sehr unterhaltsam, meinen Vorschulkindern aus Kindersachbüchern vorzulesen, und lernte dabei eine ganze Menge. Auch einfallsreiche Kindergeschichten las ich ihnen mit Vergnügen vor.

Schließlich können Sie Ihr Kind auch in die Mathematik einführen, indem Sie mit ihm eigens zu diesem Zweck bestimmte Spiele veranstalten, die man in Lehrmittelverlagen oder Spielwarengeschäften beziehen kann. Für diese Lehrmethoden brauchen Sie keine besonderen Mathematikkenntnisse! Viele Väter fühlen sich in die Enge getrieben, wenn sie ihren Kindern bei Rechenaufgaben helfen sollen, es sei denn, sie seien Ingenieure oder Wissenschaftler. Besonders unsicher sind sie seit der Einführung der «Neuen Mathematik» in der Grundschule. Sie vernehmen von ihren Kindern Ausdrücke wie «Mengenlehre», «Grundzahl 4», «Zahlenreihe», «arithmetischer Faktor» usw., die für sie völlig neu sind. Sie entdecken, daß ihre Kinder in der Grundschule Arithmetik nach Methoden erlernen, die recht verschieden sind von jenen, die zu Ihrer Zeit angewandt wurden. Das Ergebnis davon ist, daß sich mancher Vater ausgesprochen unwohl fühlt, wenn das Gespräch auf die Mathematik kommt.

In dieser Hinsicht möchte ich Sie jedoch gleich beruhigen. Ich selbst hatte in der Schule ziemlich Mühe mit der Mathematik, und wenn mich mein Sechstkläßler bat, ihm bei den Schulaufgaben in diesem Fach zu helfen, mußte ich jeweils zuerst in *seinem* Lehrbuch für Neue Mathematik nachlesen, um ihm bei *seinen* Aufgaben helfen zu können! Doch die mathematischen Spiele mit meinen Vorschulkindern bereiteten mir keinerlei Schwierigkeiten, und auch Sie werden dabei keine haben, und zwar deshalb, weil diese Lehrmethode voraussetzt, daß man über das Thema nichts weiß.

Solche mathematischen Spiele gehen von konkreten Gegenständen (z. B. Holzstäbchen) aus, die Ihr Kind anfassen und bewegen kann. Ein Vorschulkind ist fähig, im Bereich der Mathematik sehr viel zu lernen, wenn der Lernprozeß auf der physischen Manipulation konkreter Dinge beruht. Dagegen ist seine Fähigkeit, Mathematik in abstrakter Form zu erlernen, ziemlich beschränkt.

Die Darlegung der neun Entwicklungsaufgaben des Vorschulstadiums hat uns, wie Sie sehen, ziemlich weit geführt. Das ist keineswegs erstaunlich, denn in den Jahren zwischen drei und sechs macht Ihr Kind eine außerordentlich intensive seelische und geistige Entwicklung durch. Fassen wir hier zusammen, was Ihr Kind in dieser überaus wichtigen Phase gelernt hat oder gelernt haben sollte:

Es hat seine biologischen Bedürfnisse zur Entwicklung des Muskelsystems erfüllt.

Es hat ein System zur Kontrolle seiner Impulse entwickelt.

Es hat gelernt, seine Gefühle in Worten auszudrücken.

Es hat sich aus der kleinkindlichen Mutterbindung gelöst.

Es hat das Geben und Nehmen im Umgang mit seinesgleichen gelernt.

Es hat sein Geschlechtsbewußtsein als männliches oder weibliches Wesen gefestigt.

Es hat eine grundlegende Einstellung zur Sexualität entwickelt.

Es hat die Familien-Romanze überwunden oder ist nahe daran, sie zu überwinden.

Es hat eine Entwicklungsperiode durchlaufen, in der es für geistige Anregungen besonders empfänglich war und solche hoffentlich auch in optimaler Menge erhalten hat.

Hier also steht es jetzt. Ihr Kind ist zwar erst seit fünf Jahren auf diesem Planeten, doch es hat soeben die wichtigste «Schule» abgeschlossen, die es je besuchen wird: jene der Umwelt, in der es diese frühen Lebensjahre verbrachte. Wenn Sie sich in all diesen Jahren an das gehalten haben, was ich in diesem Buch bisher empfahl, sollte Ihr Kind jetzt ein gesundes Selbstverständnis und eine stabile, ausgewogene Persönlichkeitsstruktur besitzen. Wenn alles gut gegangen ist, hat Ihr Kind eine grundlegende Selbstachtung und einen starken Sinn seiner Selbstidentität entwickelt, und Sie als Vater haben Ihre wichtigste Aufgabe erfüllt, indem Sie Ihrem Kind halfen, in diesen ersten fünf Jahren eine solide Grundlage für sein weiteres Leben aufzubauen.

Ihr Kind ist nunmehr bereit, das nächste Entwicklungsstadium in Angriff zu nehmen, jenes der mittleren Kindheit.

# Die mittlere Kindheit 7

*(die Sechs- bis Zehnjährigen)*

Die nächste Entwicklungsphase reicht ungefähr vom sechsten bis zum elften Geburtstag. Diese Phase ist länger als die vorherigen. Man hat ihr verschiedene Bezeichnungen gegeben. Die Psychoanalytiker nennen sie die «latente» Periode, weil sie zwischen der starken Familien-Romanze (oder dem Ödipuskomplex) und der Pubertät eine Zeit sexueller Ruhe bildet. Ich finde diese Bezeichnung nicht sehr gut. «Latent» deutet an, daß nichts Bedeutsames vor sich geht, weil das Geschlechtsleben latent ist und keine besondere Rolle spielt. Das stimmt aber nicht, denn in dieser Phase gibt es viele neue Dinge, die für die seelische und geistige Entwicklung des Kindes wichtig sind. Außerdem ist die Sexualität keineswegs so latent, wie manche Psychoanalytiker meinen! Ich weiß noch gut, daß eine Patientin mir erzählte, sie und ihre Freundinnen hätten gegenseitig mit weichen Haarbürsten masturbiert, als sie acht Jahre alt waren. Das klingt nicht gerade nach Latenz!

Manche Forscher betrachten diese Lebensjahre als die Zeit, in der die Entwicklung des Kindes vor allem vom Lernen und vom Schulleben geprägt wird. Dabei übersieht man aber vielfach die nach wie vor wesentliche Bedeutung von Heim und Familie. Andere bezeichnen dieses Stadium als das Banden- und Gruppenalter und legen das Hauptgewicht auf den Einfluß der Schulkameraden. Auch in diesem Fall wird die Tragweite der familiären Beziehungen unterschätzt.

Am wenigsten irreführend scheint mir daher die Bezeichnung «mittlere Kindheit» zu sein. Auf diese Weise wird keiner der Aspekte auf Kosten der andern zu stark betont. Es handelt sich im großen und ganzen um eine relativ stabile Entwicklungsphase zwischen dem Auf und Ab der Vorschuljahre und dem Auftakt der stürmischen Jugendzeit.

Merkwürdigerweise weiß man von der mittleren Kindheit am wenigsten. Das ist darauf zurückzuführen, daß die Forschung sie zugunsten der Vorschul- und Jugendjahre vernachlässigt hat. In dieser Zeit verliert das Kind viel von seinem Interesse an Eltern und Erwachsenen. Es gehört nun zur neuen Gemeinschaft der gleichaltrigen Schulkameraden, an der es aktiv teilnimmt.

In der mittleren Kindheit lernt das Kind, seine Gedanken und Gefühle für sich zu behalten. Überdies beginnt es, sich in der Täuschung und Hintergehung der Erwachsenen zu üben. Ein Vater weiß ziemlich viel von den Dingen, die im Kopf seines Vorschulkindes vor sich gehen (sofern er dafür empfänglich ist), oder von dem, was einem Halbwüchsigen zu schaffen macht (weil der meist genau sagt, was er denkt), aber der Sechs- bis Zehnjährige bleibt ihm meist ein Rätsel. Die typischen Geheimbünde, die in diesem Alter geschlossen werden, sind ein deutlicher Hinweis darauf, daß das Kind seine Phantasie und seine Gedankenwelt gegen die Erwachsenen abschirmen will.

Wie beim Vorschulalter sollen die Eigenschaften eines «typischen» Kindes während der einzelnen Jahre der mittleren Kindheit hier kurz beschrieben werden.

### *Der sechsjährige Zappelphilipp*

Manch ein Vater wünscht sich seinen liebenswürdigen, zahmen Fünfjährigen zurück, wenn das Stadium des Sechsjährigen gekommen ist. Denn in diesem Alter geht das Gleichgewicht verloren, das das sechste Lebensjahr zu einer friedlichen Zeit der Konsolidierung machte. Jetzt stößt das Kind in neue Richtungen vor, erprobt neue Dinge und hat Schwierigkeiten, sich anderen Menschen anzupassen, weil es in seelischer Hinsicht von ganz Neuem bedrängt wird.

Sechs ist das Alter der Extreme. Für die Eltern kann es schwer sein, mit dieser Mischung aus Baby und Kind fertig zu werden. Der Sechsjährige ist eine Beute heftiger Gemütsbewegungen. Im einen Augenblick sagt er seiner Mutter, wie lieb er sie habe, im nächsten platzt er nach einem milden Vorwurf ihrerseits heraus: «Ich hasse dich! Immerzu hackst du auf mir herum!»

Die *Mutter* bildet *nicht mehr den Mittelpunkt* seines Universums. Eine Umwälzung hat stattgefunden, jetzt will *das Kind selbst* der *Mittelpunkt* sein. Sein unbewußtes Motto scheint zu lauten: «Wenn du dich nach mir richtest, werden wir gut miteinander auskommen.» Es kann sehr anspruchsvoll werden und sich wie in den ersten Jugendjahren benehmen.

Der Konflikt mit der Mutter in diesem Alter ist von der Natur gewollt, damit es den Weg aus dem sicheren Hort von Familie und Heim in die viel weitere Welt der Schule und Umgebung findet. Es ist, als könne das Kind sich vom Heim nur lösen und in die Gesellschaft der gleichaltrigen Schulkameraden eintreten, wenn es sich der Mutter so verhaßt macht, daß sie es nicht mehr erträgt. Gewöhnlich benimmt es sich gerade der Mutter gegenüber am rebellischsten, weil es vorher so abhängig von ihr war. Die enge Bindung läßt sich nur durch einen Aufstand mit allen dazugehörigen heftigen Gemütsbewegungen und Negierungen lockern.

In diesem Alter kann der Vater das Kind oft am besten behandeln. Es reagiert meist positiv auf Vaters Befehle, hingegen negativ sogar auf die sanftesten Vorschläge seitens der Mutter.

Der Sechsjährige ist von grenzenlosem Tatendrang erfüllt, alle seine Muskeln schreien nach Betätigung. In jedem wachen Augenblick ist er in Aktion: rennt kriecht, klettert, zerrt, stößt, springt und johlt. Die naiven Eltern sind der Meinung, die Möbel im Haus seien zum Sitzen und der Fußboden zum Gehen da. Der Sechsjährige weiß es besser. Für ihn ist das Sofa im Wohnzimmer genau das richtige für den Bau einer Festung, wozu einige alte Bretter aus der Garage und ein alter, im Keller gefundener Teppich gehören. Die Dielen im Wohnzimmer eignen sich ideal zum Kriechen und Wälzen. Die Betten der Eltern sind ein wunderbares Trampolin. Lärm und Gewalttätigkeit kennzeichnen das aktive Spiel: «Peng, du bist tot! Ich hasse dich, du Ekel! Gib mir das, oder ich schlag dich zusammen!»

Der Sechsjährige ist ein Unband und ein Zappelphilipp. Sogar wenn er stillsitzt, verbraucht er ungeheuer viel Energie. Aber natürlich sitzt er nicht still! Er zappelt und windet sich, verrenkt sich zu grotesker Gestalt, während er sich irgendwie betätigt. Auch bei Tisch gibt es keine Ausnahme. In diesem Alter reagiert das Kind auf die Ermahnung, beim Essen geradezusitzen, mit einem «römischen Rückgrat», wie der Humorist B. M. Atkinson es beschreibt: «Dies äußert sich in einem plötzlichen Zusammenbruch der Wirbelsäule, der immer bei Tisch vorkommt und es dem Kind verunmöglicht, beim Essen geradezusitzen. Wird für eine psychische Regression aus der Zeit der alten Römer gehalten, die ihre Mahlzeiten in horizontaler Lage auf einem Ruhebett einzunehmen pflegten. In der Geschichte der Eßkultur als die Stellung gepriesen, die für ein Kind natürlich ist. Dazu kommt ein körperlicher Zustand, der hauptsächlich bei kleinen Jungen auftritt, nämlich der sogenannte Rollschuhfuß, eine vorübergehende Entwicklungsstörung, die das Kind daran hindert, beide Füße gleichzeitig unter den Tisch zu halten; der eine Fuß hängt dann neben dem Stuhl hinunter, so daß es aussieht, als fahre das Kind Rollschuh, anstatt bei Tisch zu sitzen.» Sechsjährige Knaben haben einen großen Kleiderverschleiß. Man erkennt sie leicht an den Löchern in ihrer Hose, den abgestoßenen Schuhkappen und den zerrissenen Ärmeln.

Sechsjährige lieben es, im Scheinwerferlicht zu stehen und die Unterhaltung zu monopolisieren. Sie freuen sich an ihren eigenen Scherzen und machen sich mit Bravourstücken zum Mittelpunkt der Aufmerksamkeit. Sie prahlen gern und übertreiben ihre Leistungen ungezügelt. Sie können in bezug auf Dinge, von denen sie gar nichts verstehen, so dogmatisch werden, daß man in helle Wut gerät. Der Sechsjährige fängt alles an und macht nichts fertig. Das gilt auch fürs Essen, Anziehen, Waschen und alles übrige. Er läßt sich leicht ablenken und kann den Weltrekord im Trödeln brechen.

Die *erste Schulklasse* eröffnet dem Kind eine *vollständig neue Erlebniswelt*. Zum ersten Mal nimmt es am regulären Unterricht teil (im Vergleich zu dem spielerischen Lernen im Kindergarten). In der ersten Klasse muß es viele Dinge tun, die seinem Temperament fremd sind. Es muß stillsitzen, sich auf eine Aufgabe konzentrieren, die Hand erheben und warten, bis es aufgerufen wird, überhaupt abwarten, bis es bei einer Betätigung an die Reihe kommt, und der Versuchung des Schwatzens widerstehen. All das will gelernt sein, denn es widerspricht dem Wesen des Kindes in diesem Alter und besonders dem eines lebhaften, wilden Jungen.

Ich erinnere mich genau, wie es war, als meine Tochter Robin in die erste Klasse ging. In den ersten Wochen ließ sie nach der Heimkunft jeweils einen haarsträubenden Schrei los, der endlos dauerte. Das war ihre Art, den Dampf abzulassen, der sich tagsüber in ihr angesammelt hatte. Und Robin war in der Schule ein sehr stilles und wohlerzogenes Kind!

Im allgemeinen werden Kinder, die im Kindergarten Erfahrungen gemacht haben, mit dem neuen Druck und den Anforderungen der ersten Klasse leichter fertig, da sie es schon einmal erlebt haben, sich einer neuen Umgebung anzupassen.

Wahrscheinlich ist viel von der veränderten Verhaltensweise und der Aufsässigkeit des Sechsjährigen auf die Wirkung seiner ersten Begegnung mit den Anforderungen der Schule zurückzuführen. Die Erfahrungen mit dem täglichen Wettbewerb in der Schule und auf dem Schulhof üben einen stärkeren seelischen Druck aus, als die Eltern ahnen. Zum ersten Mal in seinem jungen Leben wird vom Kind verlangt, fern vom schützenden Heim und den Eltern zu weilen und täglich stundenlang die Anweisungen anderer Erwachsener zu befolgen. Im tiefsten Innern sehnen sich viele Kinder nach dem Zuhause und nach der Mutter, zumal wenn ein jüngerer Bruder oder eine jüngere Schwester daheim noch die Aufmerksamkeit der Mutter genießt und frohgemut spielen kann. Am Wochenende, wenn der Druck des Schullebens behoben ist, kann das Kind oft wie verwandelt sein; es springt in aller Frühe aus dem Bett, um sich mit Dingen zu beschäftigen, die nicht Pflicht sind, und mit Spielen, die ihm in der Schule verwehrt sind.

Der Schultag ist lang für ein sechsjähriges Kind. Am Ende ist es sowohl körperlich als auch seelisch müde. Wenn es heimkommt, will es sich entspannen und einfach «herumtrödeln». Die Mutter mag erstaunt sein, wenn ihr Söhnchen auf die harmlose Aufforderung, sich umzuziehen, mit Tränen oder einem Wutausbruch reagiert. Sie ist sich meist nicht klar darüber, daß es körperlich ermüdet ist und nach den langen Stunden der Folgsamkeit einfach keine Befehle mehr ertragen kann. Darum ist es wichtig, dafür zu sorgen, daß das Kind genügend Zeit zum Ausruhen und Schlafen hat. Ebenso muß man ihm nach der Rückkehr aus der Schule Gelegenheit zum «Dampfablassen» geben.

Der typische Sechsjährige genießt die unterhaltsame, lustige Seite der Schule, stellt aber zu seiner Enttäuschung fest, daß er es hier mit echter Arbeit zu tun bekommt. Zu Hause weist er dann allerdings stolz vor, was er in der Schule getan und gelernt hat: seine Zeichnungen, seine Buchstaben, die Sätze, die er lesen kann.

Kennzeichnend für den extremen Stimmungswechsel des Sechsjährigen ist es, daß er die Schule an einem Tag liebt und am nächsten haßt. Gewöhnlich bedeutet das, daß er am ersten Tag bei seinem Lehrer Anerkennung und Lob geerntet hat, am zweiten hingegen nicht. Je nachdem variiert auch die Einstellung zum Lehrer.

Neben der Schule spielen die Klassenkameraden eine entscheidende Rolle für den Sechsjährigen. Diese Zeit ist «das Jahr der Schar». Sechsjährige lieben Gesellschaft und fühlen sich nicht recht wohl, wenn sie nicht in einer Gruppe von Gleichaltrigen sind. Paradoxerweise gehen die Mitglieder der Schar oft ihre eigenen Wege, ohne die anderen weiter zu beachten. Aber sie scheinen irgendwie glücklich zu sein, solange sie alle in einem Klumpen zusammen sind.

Neckereien und Spitznamen tauchen im Gruppenleben der Sechsjährigen häufig auf. Das Kind muß nun lernen, mit Neckereien fertig zu werden, sogar mit Anwürfen und Beleidigungen, ohne die Fassung zu verlieren. Bei jeder Art von Wettbewerb, ob beim Lernen oder in Sport und Spiel, ist der Sechsjährige kein guter Verlierer. Man erwarte es also nicht von ihm. Jede sportliche Niederlage ist für ihn ein vernichtender Schlag gegen sein

Ich. Man darf sich auch nicht aufregen, wenn er die Regeln des Spiels bricht oder mogelt, um zu gewinnen. Wenn alles gutgeht, wird er Begeisterung und Eifer zeigen; aber wenn er versagt, kann es zu Tränen, Ausbrüchen und Tobsuchtsanfällen kommen.

Im Leben des Sechsjährigen treten unter Umständen neue Ängste auf. Zu den üblichen Befürchtungen gehören: Angst vor körperlicher Verletzung; Angst vor Regen, Donner, Wind, Feuer; Angst vor verschiedenen Tieren, auch vor Insekten, Angst vor der Dunkelheit, vor dunklen Schränken, vor dem Dachboden und dem Keller. Er kann von schlechten Träumen geplagt werden, in denen wilde Tiere, Hexen, Gespenster oder Ungeheuer vorkommen. Man darf sich nicht darüber lustig machen, darf ihn deswegen nicht aufziehen, in der Meinung, das Schamgefühl werde zur Überwindung der Angst führen. Ganz gleich, wie unbegründet die Angst sein mag, man wende die Rückkoppelungstechnik an und lasse das Kind wissen, daß man seine Ängste versteht. Dann wird man zum Verbündeten und verhilft ihm zu innerer Stärkung.

Ein Grund für das plötzliche Auftreten der Ängste bei Sechsjährigen ist darin zu sehen, daß anscheinend so viel von ihnen erwartet wird und sie das Gefühl haben, es nicht leisten zu können. Sie kommen sich frustriert vor und sind innerlich wütend. Die Angst, diese verborgene Wut könnte von den Eltern entdeckt und bestraft werden, wird in Phobien und schlimmen Träumen auf wilde Tiere oder Ungeheuer projiziert.

Ein weiterer Grund ist der, daß Kinder in diesem Alter von der Umwelt viel mehr bemerken als früher. Aber so manches von dem Wahrgenommenen begreifen sie nur teilweise. Dadurch entstehen Befürchtungen und Unsicherheit. Als mein Sohn Randy zum ersten Mal hörte, daß ich «zum Fernsehen gehen» würde, sagte er erschrocken: «Heißt das, daß du nicht mehr hier bei mir zu Hause sein wirst, Papa?» Für ihn bedeutete «Fernsehen» ein unbestimmter Ort, und er dachte, ich wollte dorthin ziehen. Er beruhigte sich, als ich ihm erklärte, daß ich nur nach Hollywood führe, wo sich das Fernsehstudio befand.

Die Sechsjährigen verbringen zwar die meiste Zeit in der

Schule oder mit ihren Spielgefährten, aber es wäre ein großer Irrtum, deswegen anzunehmen, sie brauchten die Eltern nicht mehr. Das Kind muß wissen, daß man im Hintergrund *da* ist, während es seine neue Welt der Schule und der Gruppenbildung erforscht.

Hoffentlich habe ich nicht den Eindruck vermittelt, daß ein sechsjähriges Kind nichts weiter als eine Range auf Rädern sei. Es ist in einer Periode der Ausdehnung und zweigt seelisch nach vielen neuen Richtungen aus. Es ist ein junger Forscher, der sich auf den Weg über unbekannte Meere macht, und wie es einem Forscher geziemt, ist es voller Mut und Verwegenheit. Es sucht neue Erlebnisse, kostet das Leben aus und begegnet ihm kopfvoran. Es ist hinreißend in seinem Tatendrang und seiner Begeisterung. Man freue sich an ihm, wenn es positiv geladen ist, und nehme seine negativen, niedergedrückten Stimmungen gelassen hin. Und man tröste sich mit dem Gedanken, daß ein neues Jahr des Gleichgewichts bevorsteht, wenn es sieben Jahre alt wird!

### *Der siebenjährige Träumer*

Wenn das siebente Lebensjahr das Alter der Extreme und der Erforschung der neuen psychologischen Welten der Schule und der Gruppe war, so wird das achte Lebensjahr nun zur Periode der Assimilierung. Nachdem das Kind die bisherigen verschiedenen Lebenserfahrungen verarbeitet hat, werden sie seiner Vorstellung vom eigenen Ich und von der Welt geistig einverleibt.

Die ungestüme, lärmende Verhaltensweise des Sechsjährigen verebbt allmählich. Mit dem Siebenjährigen läßt es sich leichter leben, weil er Vernunftsgründen zugänglicher und verständiger ist. Das blinde Ausschweifen in neue Erlebnisbereiche, das für den Sechsjährigen so kennzeichnend ist, verschwindet. Die Siebenjährigen bereden gern alles und nehmen in Grenzen gehaltene elterliche Erklärungen viel günstiger auf als früher.

Das Kind ist eifriger darauf bedacht, gefällig zu sein, sich beliebt zu machen, zusammenzuarbeiten. Es hört besser zu als im vorigen Jahr, ist taktvoller und stürzt sich nicht mehr kopfvoran ins Leben. Im Gegensatz zum Sechsjährigen, der sich auf ein neues Unternehmen wirft, ohne erst Zustimmung zu verlangen, holt sich der Siebenjährige gern die Billigung eines Erwachsenen, bevor er einen neuen Plan in Angriff nimmt. Er führt ihn auch durch, hat mehr Beharrungsvermögen und kann besser bei der Stange bleiben. Im allgemeinen ist er die meiste Zeit ein angenehmes und zugängliches Familienmitglied.

Er kann aber manchmal recht verschlossen, ja sogar richtig mürrisch und niedergeschlagen sein. Wenn er das Gefühl hat, in der Schule oder im Wettbewerb mit Gleichaltrigen nicht viel zu leisten, gerät er in eine finstere Stimmung der Selbstbemitleidung, in der er sich sagt: «Niemand mag mich», und: «Ich fürchte, ich tauge nichts.» In solchen Zeiten glaubt der Siebenjährige, die Menschen seien gegen ihn, hätten ihn nicht gern und hackten auf ihm herum. Er kann überzeugt sein, daß andere Kinder ihn bemogeln, daß seinen Geschwistern alles durchgelassen wird und seine Eltern zu ihm sehr ungerecht sind. Diese Einstellung findet ihren Ausdruck in der Redensart: «Geschieht meinem Vater ganz recht, wenn ich mir die Hände erfriere, warum kauft er mir keine Handschuhe?»

Das achte Lebensjahr ist die Zeit, in der das Kind seine eigenen Überlegungen anstellt. Es ist jetzt viel introvertierter als früher. Die Eltern müssen begreifen, daß der Siebenjährige, der in seiner eigenen kleinen Welt Träumen nachhängt, in Wirklichkeit *arbeitet*. Er versucht den Sinn all seiner Erlebnisse in der Schule, zu Hause, in der Gruppe zu verstehen. Im Grunde handelt es sich dabei um Gefühle, die verarbeitet und sinnvoll geordnet werden müssen.

Wie das Kleinkind unermüdlich das Treppensteigen übt, so *muß der Siebenjährige endlos über seine neuen Erfahrungen nachsinnen*. Es ist wichtig, daß der Vater die Bedeutung dieser Introspektion versteht, sonst kann er, wenn er seinen Sohn vor dem Fernsehgerät hingerekelt sieht, versunken in die elektronische Welt, oder untätig zum Fenster hinausstarrend, ungeduldig werden und ihn anfahren: «Hast du eigentlich nichts anderes zu tun, als die ganze Zeit herumzulungern?»

Man gewinne nun ja nicht den Eindruck, der Siebenjährige sei ein schwermütiger Prinz Hamlet, der ausgiebig über die Paradoxe von Leben und Tod brütet. Er spürt das Leben in allen Poren. Er sitzt nicht nur da und denkt nach, sondern er fährt fort, zu rennen und zu springen, auf Bäume zu klettern, sich mit seinen Kameraden zu balgen, Räuber und Gendarm zu spielen. Er hat sowohl aktive und alberne Anwandlungen als auch nachdenkliche Stimmungen. Obgleich er vorwiegend mit sich selbst beschäftigt ist, wird er jetzt auch feinfühliger in bezug auf die Empfindungen anderer.

Dies sollte eigentlich ein gutes Schuljahr sein. Im allgemeinen hat es der Lehrer der zweiten Klasse besser als sein Vorgänger. Das Kind hat ein Jahr Schulerfahrung hinter sich und ist die Anforderungen gewöhnt. Es ist, was das Lesen betrifft, über den Berg und findet die Aufgabe nicht mehr so schwierig. Infolge der zunehmenden Eingliederung verläuft das Schulleben reibungsloser.

Zum Lehrer hat das Kind gern eine persönliche Beziehung und freut sich sehr, wenn es gelobt wird. Es genießt Gespräche mit ihm und bittet daher sogar um Erlaubnis, wenn es an eine neue Angabe herangeht. Der kluge Lehrer weiß, daß dieses Bedürfnis nach einer persönlichen Beziehung zur Entwicklungsphase der Siebenjährigen gehört. Er wird daher im Schulzimmer herumgehen, so daß er beim Unterricht mit jedem Kind in persönlichen Kontakt kommen kann.

Obwohl der Siebenjährige nicht mehr ausschließlich auf die Gruppe angewiesen ist und viel Zeit allein verbringt, ist die Gemeinschaft für ihn immer noch wichtig. Es ist ein Alter des Für und Wider. Mehrere Kinder schließen sich gegen ein anderes zusammen; Cliquen bilden sich; manche Kinder sind in die Gruppe integriert, andere nicht. Es ist kein ungewöhnlicher Anblick, wenn man einen einsamen Knirps schluchzend auf der einen Seite der Straße nach Hause gehen sieht und auf der anderen Seite vier bis fünf, die ihn verhöhnen. Viele siebenjährige Buben geraten in Konflikt mit älteren Jungen, von denen sie schikaniert werden.

Häufig kommt es in dieser Altersgruppe zu Kämpfen, namentlich unter Jungen. Der «typische» Kampf ist jedoch eher eine Mischung von Ringen und Boxen mit mehr Geschubse als Hieben. Oft geben sich zwei Buben lieber mit erschreckenden Drohungen ab, als tatsächlich zuzuschlagen.

Wie der Sechsjährige braucht auch der Siebenjährige ungestüme, laute Spiele, und zwar aus denselben Gründen. Er hat immer noch einen unglaublichen Energievorrat, und das wilde Spiel ist sowohl ein Ventil für die körperliche Energie als auch eine Möglichkeit, gefühlsmäßig Dampf abzulassen.

Das siebenjährige Kind hat seine feste Ansicht über Gerechtigkeit. «Das ist ungerecht!» ist eine seiner häufigsten Beschwerden. Der einsichtige Vater wird zwar mit Belustigung merken, daß sein Sprößling einen doppelten Maßstab benutzt. Er ereifert sich zwar, wenn er selber ungerecht behandelt wird, verhält sich anderen gegenüber aber ohne weiteres unfair.

Im Gruppenleben der Siebenjährigen beginnt der Tauschhandel. Er setzt sich bis zum Alter von zehn Jahren als bevorzugte gesellige Tätigkeit fort. Was wird getauscht? Alles und jedes, von Sammelpunkten und allen möglichen Marken bis zu Spielzeug. Der psychologische Wert des Tauschens besteht darin, daß es dem Siebenjährigen ermöglicht, ungezwungen mit Gleichaltrigen zu verkehren.

Mit sieben Jahren nimmt das Kind mitunter zum ersten Mal an einem Ferienlager teil. Oft ist das noch verfrüht. Es ist besser, Siebenjährige nur an einem Tagesausflug teilnehmen zu lassen und erst im neunten oder zehnten Lebensjahr an einem einwöchigen Ferienlager. Viele Väter schicken ihren Sohn ins Lager, damit er selbständig, enthemmt oder sogar aggressiv wird. Besonders bei scheuen und introvertierten Kindern gehen sie so vor und hoffen, daß der Junge im Lager männlicher und zäher werde. Aber wenn diese Maßnahme zu früh erfolgt, ergibt sich ein Rückschlag, und es tritt genau das Gegenteil von dem ein, was der Vater erhofft hat. Der schüchterne Junge wird noch scheuer. Und der Knabe, der im Turnen und im Sport schlecht ist, wird die körperliche Ertüchtigung noch verhaßter und erschreckender finden.

Das siebenjährige Kind kommt nicht nur mit der Mutter viel besser aus als das sechsjährige, sondern es erstrebt auch eine engere und tiefere Beziehung zum Vater. Das gilt besonders für Jungen. Der typische Siebenjährige genießt Betätigungen, bei denen «keine Weiber mitmachen»: Fischen oder Spazierengehen, wobei «Männergespräche» geführt werden können, etwa über Fußballspiele, Autoreparaturen und dergleichen. Er liebt es, mit dem Vater einem Match zuzusehen, mit ihm Werkzeug einzukaufen und zu basteln. Mutter und Schwestern werden vom Siebenjährigen mit freundlicher, aber spöttischer Herablassung behandelt.

Es sei jedoch nachdrücklich betont, daß der Vater seiner eigenen Natur treu bleiben muß. Er braucht kein Interesse an Automobilen oder Sport zu heucheln, wenn er es nicht hat. Er soll er selbst bleiben und mit dem Sohn nur das unternehmen, was ihm selbst wirklich Spaß macht. Zum Beispiel habe ich zufällig Spaß an Ausflügen mit Rucksack und Schlafsack, und ich sehe mir gern Sportveranstaltungen an, und all das betrieb ich mit meinen Söhnen, als sie in der mittleren Kindheit waren. Aber ich habe kein Interesse am Angeln und an technischen Dingen, also ging ich mit meinen beiden Buben weder Fische fangen noch dokterte ich am Automotor herum.

Das achte Lebensjahr ist eine wichtige Zeit für die Vater-Tochter-Beziehung, denn in diesem Entwicklungsstadium braucht auch das Mädchen Beziehungen, die nicht die Mutter betreffen. Jetzt bietet sich daher dem Vater eine besonders günstige Gelegenheit, um der Tochter zur Bewußtwerdung ihrer Weiblichkeit zu verhelfen. Er kann sie zum Beispiel zum Mittagessen ins Restaurant einladen, mit ihr einen Einkaufsbummel unternehmen oder mit ihr ins Kino gehen. Vergessen Sie auch nicht, ihr ein nettes Kompliment zu machen, wenn Sie sich für einen Anlaß besonders hübsch herausgeputzt hat, und fahren Sie fort, ihr abends eine Geschichte vorzulesen.

Das achte Lebensjahr gibt dem Vater die Möglichkeit, die Beziehungen zu seinem Kind zu vertiefen, insbesondere falls er vorher infolge beruflicher Überlastung keine Zeit dazu fand.

Jetzt sollte er dies unbedingt nachholen, denn in der Pubertät ist es meist schon zu spät dazu.

Zusammenfassend ist zu sagen, daß das achte Lebensjahr im allgemeinen eine angenehme Altersstufe ist, und zwar sowohl für das Kind als auch für die Eltern. Das Kind ist ausgeglichener, entspannter und kontaktfreudiger als im Jahr zuvor. Lob bildet den Schlüssel zur richtigen Behandlung. Ihr Sprößling blüht auf bei Lob, reagiert aber sehr empfindlich auf Kritik oder Mißbilligung. Es handelt sich – wie gesagt – um eine Zeit der Einkehr; das Kind hat in diesem Alter das Bedürfnis, über alles nachzusinnen und seine Erfahrungen zu verarbeiten, um sich eine Meinung von sich selbst und von seiner Welt zu bilden.

## *Der achtjährige Welteroberer*

Mit sechs Jahren ist das Kind expansiv, mit sieben eher in sich gekehrt. Mit acht ist es wiederum expansiv. Der Siebenjährige neigt dazu, sich vor der Welt zu verschließen; der Achtjährige tritt ihr mit Schwung und Verve entgegen. Er packt gern alles an. Er ist geschäftig und aktiv, immerzu in Bewegung, versucht sich fortwährend an neuen Dingen und schließt neue Freundschaften. Das typische achtjährige Kind ist überschwenglich und zu allem bereit.

Das in sich gekehrte und nachdenkliche Wesen wird abgelegt. Wie Dr. Gesell es ausdrückt: Es ist, als ob das achtjährige Kind das Ich, das es mit sieben Jahren gefestigt hat, an der Welt erproben wollte. Der Siebenjährige ist am liebsten für sich, der Achtjährige spielt ungern allein. Es verlangt ihn nicht nur nach der Anwesenheit einer anderen Person, sondern er wünscht auch ihre volle Aufmerksamkeit und Anteilnahme. Wenn die andere Person zufällig seine Mutter ist, belegt er sie oft vollständig mit Beschlag.

Laut Dr. Gesell kennzeichnen vor allem drei Züge die Verhaltensweise des achtjährigen Kindes: eiliges Tempo, Überschwenglichkeit und Bewertung. Es ist immer in Eile. Das psychomotorische Tempo ist gesteigert, es tut alles im höchsten Gang und ist voller Ungeduld. «Ich kann es gar nicht abwarten!» sagt es mit Vorliebe, einerlei, ob es das Mittagessen oder eine Geburtstagsparty in der nächsten Woche meint.

Sein Erkundungsdrang treibt es in neue Gebiete. Dies zeigt sich vor allem auch in seiner Sammelwut. Es sammelt alles und jedes: Steine und Kiesel, Briefmarken, Postkarten, Andenken. Es braucht nur etwas aufzutauchen, und schon wird es gesammelt. Ausflüge und Ferienaufenthalte bieten Gelegenheit, neue Schätze aufzustöbern: Muscheln, Meerespflanzen, Treibholz und so weiter.

Erwachsene finden die Dinge, die der Achtjährige sammelt, ziemlich wertlos, aber für ihn sind es wunderbare Schätze. Die Sammlungen werden in einem Schatzkästchen, in Schublade, Schrank, Hosentaschen und Schachteln aufbewahrt. Das Interesse, Besitztümer zu erwerben, steht gewöhnlich in keinem Verhältnis zur Sorgfalt der Behandlung, obwohl das Kind sie gern ordnet und klassifiziert. Es kann in größte Wut geraten, wenn sich ein jüngerer Bruder oder eine Schwester an seinen kostbaren Besitztümern vergreift.

Unter «Bewertung» ist die Neigung zu verstehen, alles einzuschätzen, was dem Kind geschieht und was es selbst bewirkt. Fortwährend bewertet es seine eigene Tätigkeit und die anderer. Das beruht wahrscheinlich auf dem Drang, größer zu werden. «Wofür hältst du mich eigentlich, für ein Wickelkind?» sagt der Achtjährige entrüstet.

Er dramatisiert und übertreibt gern, und seine Schilderungen kindlicher Erlebnisse wirken dadurch oft reichlich komisch. Mit den Spielsachen werden Theatervorstellungen veranstaltet, wobei mit Vorliebe Gestalten aus Filmen, aus dem Fernsehen oder aus Büchern dargestellt werden. Die Mädchen sind in ihrer Dramatisierung weniger laut und beweglich, dafür aber um so wortreicher. Sie verstehen es, sich vor Bekannten und Gespielen äußerst wirksam in Szene zu setzen und eine richtige Schau zu veranstalten.

Nahe verwandt der Eigendramatisierung ist das Prahlen und Sichaufspielen. Auch wenn sich der Achtjährige angesichts einer neuen Betätigung unsicher fühlt, würde er «lieber sterben» als das zuzugeben. Das Bedürfnis, ganz und gar selbständig und selbstsicher zu erscheinen, veranlaßt ihn unter Umständen, der Welt eine stoisch-gleichgültige Stirn zu bieten.

Er scheint vollständig ungerührt zu sein, wenn man ihn schilt oder ihm Belehrungen erteilt. Er hört mit steinernem Schweigen zu, und wenn wegen einer Ungezogenheit eine Strafe verhängt wird, gibt er patzig zurück: «Ich wollte heute sowieso nicht draußen spielen!»

Trotzdem kann er schon beim geringfügigsten Anlaß in Tränen ausbrechen, zumal wenn er übermüdet ist. Manche Väter sind bestürzt, wenn ihr Sohn in diesem Alter gleich weint, und finden, ein Junge sollte das jetzt hinter sich haben. Das ist falsch. Tränen sind bei Kindern bis zum Alter von zwölf Jahren jederzeit zu erwarten, auch bei Knaben. Weinen ist nicht unmännlich, und der Vater sollte die Tränen hinnehmen, ohne die Worte zu gebrauchen: «Hör auf zu heulen, dafür bist du zu alt!»

In der Schule ist der Achtjährige gefühlsmäßig vom Lehrer weniger abhängig als in der zweiten Klasse. Er betrachtet den Lehrer nun eher als eine unpersönliche Autorität, die das Leben in der Schulstube regelt. Gefühlsmäßig hat jetzt die Gruppe mehr Bedeutung.

Innerhalb und außerhalb der Schule giert er nach Tatsachen. Sein reger, wissensdurstiger Geist saugt Tatsachen über alles und jedes auf, besonders über ungewöhnliche Dinge. Ausgerüstet mit neugefundenen Tatsachen, hat er Freude daran, jüngeren Kindern Fragen zu stellen, die sie nicht beantworten können.

Von Müttern ist zu erfahren, daß ihr achtjähriges Kind mitteilsamer ist und mehr vom Schulleben erzählt als früher. Manchmal platzt es gleich nach der Heimkunft mit der Neuigkeit heraus: «Du kannst dir nicht vorstellen, was heute in der Schule los war – phantastisch!»

Gestützt auf seine neuen Kenntnisse, nimmt es in seinen Bemerkungen über die Welt oft den Ton des Besserwissers an.

Um mit der Gruppe, die so viel Bedeutung hat, im Einklang zu bleiben und Schritt zu halten, muß es sich beweisen. Der Gruppenkodex umfaßt viele Werte, die zu Hause wahrscheinlich nie betont werden: Wagemut, Körperkraft, Wendigkeit, Kameradschafts- und Erfindergeist, sogar Schlauheit.

Das neunte Lebensjahr bezeichnet den Beginn einer entschiedenen Änderung in der Bevorzugung von Spielgenossen (falls sie nicht längst eingetreten ist). Knaben und Mädchen sondern sich voneinander ab. Bei Mädchen vollzieht sich das gewöhnlich in aller Stille, indem sie sich einfach von den Jungen absondern und die Gesellschaft anderer Mädchen suchen. Die Buben hingegen gehen gröber und recht geflissentlich vor; allen Beteiligten wird verkündet, daß Mädchen «dumm und albern» seien und ihre Aufmerksamkeit überhaupt nicht verdienen.

Beim achtjährigen Kind zeigt sich auch eine Änderung in der Wahl der Freunde. Bisher wollte es von allen Gleichaltrigen unterschiedslos anerkannt werden und pflegte sogar zu weinen, wenn ihm beim Spiel irgendein anderes Kind vorgezogen wurde. Jetzt aber ist es selbstsicherer und hat nicht mehr das Gefühl, jedem gefallen zu müssen. Es sucht sich ein paar Kinder als besondere Freunde aus und kümmert sich nicht weiter um die Verschmähten.

In diesem Alter tritt meistens der sogenannte «beste Freund» auf. Fast immer ist es ein Kind gleichen Geschlechts. Eine derartige Gestalt hat es vorher nie gegeben. Das ist ein sehr wichtiger Schritt in der Entwicklung zwischenmenschlicher Beziehungen. Zum ersten Mal im Leben entwickelt das Kind ein Gefühl dafür, was ein anderer Mensch empfindet, wie die eigenen Worte und Taten auf das Fühlen und Denken dieser anderen Menschen wirken. Dieses starke und wichtige Erlebnis ist sehr wertvoll für den seelischen Reifeprozeß. Gewöhnlich stellt diese Beziehung zu einem Spielgefährten die erste wirkliche Bindung an eine andere Person außerhalb der Familie dar. Der vertrauliche Gefühlsaustausch, die intimen Aussprachen schwächen die Isolierung des Kindes in diesem Alter ab und bilden eine erste Grundlage für seine Fähigkeit, im späteren Leben echte und dauernde Freundschaften einzugehen.

Das Kind hat das Bedürfnis, fortwährend mit seinem «Busenfreund» zusammen zu sein. Es entwickelt eine altruistische Einstellung, bei der das Wohlergehen des Freundes fast ebenso wichtig wird wie das eigene. Doch wie bei jeder vertraulichen persönlichen Beziehung ist nicht alles eitel Gold. Es kommt auch zu vielen Zwisten und Unstimmigkeiten, zu erbitterten Streitigkeiten und dann zur Versöhnung.

Meistens wissen die Eltern nichts von dem positiven seelischen Reifeprozeß, den die Freundschaftsbeziehung ihrem Kind ermöglicht, und reagieren oft negativ. «Warum spielst du immer nur mit Franz? Warum lädst du nie ein anderes Kind zu uns ein?» fragen sie etwa. Oder sie beschweren sich: «Die ganze Zeit bekommt man zu hören, was Barbara gern hat und am liebsten tut. Man könnte ja meinen, außer Barbara gäbe es auf der ganzen Welt keine andern Kinder!» Man sollte sich davor hüten, derartige Eifersucht auf die Bedeutung des Busenfreundes zu zeigen. Vor allem hüte man sich davor, sich über die Beziehung lustig zu machen.

Die Bedeutung des einzigen und alleinigen Busenfreundes tut der ebenso großen Bedeutung der Gruppe, der das Kind angehört, keinen Abbruch. Der Geheimbund, dem es sich anschließt, ist bestimmend für das Zugehörigkeitsgefühl. Das zeigt, wie stark das Bedürfnis des Kindes ist, sich – unabhängig von den Erwachsenen – seine eigene Miniaturgesellschaft zu schaffen. Mit der Geheimhaltung bewahrt es sich sein Privatleben und seine Individualität.

Man gewinnt Pluspunkte, wenn man der Gruppe einen Versammlungsort bietet, im Keller, auf dem Dachboden oder in der Garage, oder wenn man ihr dazu verhilft, sich aus Holz, Ziegeln, Dachpappe, Stoffen oder alten Möbeln einen Schlupfwinkel zu bauen. Man kann die Gruppe auch hin und wieder zu einem Imbiß einladen. Obwohl die Clique von den Erwachsenen nichts wissen will und sie als Automaten betrachtet, die etwas Leckeres liefern, braucht man sich nicht zu sorgen: Das eigene Kind weiß es nämlich zu schätzen, wenn man seinen Gruppenmitgliedern Gastfreundschaft bezeigt und nicht etwa feindlich gegen sie eingestellt ist.

Mit acht Jahren tritt das Kind unter Umständen auch einer Jugendorganisation bei, den Pfadfindern oder einem Jugendsportverein. In der organisierten Gruppe lernt es Zusammenarbeit und Anpassung an bestimmte Regeln und Verordnungen. Das organisierte Gruppenleben gibt ihm die Möglichkeit, viel von der Tatkraft, die bisher so schwer zu lenken war, auf ein Ziel zu richten.

Geld und Besitz spielen im Denken des Achtjährigen eine große Rolle. Man kann diese Interessen in vernünftige Bahnen lenken, indem man das Kind über die Bedeutung des Geldverdienens aufklärt. Der Achtjährige sieht sich gern Schaufenster an, stöbert in Läden und ergötzt sich daran, in der Phantasie viel Geld auszugeben. Das neunte Lebensjahr ist eine gute Zeit, mit der Zuteilung von Taschengeld zu beginnen.

Die Achtjährigen tauschen immer noch gern. Sie lieben das Fernsehen und lustige Lektüre. Das Interesse an «Comics» erreicht ungefähr mit acht und neun Jahren den Höhepunkt. Fernsehen und Comics sind einfache, harmlose Medien, die dem Kind entspannende Unterhaltung bieten. Die Zeit, die es nach den Anstrengungen in der Schule damit verbringt, ist ähnlich wie das entspannende Wochenende, das sich der Erwachsene nach der regelmäßigen Arbeitswoche gönnt. Man schelte es also nicht wegen dieses unnützen Tuns, und man plage es nicht mit Vorwürfen. Diese Medien dienen nicht nur der Unterhaltung, sondern vermitteln mehr Kenntnisse, als die Erwachsenen ahnen.

Natürlich liest der Achtjährige nicht nur gern Comics, wenn er sie auch bevorzugen mag. Die Tatsache, daß er überhaupt liest, zeigt an, daß das Lesen für ihn kein fremdes Gebiet mehr ist. Man kann dieses neue Interesse auswerten und fördern, indem man das Kind in eine Bibliothek oder einen Buchladen mitnimmt. Im Buchladen soll man es nach Belieben Taschenbücher auswählen lassen. Wenn es das Buch selbst auswählt, hat es einen Beweggrund, es auch zu lesen, und welcher Art die Lektüre auch sein mag, das Lesenlernen wird gefördert.

Jetzt ist auch die richtige Zeit für ein Bücherregal, sofern noch keins vorhanden ist. Das Kind ist bereit für eine persönliche Beziehung zu seinen Büchern, und es freut sich, wenn es zum Geburtstag oder zu einem sonstigen Anlaß ein Exlibris bekommt, das es als Bucheigentümer kenntlich macht. Es sieht auch gern Bildzeitschriften an und kann stundenlang über Warenkataloge sitzen. Es macht ihm Spaß, sich der Post zu bedienen, und nichts geht über Dinge, die es selbst durch die Post erhält. Der kluge Vater macht sich das zunutze, indem er seinem Kind interessante Ausschnitte aus Zeitungen und Zeitschriften durch die Post zukommen läßt.

Nun meldet sich das Interesse an Gruselfilmen mit blutrünstigen Titeln; es dauert mindestens bis zum elften Lebensjahr. Manche Eltern, besonders Mütter, finden diese Filme zu «brutal» und halten sie für schädlich. Man kann beruhigt sein, dieses Interesse ist ganz normal. Gruselfilme verhelfen dem Kind dazu, seine Ängste zu überwinden. Das erklärt, warum es gerade derartige Filme sehen will.

Die Begeisterung für Gesellschaftsspiele erreicht nun den Gipfelpunkt. Dies gibt Ihnen Gelegenheit, die Beziehung zum Kind zu festigen und zu vertiefen. Es hat größte Freude daran, Mühle, Dame, Quartett und Domino zu spielen, ja sogar die Anfangsgründe des Schachspiels zu lernen. Kartenspiele zu zweit werden besonders bevorzugt. Es gibt viele Spiele, bei denen sich das Kind im Rechnen üben kann, ohne das Gefühl zu haben, lernen zu müssen.

Zusammenfassend ist vom achtjährigen Kind zu sagen: Es hat im vergangenen Jahr durch Grübelei sein Ich gefestigt und will es nun an der Welt erproben. Es ist lebhaft, aktiv und experimentiert mit allen möglichen neuen Betätigungen und zwischenmenschlichen Beziehungen. Es möchte erwachsener sein und verlangt, von den Erwachsenen als ihresgleichen behandelt zu werden.

## *Der neunjährige Individualist*

In psychologischer Hinsicht ist der Neunjährige eine Art «erweiterter und vervollständigter Ausgabe» des Achtjährigen. Es ist sehr schwer, aufgrund des Verhaltens einen Achtjährigen von einem Neunjährigen zu unterscheiden. Diese Altersstufen der mittleren Kindheit vermischen sich weitaus mehr als diejenigen der früheren Stadien, wo zwischen Zwei-, Drei-, Vier- und Fünfjährigen sehr starke Unterschiede bestehen.

Die drei Hauptmerkmale des Achtjährigen – eiliges Tempo, Überschwenglichkeit und Bewertung – wirken sich beim Neunjährigen weiter aus, aber auf höherer Stufe der Reife und Integration.

Der Neunjährige hat es immer noch eilig, doch vermag er seine Eile besser zu beherrschen, so daß sie sich nicht mehr in jähen Ausbrüchen äußert.

Die Überschwenglichkeit des Achtjährigen wird größtenteils durch die Vorgänge in seiner unmittelbaren Umgebung hervorgerufen; beim Neunjährigen kommt sie mehr von innen. Die Erforschung seiner Welt wird vom eigenen Ich angeregt.

Die Bewertung ist beim Neunjährigen gründlicher und unterschiedlicher. Er hat eine neue Fähigkeit der Selbsteinschätzung und der sozialen Beurteilung; diese Fähigkeit geht dem Achtjährigen noch ab. Der Neunjährige kann auch feinere Gefühlsnuancen erleben und zum Ausdruck bringen.

Vielleicht beschreibt man die charakteristischen Unterschiede zwischen dem Neun- und dem Achtjährigen am besten mit den Worten: Individualität und Eigenmotivation.

Die Persönlichkeit des neunjährigen Kindes ist differenzierter geworden: Seine Bewegungen, seine Vorlieben, die Art des Lachens und Sprechens, sein Humor, sogar seine Tischmanieren sind von der eigenen Individualität geprägt. Der Vater sollte sein neunjähriges Kind als Individuum mit eigener Persönlichkeit achten. Die Fähigkeiten des Kindes treten klar zutage, und seine ureigenen Interessen bilden sich allmählich heraus.

Am besten behandelt man das neunjährige Kind mit der gleichen Höflichkeit wie einen Erwachsenen, das heißt, man nimmt

Rücksicht auf seine Vorlieben und Eigenheiten. Lassen Sie es beim Pläneschmieden für gemeinsame Unternehmen mitreden, dann wird es stets mit Feuereifer dabei sein.

Es ist auch gerne selbständig und genießt es, wenn man ihm eine gewisse Unabhängigkeit zubilligt und ihm beispielsweise erlaubt, bei einem Freund zu übernachten oder allein in die Stadt zu fahren. Sogar eine Flugreise zu Verwandten – ohne Begleitung der Mutter oder des Vaters – übersteigt seine Fähigkeiten nicht.

Doch gerade weil der Neunjährige in mancher Hinsicht schon so eigenständig und vernünftig ist, wird er oft überfordert. Man erwartet meist zuviel von ihm und zieht nicht in Betracht, daß er mitunter das Bedürfnis hat, sich wie ein kleines Kind zu gebärden. Man braucht deswegen nicht etwa enttäuscht zu sein, sondern soll ihm lieber beistehen, ohne ihn lächerlich zu machen.

Die Eigenmotivierung rührt von der *größeren Selbständigkeit* her. Das neunjährige Kind bedarf nur geringer Anregung, um *eigene Initiative* zu entfalten. Es kann sich auch viel besser konzentrieren und bei der Stange bleiben. Das heißt jedoch nicht, daß man für das neunjährige Kind langdauernde Unternehmungen planen soll. Die Spanne der Konzentration hängt vom Interesse und von der Eigenmotivierung des Kindes ab. Es kann lange und zäh bei der Sache bleiben und den Plan fast mit der Sorgfalt eines Erwachsenen durchführen, sofern es sein eigener Plan ist. Aber sobald das Interesse verpufft, läßt es ihn fallen.

Der Neunjährige übt sich mit großer Ausdauer und Begeisterung in allerhand Fertigkeiten und vor allem in Sport und Spiel. Er möchte sich beim Fußballspielen, beim Skifahren oder Schwimmen auszeichnen, um durch seine Leistungen vor seinen Kameraden zu glänzen.

Der Vater sollte sich Zeit nehmen, um seinen Sprößling bei seinen Unternehmen zu ermutigen. Er kann ihm zeigen, worauf es bei den verschiedenen Aktivitäten ankommt. Man hüte sich aber davor, die praktische Belehrung und handwerkliche Anleitung zu übertreiben. Selbst wenn das Kind von sich aus etwas lernen möchte, entsprechen Konzentrationsfähigkeit und Geschicklichkeit nicht immer der anfänglichen Begeisterung. Es ist sehr wichtig, daß sich dieser «Unterricht» in spielerischer Form vollzieht. Für jeden Fortschritt muß das Kind gelobt werden. Man darf von ihm keine Vollkommenheit verlangen und nicht nörgeln oder hetzen, sondern das Kind soll selbst den Rhythmus bestimmen. Man vermittelt ihm die Kenntnisse, die es braucht, sobald es die Bereitschaft äußert.

Neunjährige Kinder lieben Bewegungsspiele und Sport, lassen gerne Drachen steigen, erklettern Felsen und werfen Steine übers Wasser.

Dies ist ein gutes Jahr, um das Kind mit der freien Natur bekannt zu machen, wenn man selbst Freude daran hat. Kleine Reisen und Kampieren, ein Picknick im Wald oder am Ufer eines Gewässers machen neunjährigen Kindern den größten Spaß. Das Zeltleben fördert den Familiensinn, da Kinder jeder Altersstufe an den vergnüglichen Arbeiten teilnehmen können.

Beim Neunjährigen meldet sich oft der Wunsch, ein Instrument zu spielen. Dieses Alter eignet sich gut dazu, mit Klavier- oder Gitarrenunterricht anzufangen. Die ersten Stunden sollten nur als Versuch betrachtet werden; es soll ein Vergnügen sein, ein Instrument spielen zu lernen, keine Plage. Dazu ist in erster Linie ein Lehrer vonnöten, der dem Schüler nicht nur die Technik beibringt, sondern den Unterricht lebendig und anregend gestaltet. Manchmal tut man klug daran, ein Instrument zu entleihen, statt es zu kaufen, um erst einmal zu sehen, ob das Kind darauf anspricht.

Vor allem versuche man das Kind nicht zu Musikunterricht oder einer anderen Betätigung zu zwingen, wenn es psychologisch noch nicht reif dafür ist. Viele Eltern begehen den Fehler, ihre Kinder zu früh zu einer bestimmten Tätigkeit zu drängen und zu rasche Ergebnisse zu erwarten. Ganz gleich, was es auch sein mag, Ferienlager, Reit- oder Tennisstunden, wenn die körperliche und psychische Bereitschaft dazu noch nicht vorhanden ist, wird sich das Ganze als Fehlschlag erweisen. Das Kind entwickelt eine negative Einstellung zur betreffenden Tätigkeit, ohne sie überhaupt richtig erproben zu können.

Denken Sie daran, daß das neunjährige Kind genügend Freizeit braucht, um sich zu entspannen, herumzulungern, im Grase zu liegen und die Wolken zu beobachten, kurz, um seinen Motor im Leerlauf zu lassen. Es braucht genügend Spielraum, um sich seine eigenmotivierte Betätigung zu schaffen, und das ist ihm unmöglich, wenn sein Tageslauf von den Eltern vollständig bestimmt und vorprogrammiert wird.

Der recht selbständige Neunjährige mag nicht am Gängelband geführt oder wie ein kleines Kind behandelt werden, das fortwährend Beaufsichtigung und Schutz braucht. Freilich, es kränkt uns, wenn er lieber mit seiner Gruppe zusammentreffen möchte, als an dem gemeinsamen Familienausflug teilzunehmen, den wir liebevoll für ihn geplant haben.

Sein Freundeskreis ist ihm die Hauptsache. Er will wie die andern in seiner Gruppe sein, reden wie sie und aussehen wie sie. Wenn es bei den Jungen gerade Mode ist, das Hemd nicht in die Hose zu stecken, muß er es auch so tragen.

Neunjährige sind ausgesprochene Konformisten, ängstlich darauf bedacht, nicht aus der Reihe zu tanzen. Das Kind, das «anders» ist, wird von der Gruppe ausgeschlossen, woran es auch liegen mag: Es ist allzu gescheit oder zu langsam; es spricht nicht mit dem ortsüblichen Tonfall, es ist anders angezogen oder irgendwie behindert.

Der Einfluß der Gruppe nimmt zu. Der Neunjährige liebt seinen Geheimbund mit den dazugehörigen Kennwörtern, Koden, Kleidungsstücken, Benachrichtigungen und Geboten. Auch Mädchen haben ihren geschlossenen Verein, ehemals «Kränzchen» genannt. Der Zweck des Geheimbundes besteht darin, bei den Mitgliedern Sinn für Solidarität zu wecken, ein Gefühl des «wir», das durch Ausschluß von Außenseitern erreicht wird.

Manche Eltern stimmt es besorgt, wenn ihre Kinder «so viel Zeit in dem albernen Bund vergeuden». «Wozu das Herumsitzen und das Gerede, ohne etwas zu tun?» fragt ein Vater etwa. Man muß sich jedoch klarmachen, daß die Neunjährigen beim «müßigen Palavern» ihre Gedanken an Gleichaltrigen erproben. Sie teilen einer des andern Gefühle, Zweifel und Sorgen. Sie lernen auch die Technik der Gesprächsführung und erwerben wichtige Kenntnisse im Sozialverhalten. Das Spiel der Neunjährigen braucht nicht aktiv zu sein, um produktiven Wert zu haben.

Im allgemeinen haben Mädchen und Knaben getrennte Klubs, die eine gewisse gegenseitige Verachtung pflegen. Gegenseitiges Prahlen, Bespitzeln und Aufziehen dienen bei beiden Geschlechtern bestimmten psychologischen Funktionen. Das geheime, untergründige Interesse am anderen Geschlecht kann nur dadurch bemäntelt werden, daß man Verachtung bezeigt. In der Bemerkung eines neunjährigen Mädchens kommt das trefflich zum Ausdruck: «Buben sind widerlich. Es macht mir Spaß, sie zu belauern!»

Das Schulleben des Neunjährigen bedeutet oft einen großen Schritt in der seelischen Entwicklung. Die Welt in der vierten, fünften und sechsten Klasse ist ganz anders als die der Erst-, Zweit- und Drittkläßler. Typische Neunjährige gehen gern zur Schule, obwohl die Lehrer sie als schwierige Klasse bezeichnen. Der Neunjährige ist schon zu unabhängiger Arbeit imstande und bestrebt, gute Noten zu bekommen, läßt sich aber durch Versagen leicht entmutigen. Er schätzt die eigenen Fähigkeiten kritischer ein und übt mehr Selbstdisziplin. Er liest gern über Tatsachen, und je ungewöhnlicher sie sind, desto mehr gefallen sie ihm.

In diesem Alter zeigen sich die individuellen Begabungen. Viele verschlingen begierig Bücher, andere rühren sie kaum an. Seh- oder Leseschwächen treten auf und beginnen die Persönlichkeit des Kindes zu beeinflussen. Es kann notwendig sein, bei einem Spezialisten Rat zu suchen.

Was die körperlichen Bedürfnisse anbetrifft, hat der Neunjährige seinen Appetit besser unter Kontrolle als der Achtjährige. Er hegt seine ganz bestimmten Vorlieben und Abneigungen und bevorzugt im großen und ganzen einfache und derbe Kost.

Es wäre falsch, anzunehmen, daß sich die neuerworbene Eigenmotivierung aufs Baden, Waschen und die Mithilfe im Haushalt erstreckt. Neunjährige müssen stets daran erinnert werden, das tägliche Bad zu nehmen, sich vor dem Essen die Hände zu waschen und sich die Zähne zu putzen. Gewöhnlich nehmen sie die Ermahnung gutmütig hin, als ob sie längst vorgehabt hätten, das alles zu tun. Neunjährige, namentlich Jungen, finden gar nichts dabei, alte oder schmutzige Kleider zu tragen. Manche Buben würden ihre Hose frohgemut tragen, bis sie fast von selbst stehen könnte.

Dafür entwickeln die Neunjährigen Sinn für Ethik. Sie verstehen allmählich mehr von Wahrheit und Ehrlichkeit, Eigentumsrechten und persönlichen Rechten des einzelnen. Gerechtigkeit spielt im Denken des Neunjährigen eine große Rolle. Er nimmt Kritik und Strafe hin, wenn er sie als gerecht empfindet, wird aber sehr entrüstet oder erbittert, wenn er seiner Meinung nach von den Eltern oder vom Lehrer ungerecht behandelt wird. Bei Spiel und Sport kommt es zwischen Neunjährigen zu häufigen Streitfragen über das Thema «Fairneß», wobei die Kinder zu verschiedenen Zeiten verschiedene Partei ergreifen. Das ist ein gutes Zeichen, denn daraus ersieht man, daß das Kind in diesem Alter ethische Maßstäbe zu entwickeln sucht.

Manche Neunjährigen pflegen sich allerhand Sorgen zu machen. Sie befürchten, in der Schule zu versagen oder sich in einer sozialen Lage falsch zu benehmen. Wieder kann der Vater seinem Kind eine Hilfe sein, indem er es nicht etwa in vorzeitige Sicherheit wiegt, sondern die Rückkopplungstechnik anwendet. Das gibt dem Kind die Möglichkeit, sich die Last vom Herzen zu reden.

Im allgemeinen hat das neunjährige Kind so viel zu tun und ist von seinen eigenen Betätigungen so stark in Anspruch genommen, daß es an die Eltern viel weniger Anforderungen stellt. Die Mutter muß ihm nicht mehr so viel Zeit widmen.

Kurz gesagt, es hat sich zu einer selbständigen Persönlichkeit entwickelt, beginnt selbständig zu denken und sich eigene Vorstellungen und Meinungen zu bilden. Es versteht Erläuterungen, ist realistisch und im allgemeinen vernünftig und entwickelt einen Sinn für Recht und Unrecht. Es möchte seine Sache gut machen und sein Können erweitern. Die Eigenmotivierung befähigt es, sich die ganze Woche hindurch mit unzähligen Aktivitäten nach eigener Wahl zu beschäftigen. Es hat stets zu tun, ist in seine eigenen Angelegenheiten vertieft und darauf bedacht, sie durchzuführen.

## *Zehn – das goldene Alter*

Wie es in der frühen Kindheit zu einer gewissen Vollendung kommt, so auch in der mittleren Kindheit im elften Altersjahr. Am besten charakterisiert man den Zehnjährigen, wenn man sagt, sein Verhalten gleiche dem des Fünfjährigen, allerdings auf einer höheren Stufe der seelischen und geistigen Integration. Mit dem Zehnjährigen läßt es sich im allgemeinen ebenso gut leben wie mit dem Fünfjährigen.

Die Eltern sollten dieses Jahr wirklich genießen, denn es ist das letzte seiner Art! Der Elfjährige gerät schon in die schwierige Phase der Vorpubertät, und man wird sich oft fragen: Was ist aus meinem beglückenden Kind geworden, mit dem voriges Jahr so leicht auszukommen war?

Im elften Lebensjahr, einem goldenen Jahr, ist die Entwicklung im Gleichgewicht. Der Zehnjährige assimiliert und festigt das bisher Erworbene. Er ist glücklich, aufgeschlossen und aufrichtig, ein guter Schüler und ein guter Kamerad. Familie und Heim stehen ihm näher als mit neun Jahren. Er ist stolz auf seine Familie und steht zu ihr. Er kommt sowohl mit der Mutter als auch mit dem Vater gut aus, anerkennt die Autorität der Eltern und gehorcht recht gutgelaunt. Er beteiligt sich gern an gemeinsamen Unternehmungen, ist gesellig und mit sich und der Welt zufrieden.

Aber natürlich ist auch in der Welt des Zehnjährigen nicht alles eitel Glanz und Seligkeit. Manchmal kommt es zu Wutausbrüchen, bei denen er mit primitiver, kindischer Heftigkeit schreit oder zuschlägt. Die Zornesausbrüche richten sich fast immer gegen andere Kinder, meistens gegen seine sechs- bis neunjährigen Geschwister. Teilweise rührt dies von Eifersucht her; es liegt aber auch daran, daß ihn gewisse Verhaltensweisen der jüngeren Geschwister an die schlechten Eigenschaften gemahnen, die er selbst gerade erst überwunden hat. Er mag nicht daran erinnert werden, wie unvernünftig er gewesen ist. Mit kleineren Geschwistern bis zu fünf Jahren kommt der Zehnjährige viel besser aus. Sie blicken zu ihm als dem bewunderten Älteren auf, und es macht ihm Spaß, sie zu belehren.

Die Zornausbrüche des Zehnjährigen sind meistens kurz, explosiv und schnell verraucht. Ihm steht ein gutes seelisches Auspuffsystem zur Verfügung. Geistige Toleranz ist kennzeichnend für ihn, und wenn er zwischen zwei Möglichkeiten entscheiden soll, zuckt er oft die Schultern und antwortet: «Manchmal ja, manchmal nein.»

Dem Zehnjährigen ist gewissermaßen alles recht. Wenn er eine neue Fertigkeit erwerben kann, fein; wenn nicht, dann eben nicht. Er gibt sich häufig mit Selbsteinschätzung und mehr oder weniger bewußter Selbstkritik ab. Er gerät nicht mehr so leicht in Verlegenheit. Die Haltung des Neunjährigen, die man einem gespannten Bogen vergleichen kann, ist gelockerter Anpassungsfähigkeit gewichen.

Trotz seinem nachgiebigen und im allgemeinen folgsamen Wesen stehen Sauberkeit und Ordnung nicht auf der Liste seiner guten Eigenschaften. Das gilt besonders für Jungen, die sich, wären sie sich selbst überlassen, vergnügt wochenlang nicht waschen würden. Zehnjährige lieben alte, abgetragene und saloppe Kleider und werfen sie einfach auf den Boden. Wie ein Junge es ausgedrückt hat: «Mein Zimmer ist ein Durcheinander. Wenn es aufgeräumt wäre, wüßte ich nicht, wo meine Sachen sind. So sieht es viel freundlicher und natürlicher aus.»

Was Haushaltsarbeiten betrifft, so zeigt das zehnjährige Kind wenig Begeisterung. Manchmal hilft es willig, anderntags hat es gar keine Lust. Die beste Leistung ergibt sich, wenn es zusammen mit der Mutter oder dem Vater eine besondere Arbeit verrichten kann; die schlechteste, wenn man es seinem eigenen Gutdünken überläßt. Man tut also klug daran, die Anforderungen möglichst flexibel zu halten. Aber weil das zehnjährige Kind so sehr an der Familie hängt, fallen seine ungleichmäßigen Arbeitsgewohnheiten nicht so sehr ins Gewicht. Es findet seine Eltern unübertrefflich, obwohl es ihnen das seltener eingesteht als seinen Freunden oder seinem Lehrer.

Die Mutter spielt eine große Rolle. Zehnjährige sind von ihr abhängig und bewundern sie. Namentlich Mädchen vertrauen sich ihr gerne an und betrachten sie als Freundin. Der Sohn überrascht sie mitunter mit einer Gefälligkeit. Alle Kinder dieses Alters bekunden ihre Liebe zur Mutter, indem sie sie spontan umarmen und küssen.

Auch der Vater ist für die Zehnjährigen eine wichtige Gestalt, besonders von der Tochter wird er bewundert und idolisiert. In dieser Zeit bietet sich ihm die beste Gelegenheit, die Bande mit seinem Kind fester zu knüpfen, indem er sich ihm widmet und möglichst viel mit ihm unternimmt.

Schwieriger gestalten sich die Beziehungen des Zehnjährigen zu seinen jüngeren Geschwistern. Er bricht zwar selten einen Streit vom Zaun, aber meistens plagen und ärgern ihn die Jüngeren so sehr, daß er schließlich handgreiflich wird. Dann läuft das Kleinere, ein Bild der Unschuld, weinend zum Vater oder zur Mutter: «Thomas hat mich geschlagen!» Wird das zehnjährige Kind dann ohne weiteres zum Sündenbock erklärt, so fühlt es sich unfair behandelt, womit es ja nicht ganz unrecht hat.

Der Zehnjährige liebt alle seine Freunde, er ist ein wahrer Vereinsmeier. Von allen bisherigen Altersstufen ist dies die beliebteste Zeit zur Gruppenbildung. Der Zehnjährige neigt mehr zum Handeln als zur Beschaulichkeit. Er liebt Spiel und Sport über alles und betrachtet die Schule bisweilen nur als unliebsame Unterbrechung seiner Spiele mit den Kameraden.

Sowohl Mädchen als auch Knaben spielen am liebsten im Freien, wo sie sich austoben können. Mag es bei den Mädchen auch etwas ruhiger zugehen, ihr Bedürfnis nach Bewegung ist ebenso groß wie bei den sporttreibenden, wilden Buben. Aber auch Gesellschaftsspiele im Haus stehen noch hoch im Kurs, und das Sammeln wird fortgesetzt. Mädchen verkleiden sich gern, um Theater zu spielen. Das zehnjährige Kind hat besondere Freude an Haustieren, ist aber noch nicht reif genug, um die Verantwortung für ihre Pflege zu übernehmen.

Der zehnjährige Junge bastelt gerne und beginnt mit dem Bau von Modellflugzeugen und ähnlichen Dingen. Comics, Trickfilme, Western, Grusel-, Kriegs-, Kriminal- und Tierfilme wie auch Schwänke werden von ihm bevorzugt. Walt-Disney-Filme treffen bei Zehnjährigen beiderlei Geschlechts fast immer ins Schwarze.

Der ethische Sinn erweitert sich und reift. Der Zehnjährige

denkt nicht mehr rein kindlich, sondern entwickelt ein starkes Gefühl für Gerechtigkeit und Moral. In Übereinstimmung mit der Tatsache, daß bei der psychologischen Entwicklung die negative Ethik der positiven vorausgeht, kümmert den Zehnjährigen zunächst mehr die Frage des Unrechts als die des Rechts.

Die Eltern beklagen sich oft über die schlechten Tischmanieren ihrer zehnjährigen Kinder (wie schon bei den sechs-, sieben-, acht- und neunjährigen!). Die Kinder lieben immer noch einfache, derbe Kost und Kartoffeln in jeder Form, besonders Chips, für die sie sogar ihr Taschengeld ausgeben.

Die körperliche Entwicklung und das Geschlechtsbewußtsein nehmen nun bei Mädchen und Knaben einen unterschiedlichen Verlauf. Bei zehnjährigen Mädchen zeigen sich, im Unterschied zu Buben, schon die unmißverständlichen Anzeichen der nahenden Reifezeit. Der kindliche Körper beginnt weichere Formen anzunehmen, besonders die Hüften runden sich. Da vom elften Jahr an mit dem Beginn der Menstruation zu rechnen ist, sollte das zehnjährige Mädchen unbedingt darauf vorbereitet werden.

Infolge der früheren körperlichen Entwicklung sind Mädchen geschlechtsbewußter als Knaben. Aber gewöhnlich äußern sie sich darüber weniger freimütig. Sie erzählen keine «unanständigen Witze». (Wobei zu bemerken ist, daß die zehnjährigen Buben, die solcherlei Witze in ihrem Freundeskreis herumbieten, sie meistens gar nicht verstehen, weil sie noch zu naiv sind, um die volle Bedeutung zu erfassen.) Mädchen geraten eher in Verlegenheit, wenn sie aufgeklärt werden; aber das darf die Eltern nicht davon abhalten, ihnen ein gutes Aufklärungsbuch zu geben und mit ihnen darüber zu sprechen.

Der zehnjährige Junge fragt sehr wenig und gibt sich gerne den Anschein, als interessiere ihn das Thema Sex überhaupt nicht. Trotzdem sollte auch er die Möglichkeit haben, ein geeignetes Buch darüber zu lesen. Sonst besteht Gefahr, daß er sich durch aufgeschnappte Informationen seitens seiner Kameraden falsche Vorstellungen bildet. Selbst wenn ihm durch das Buch nicht alles verständlich wird, kann seine Neugier befriedigt werden, und er gerät nicht in Verwirrung, wenn er ältere Jungen Zoten äußern hört. Später kann er auf das Buch zurückgreifen.

Schulschwierigkeiten kommen bei Zehnjährigen selten vor. Sie lernen gern und lieben Diskussionen in der Klasse. Der Lehrer gilt bei ihnen als Autorität, und seine Worte werden den Eltern gegenüber zitiert.

Zehnjährige lernen gern auswendig. Sie haben wache Sinne und können zuhören. Die Eltern sollten sich diese Zeit zunutze machen und sich mit dem zehnjährigen Kind zusammen Dokumentarfilme ansehen. Da es sich für Tatsachen interessiert und besonders aufnahmefähig ist, benutzt der kluge Vater dieses Jahr dazu, gewisse heikle Themen zur Sprache zu bringen. Wenn er beispielsweise dafür sorgt, daß das Kind über Drogen und Drogenmißbrauch aufgeklärt wird – dabei kann er Zeitungsberichte und Fernsehsendungen zu Hilfe nehmen –, verhilft er seinem Kind dazu, später den Versuchungen zu widerstehen, da es ja den Sachverhalt kennt. Was der Zehnjährige aufnimmt, wird so leicht nicht vergessen, auch wenn es so scheinen mag.

Allerdings muß man sich davor hüten, Vorträge zu halten oder zu predigen; sonst gibt es eine Fehlzündung. Interessante Information und Tatsachenberichte gefallen dem Zehnjährigen, wenn sie zwanglos eingeflochten werden. Mit elf Jahren, im rebellischen Stadium der Vorpubertät, lehnt das Kind Belehrungen ab; dann ist es also zu spät.

Alles in allem ist das elfte Altersjahr eine goldene Zeit der Ausgewogenheit, die Zusammenfassung und Erfüllung all jener Jahre, welche die mittlere Kindheit bilden. Es ist die Ruhe vor dem Sturm, eine Periode des «Leben und Lebenlassen». Der Zehnjährige nimmt Rücksicht auf andere, ersucht um Zustimmung bei seinen Vorhaben und paßt sich der Familiengruppe an.

Mein persönlicher Rat für Väter: Freut euch an eurem zehnjährigen Kind, denn es naht eine schwierige Zeit, wenn das zwölfte Lebensjahr kommt! Wappnet euch gegen den aufziehenden Sturm und trefft die notwendigen Vorkehrungen!

## *Orientierung in einer neuen Wirklichkeit*

In den Jahren der mittleren Kindheit lebt das Kind in zwei neuen Welten: in der *Welt der Schule* und *in der Welt der Gruppe seiner gleichaltrigen Kameraden.* In der Schule wird es nach seinen schulischen Leistungen bewertet, das heißt nach dem, was es lernen kann, in der Gruppe nach den Leistungen seiner Eigenpersönlichkeit, das heißt nach dem, was es vollbringt. Die Funktionen dieser beiden neuen Welten *zielen darauf ab, das Kind dazu zu erziehen, nicht nur im Schoß der Familie zu leben,* sondern in einer größeren Gemeinschaft.

In den Vorschuljahren hat das Kind seine Identität fast ausschließlich in Beziehung zu einer einzigen Welt gefunden, zur Welt seiner Familie. Jetzt steht es vor der psychologischen Aufgabe, seine Identität in gleichzeitiger Beziehung zu drei Welten zu finden. Überdies werden in den drei Welten verschiedene Maßstäbe angelegt. Was zu Hause als gutes Benehmen gilt, wird in der Schule nicht unbedingt als solches betrachtet und von der Gruppe ganz gewiß nicht so bewertet. Zu Hause werden ihm manche Verstöße durchgelassen, weil es lieb ist und seine Eltern zu behandeln versteht. Es erfährt, daß diese Verhaltensweise in der Schule beim Lehrer und bei den andern Kindern nicht verfängt. Der Lehrer und die Eltern verlangen vielleicht von ihm, anzugeben, «wer die Fensterscheibe zerbrochen hat». Aber «Verpetzen» ist bei den Gruppenmitgliedern verpönt.

Ist es da verwunderlich, daß es einem Kind, das in drei verschiedenen Welten oder Gesellschaften zu einem Selbstverständnis gelangen will, schwerfällt, sich in den Jahren der mittleren Kindheit richtig zu verhalten? Es ist ja fast, als müßte es zu gleicher Zeit Spanisch, Französisch und Englisch lernen und dürfte niemals einen Fehler machen oder die Wörter der drei Sprachen durcheinanderbringen!

Die Selbstidentität beruht nun darauf, wie gut es den Forderungen in der Schule, in der Gruppe und zu Hause nachkommt. Sie hängt davon ab, ob es das sichere Bewußtsein hat, alle die Dinge, die von ihm gefordert werden, tun zu können. Jedes

Kind möchte anerkannt werden. Wenn es sich außerstande sieht, den Anforderungen zu genügen, kommt es sich unzulänglich und minderwertig vor.

Im Vorschulalter muß das Kind mit einem Minderwertigkeitsgefühl fertig werden, weil es inmitten von Riesen klein ist. Jetzt ist eine neue Dimension hinzugekommen. Zum ersten Mal erfaßt es, wie groß und vielfältig die Welt und wie klein es selbst ist. Es wird ihm klar, daß es keine Ahnung hat, wie es damit fertig werden soll.

Das Kind gelangt auf zwei Arten dazu, mit der vergrößerten Gesellschaft zurechtzukommen. Erstens bemüht es sich auf realistischer Grundlage, sich alles anzueignen, was in der Schule und in der Gruppe gefordert wird. In der Schule lernt es lesen, schreiben, rechnen, logisch denken und mit Abstraktionen umgehen. Es bemüht sich, die Fertigkeiten zu beherrschen, die von der Gruppe verlangt werden, wenn man von ihr aufgenommen werden soll. Nur wenn das Kind diesen Anforderungen gerecht wird, wenn es das Gefühl hat, etwas zu können, fühlt es sich nicht minderwertig.

Aber das Kind braucht *emotionale* Kraft, um mit der größeren Gesellschaft fertig zu werden. Da es mit Heim und Familie gewissermaßen seinen seelischen Halt zurückläßt, bedarf es neuer emotionaler Unterstützung. Es findet sie in der Gruppe der Altersgenossen. Infolgedessen ersetzt es *die psychische Abhängigkeit von der elterlichen Autorität durch die neue Abhängigkeit von der Autorität der gleichaltrigen Gruppenmitglieder.* Indem es sich in allem und jedem anpaßt und alles tut, was die Gruppe von ihm erwartet, zeigt es, daß es dazugehört und zur emotionalen Sicherheit, die treues Zueinanderhalten und Unterstützung gewähren, berechtigt ist.

Wie eine Zwangsneurose dem Erwachsenen dazu dient, Angst abzuwehren, so findet das Kind neben der Zugehörigkeit zur Gruppe auch durch verschiedene «Beschwörungen» die benötigte Sicherheit. Diese Rituale in der mittleren Kindheit bereiten nicht nur Vergnügen, sondern werden unbewußt auch zur Erlangung magischer Kraft benutzt, denn manchmal birgt die große Welt garstige Schrecken, denen sich das Kind von sich aus nicht gewachsen fühlt.

Seit Jahrhunderten benutzen Kinder *Lieder und Spiele*, ohne sich dessen bewußt zu sein, *als Beschwörungsformeln*. Selbst wenn sie den Text nicht verstehen, verleiht ihnen der Ringelreihen emotionale Sicherheit. Als eine Art abergläubische Beschwörung ist es auch zu deuten, wenn man beobachtet, wie ein Kind krampfhaft bemüht ist, nicht auf eine Fuge im Pflaster zu treten oder unterwegs jeden Pfosten mit der Hand zu berühren. Dann gibt es da die Körperkunststücke, die dem Erwachsenen sinnlos erscheinen: Das Kind will unbedingt schielen lernen; es reibt sich den Bauch, während es sich auf den Kopf klopft; es schneidet fürchterliche Grimassen und strengt sich an, mit den Ohren zu wackeln. Auch das begeisterte Sammeln ist im Grunde eine rituelle Möglichkeit, mit der Welt fertig zu werden. Erwachsene finden die Sammlungen oft völlig sinnlos. Aber das Kind setzt sich heftig zur Wehr, wenn die Mutter etwas von seiner kostbaren Sammlung wegwerfen will.

Das typische Benehmen in der mittleren Kindheit finden Erwachsene lächerlich oder albern, wie auch die Zwangsneurosen der Erwachsenen auf alle, die nicht darunter leiden, lächerlich wirken. Wer jedoch versteht, daß diese unbewußten Beschwörungen Ängste unterbinden und dem Kind dazu verhelfen, sich in einer neuen, drohenden Welt zurechtzufinden, der wird sie mit der belustigten Nachsicht des Erwachsenen gelten lassen.

Rituale und Sammlungen verleihen magische Herrschaft über die Wirklichkeit. Sie bewirken, daß sich das Kind in einer Welt der Erwachsenen, die anscheinend alles meistern können, wohl fühlt. *Ritualverhalten* ist *teilweise ein Ersatz für praktische Leistungen*. Das Kind verkleinert die vielfältig zusammengesetzte Welt der Erwachsenen auf einen Maßstab, den es zu bewältigen vermag. Sobald es sich sicherer fühlt, werden die kindlichen Rituale aufgegeben. Darum muß man sie dem Kind lassen, solange sie dauern.

Eltern sollten auch verstehen, daß ein Kind in diesem Stadium *zur Familie ambivalent eingestellt* sein kann, weil es einerseits die Bindung an die Familie sucht und andererseits davon befreit sein möchte.

Betrachten wir einmal diese beiden Seiten. Das Kind muß sich von den Eltern lösen, muß frei von ihnen sein; deshalb entthront es sie nicht nur, sondern fühlt sich auch desillusioniert. Um die Eltern überhaupt entthronen zu können, muß es sie erst einmal aufs Podest erhoben haben, und um desillusioniert zu sein, muß es sich Illusionen gemacht haben. So ist es auch: Im Vorschulalter setzt das Kind seine Eltern aufs Podest und nährt die Illusion, sie seien allwissend und allmächtig.

So schmeichelhaft es für uns auch sein mag, göttergleiche Eigenschaften zugeschrieben zu erhalten, Kinder müssen diese Vorstellung aufgeben und realistischer denken lernen. Und doch, wie schwer ist es für uns, wenn das Kind uns in den Jahren der mittleren Kindheit als Menschen anzusehen beginnt, mit allen Fehlern, Schwächen, seelischen Warzen und Unzulänglichkeiten des Menschengeschlechts!

Aber nicht weniger schwer ist es für das Kind, wenn es realistisch zu sehen anfängt. Dann kritisiert es und beschwert sich über die Unzulänglichkeiten der Eltern. Man hat es gelehrt, immer die Wahrheit zu sagen, nie zu betrügen. Nun aber merkt es, daß die Mutter eine unwahre Ausrede benutzt, um sich von einer gesellschaftlichen Verpflichtung zu befreien; und es hört die Erwachsenen von Steuerhinterziehung sprechen. So kommt es, daß das Kind, zumal wenn es seelisch sicher und glücklich ist, in diesem Stadium ab und zu die Fehler und Unzulänglichkeiten der Großen betont.

Es ist wichtig, zu wissen, daß der Angriff des Kindes auf die wunden Punkte einen wichtigen Aspekt seines Reifeprozesses darstellt. Jeder Mangel, den es in der «göttergleichen Vollkommenheit» des Vaters oder der Mutter entdeckt, ist ein Baustein zur Struktur seiner Eigenpersönlichkeit und seiner Unabhängigkeit. Man gewinnt seine Liebe eher, wenn man die eigenen Fehler und Unvollkommenheiten zugibt, als wenn man sie mit gekränkter Würde bemäntelt.

Das Kind möchte seinen unabhängigen Vorlieben auf vielen Gebieten Ausdruck verleihen: bei der Wahl von Kleidern, Büchern und Platten, bei der Einrichtung seines Zimmers. Es will bei allen Dingen, die es angehen, mitreden, und kluge Eltern geben ihm eine Stimme (zwar nicht unbedingt immer die entscheidende!), wenn fürs Wochenende, für den Urlaub, für Kinobesuch oder sonstige Unternehmungen Pläne geschmiedet werden.

Die Ohren des Kindes, die taub sind gegen die Ermahnungen, aufzuräumen oder im Haushalt zuzugreifen, werden in den Jahren der mittleren Kindheit andererseits außerordentlich hellhörig für jeden erdenklichen Klatsch und Tratsch. Es scheint eine neue Antenne zu bekommen, die es ihm ermöglicht, Informationen aus der Welt der Erwachsenen aufzufangen.

Ein neunjähriger Junge, der mir den Klatsch wiederholte, den er zu Hause aufgeschnappt hatte, antwortete auf meine Frage, wo er denn das gehört habe: «Oh, die Großen merken nichts von mir. Ich bin ein guter Spion!»

Das Kind erfährt jetzt, daß andere Kinder unter Umständen ganz anders denken als es selbst. Es kommt auch dahinter, daß Lehrer, Familienfreunde, Pfadfinderführer und Kollegen des Vaters andere Ansichten als seine Eltern vertreten. Es beginnt die verschiedenen Meinungen und Wertmaßstäbe zu vergleichen. Dabei geht es über die egozentrische Welt seiner Familie hinaus und vermag das Leben in größerer Perspektive zu sehen. Kurz, das Kind macht einen sehr wichtigen seelischen Prozeß durch, bei dem es den Eltern und der Familie gefühlsmäßige Energie entzieht, die auf Lehrer, andere Erwachsene und Klassenkameraden verlagert wird.

Das ist aber nicht alles. Gleichzeitig sucht es paradoxerweise eine neue, reifere Bindung an die Familie. Bisweilen herrscht das Bedürfnis vor, unabhängig zu sein, und dann scheint es, als benutze das Kind sein Elternhaus nur als Schlafplatz. Nach der Heimkunft aus der Schule kann es gar nicht schnell genug hinauskommen zu seinem geliebten Freundeskreis. Zu andern Zeiten herrscht das Abhängigkeitsverlangen vor, und dann möchte es gehegt werden, besonders wenn es krank oder bekümmert ist.

Doch immer noch, auch an guten Tagen, braucht das Kind die Eltern als Vorbilder und wichtige Verbündete in seinem Kampf um Verständnis für die Welt der Erwachsenen. Dieser Zeit kommt besondere Bedeutung zu, da es für den Vater gilt, eine ganz persönliche Beziehung zum Sohn oder zur Tochter zu knüpfen. Beide lernen in der mittleren Kindheit am meisten, der Sohn als Nachahmer einer Idealgestalt, die Tochter in bezug auf ihr Wissen um das Wesen des Mannes.

Darum kann man in dieser Zeit alle früheren Erziehungsfehler verbessern. (Und welcher Vater könnte von sich behaupten, er habe bei der Erziehung seiner Kinder im Vorschulalter keine Fehler gemacht!) Jetzt ersehnt das Kind trotz seiner Bindung an die Gruppe eine reifere und tiefere Beziehung zum Vater. Er hat also Gelegenheit, nochmals von vorn zu beginnen. Später, zumal während der Pubertät, ist es sehr schwer, eine neue, positivere Beziehung aufzubauen.

In mancher Hinsicht ist das Stadium der mittleren Kindheit genau dasselbe wie einst bei uns. In anderen Punkten aber ist es Lichtjahre entfernt von dem, was wir in unserer Kindheit erlebt haben. Urbanisation, explosiver Nachrichtendienst und Massenmedien haben für das Kind von heute ungeheure Veränderungen gebracht. Heute wissen die Sechs- bis Zehnjährigen viel, viel mehr als vor zehn, zwanzig oder fünfzig Jahren. Heute kennen Kinder viel mehr Aspekte der Erwachsenenwelt. Sie sind wacher und haben mehr Gefühl für die Vorgänge in der Welt. Sie können tieferschürfende Fragen stellen. Sie lernen schneller, nicht nur infolge der fortschrittlichen Erziehungstechnik, sondern weil sie durch die Massenmedien mit Informationen überschüttet werden. Es ist sehr wichtig, daß sich die Eltern einer gewissen Frühreife ihrer Kinder bewußt sind; sonst erwarten sie unwillkürlich die gleiche Einstellung, die sie selbst als Kind gehegt haben. Natürlich ist auch manches gleich geblieben: Das Kind baut Sandburgen und Schlupfwinkel, tritt einem Geheimbund bei und singt die überlieferten Lieder. Hingegen befaßt es sich geistig mit Dingen, von denen wir in diesem Alter noch nichts gewußt haben. Es weiß auch schon viel mehr vom Geschlechtsleben.

Man kann also nur teilweise verstehen, wie sich die mittlere Kindheit abwickelt, wenn man an die eigene zurückdenkt; denn in vieler Hinsicht ist sie heute etwas ganz Neues auf diesem

Planeten. Es ist unmöglich, ihr gerecht zu werden, wenn man sich nur die eigenen seelischen Erlebnisse und Gefühle ins Gedächtnis zurückruft.

## *Die Welt der Schule*

Drei verschiedene Welten sind es, in denen sich die Sechs- bis Zehnjährigen gleichzeitig zurechtfinden und deren Anforderungen sie gerecht werden müssen: die Schule, die eigene Gruppe und die Familie.

Zweck der Schule ist es, Kindern die Kenntnisse beizubringen, die sie später als selbständige Erwachsene benötigen. Die Schule ist ein *stark sozialisierendes Element.* Zum ersten Mal macht das Kind die Erfahrung, daß es aufgrund seiner Leistung eingeschätzt oder beurteilt wird. Infolgedessen ist es besonders wichtig, ihm ja nicht das Gefühl zu vermitteln, die Liebe der Eltern hänge von den Schulzeugnissen ab. Mehr denn je muß das Kind wissen, daß es um seiner selbst willen geliebt wird.

Viele Eltern spüren nicht, welcher Anspannung der Abc-Schütze untersteht. Das Schulleben ist eine fremdartige, teilweise erschreckende Erfahrung, doppelt fremdartig und erschreckend, wenn der kleine Schüler vorher keinen Kindergarten kennengelernt hat. Wer jemals die Aufregung des Kindes gesehen hat, das zum ersten Mal für längere Zeit von der Mutter getrennt wird, begreift, was die erste Schulzeit für die Seele des Kindes bedeutet.

Aber ungeachtet der Erfahrung mit dem Kindergarten ist das erste Schuljahr ein ganz neues Erlebnis. Anstelle des Spielens tritt das zielbewußte Lernen. Konkretes Lehrmaterial wie Bauklötze und Plastilin wird durch abstrakte Symbole ersetzt, denn die meisten Kinder lernen in der ersten Klasse lesen.

Sehr bald merkt das Kind, wie stark sich der Lehrer (oder die Lehrerin) von der Mutter unterscheidet. Es wird nicht mehr umsorgt. Auf seine individuellen Bedürfnisse wird keine Rücksicht genommen, am wenigsten in einer Klasse mit fünfundzwanzig bis dreißig Schülern. Es kann der Schuldisziplin nicht ausweichen, weder durch das Gebettel noch durch das Jammern, das sich zu Hause immer so gut ausgewirkt hat.

Das Kind gerät in einen Zwiespalt. Halb möchte es ein unabhängiges «großes» Schulkind sein, halb sehnt es sich danach, am Gängelband zu bleiben. Man muß begreifen, warum es sich – meistens unbewußt – von der Schule zu drücken sucht. Es klagt über Bauch- oder Kopfschmerzen. Dann muß man ihm verständlich machen, wie gut man es versteht, muß ihm Liebe bezeigen, aber auch fest darauf beharren, daß es seine Pflicht ist, zur Schule zu gehen. Eine ernste Standpauke ist in diesem Fall ebensowenig angebracht wie spöttisches Bagatellisieren.

Nach den ersten Wochen hat sich das Kind gewöhnlich in der Schule eingelebt, so daß die körperlichen Symptome verschwinden. Wenn es jedoch eine richtige Schulphobie entwickelt und jeden Morgen in verzweifeltes Weinen ausbricht, sollte man einen Kinderpsychiater zuziehen. Meistens beruht die Schulphobie nicht auf Angst vor der Schule, sondern vor der Trennung von der Mutter.

Um dem Kind, das die ersten Hürden des neuen Lebens genommen hat, zur *Anpassung an die Schulwelt* zu verhelfen, darf man es nicht sich selbst überlassen, sondern muß es *beim Lernen begleiten.* Das fällt vielen Eltern schwer, weil Lehrmethoden und Lehrgang heute anders sind als zu ihrer Zeit. Um da Schritt zu halten, müssen sich die Eltern sozusagen selber nochmals auf die Schulbank setzen. Der Besuch der Elternabende sollte nicht versäumt werden.

Am besten hilft man dem Kind durch die Schuljahre, wenn man seinen Lehrer persönlich kennt und mit ihm etwa auftauchende Probleme erörtern kann. Wenn man sich Zeit für einen freundschaftlichen Umgang mit dem Lehrer nimmt, ist es nur menschlich, daß er dann dem Kind Beachtung schenken wird. Für ihn ist es, als hätte er bei der Erziehung des Kindes einen Verbündeten gewonnen – die Aufgabe wird gemeinsam bewältigt. Es ist erstaunlich, wie viele Eltern das versäumen.

Was aber tun, wenn man glaubt, das Kind sei einem unfähigen oder neurotischen Lehrer in die Hände gefallen? Offen gestanden, das kann ab und zu vorkommen. Klären Sie die Sachlage zunächst gründlich ab. Wenn sich der Verdacht bestätigt, sollten Sie nach Rücksprache mit dem Rektor oder dem Schulinspektor veranlassen, daß Ihr Kind in eine andere Schule versetzt wird. Wenn Sie dabei taktvoll, aber entschlossen vorgehen, ist es zu bewerkstelligen. Man denke daran, daß der Steuerzahler, dessen Kind zur Schule geht, gewisse Rechte hat, die gleichen Rechte wie der Vater, der eine teure Privatschule bezahlt.

Das *wichtigste Lehrfach* im ersten Schuljahr ist *das Lesen.* Um dem Kind beim Lesenlernen zu helfen, liest man ihm weiter vor wie im Vorschulalter. Die Tatsache, daß es nun selbst lesen lernt, ändert daran nichts. Das Vorlesen festigt die emotionale Bindung und öffnet ihm den Weg zu der Erkenntnis, daß der Lernprozeß, der oft als lästig empfunden wird, *Zugang zu Büchern* verschafft, die ja herrliche Geschichten enthalten.

Außerdem sollte man dem Kind ein eigenes Büchergestell geben und dafür sorgen, daß es sich die Schulbibliothek oder eine andere Bücherei zunutze macht. Man muß es die Lektüre immer selbst auswählen lassen und nicht etwa erwarten, daß es dieselben Bücher vorziehen wird, die man selbst als Kind geliebt hat.

Als Grundsatz muß gelten, daß es ganz gleich ist, was das Kind liest, solange es nur liest. Viele Eltern machen sich in diesem Punkt Sorgen und sind entsetzt über den «schlechten Geschmack» ihres Kindes. Sie möchten, daß es sich nur mit «guter Literatur» abgibt. Das ist verkehrt. Es soll einfach lesen, was ihm Spaß macht; der Geschmack wird sich mit dem Älterwerden ändern.

Beim Kind, das in die dritte oder vierte Klasse geht, kann man ein neues Abendritual einführen: Man steckt es zur gewohnten Zeit ins Bett und erlaubt ihm, noch ein Weilchen zu lesen. Meistens findet es das wundervoll und entwickelt dadurch die Gewohnheit, abends zu lesen. Stellt man allerdings fest, daß es übertreibt und sich um den Schlaf bringt, muß man natürlich einschreiten und ihm das Licht ausdrehen.

Von der vierten Klasse an ist ein Abonnement auf eine Jugend- und später auf eine Fachzeitschrift, die seinen Interessen entspricht, sehr sinnvoll und nützlich.

Alle diese Möglichkeiten, das Kind Lektüre lieben zu lehren, sollten nicht außer acht gelassen werden, weil das Fernsehen fürs heutige Schulkind viel verlockender ist als das geschriebene Wort. Früher wählten die Kinder, wenn sie die Wahl zwischen Buch und Kino hatten, meistens das Kino. Heute können sie auf dem Bildschirm Filme in Hülle und Fülle sehen. Darum finden sie den Weg zu Büchern ohne Hilfe nicht so leicht.

*Neben dem Lesen ist das Rechnen das Hauptfach in der Schule.* Es wurde bereits gesagt, was schon im Vorschulalter getan werden kann, um dem Kind auch diesen Lernprozeß zu erleichtern. Wenn es die abstrakten Symbole – die Zahlen auf dem Papier, die addiert, subtrahiert und dividiert werden müssen – noch nicht kennt, hat es Mühe, sie ohne weiteres zu meistern. Man weiß ja, daß die Mehrzahl der Menschen ohnehin weniger Begabung fürs Rechnen – von Mathematik ganz zu schweigen – hat als für andere Fächer und Wissensgebiete.

Durch die Einführung neuer Lehrmethoden wie beispielsweise der Mengenlehre wird es vielen Eltern schwergemacht, bei Schulaufgaben zu helfen. Da bleibt nichts anderes übrig, als mit dem Kind zu lernen, möglichst ein paar Schritte voraus.

Wo die Anweisungen der früheren Kapitel befolgt worden sind, da ist das Kinderzimmer schon mit einigen Hilfsmitteln ausgestattet. Bei Schulbeginn sollten ein gutes Kinderlexikon und ein Atlas, besser noch ein Globus, hinzukommen. Auch ein Tonbandgerät hat vielerlei erzieherischen Wert. Man muß nur sicher sein, daß die Kinder gut damit umgehen und es für Lernzwecke benutzen.

Die *Gesellschaftsspiele* werden mit dem Schulkind fortgesetzt. Besonders Quartette können Wissenswertes vermitteln. Aber sie müssen Spaß machen und dürfen nicht zum Zwang werden. Das Wort «Spiel» übt auf die Kinder aller Altersstufen Zauberkraft aus. Sagt man: «Wir wollen spielen», so kann man ziemlich sicher sein, daß das Schulkind freudig reagiert.

Es gibt außer Quartett viele spannende und gleichzeitig lehrreiche Spiele. Ein Musterbeispiel für Abc-Schützen ist Scrabble, bei dem es darum geht, aus einzelnen Buchstaben Wörter kreuzwortartig zu legen, wohlgemerkt, orthographisch richtig. Am besten läßt man sich die verschiedenen Spiele in einem Fachgeschäft zeigen und entscheidet selbst, welches den Interessen des Kindes am ehesten entsprechen wird.

Fast noch wertvoller als die Spiele aus dem Fachgeschäft sind diejenigen, zu denen man überhaupt kein Material braucht, sondern nur den Kopf. In den ersten Schuljahren hat das Kind größte Freude an Ratespielen, Scharaden und Darstellungen. Dabei entwickelt es die Fähigkeit, logisch zu denken, wie ein Wissenschaftler Hypothesen aufzustellen; der Wortschatz vermehrt sich, das Gedächtnis wird gestärkt, und das Kind erlangt eine gewisse Selbstsicherheit, wenn es merkt, daß es den geistigen Anforderungen gewachsen ist.

Nicht zuletzt kann man ihm *zeigen, wie man «studiert»*. Merkwürdigerweise wird dieser wichtige Punkt in der Schule vernachlässigt, obwohl es sogar für den Abc-Schützen wichtig ist, methodisch vorzugehen. Der ältere Schüler muß wissen, wie man sich während des Unterrichts Notizen macht, worin der Unterschied zwischen dem Lesen und dem *Studieren* eines Buches besteht, wie man sich selbst prüfen kann. Je früher Kinder das lernen, desto mehr kommt es ihnen später beim eigentlichen «Studium» zugute.

Der Vater oder die Mutter beginnt mit dieser Unterweisung in dem Augenblick, wo das Kind Hausaufgaben bekommt. Vorher hat es keinen Zweck.

Als erstes sorgt man für einen *geeigneten Arbeitsplatz*. Ideal ist natürlich ein Pult. Es sollte ein ruhiger Arbeitsplatz sein, fern von Plattenspieler, Radio- und Fernsehapparat und ungestört vom Lärm der Geschwister. Mag das Kind auch noch so sehr widersprechen und behaupten, Musik sei anregend, es muß in Ruhe arbeiten.

Zweitens muß die *Arbeitszeit möglichst geregelt* sein. Es gibt keine ideale Stunde, die allen Kindern paßt; aber eine Zeit sollte im allgemeinen vermieden werden, und zwar unmittelbar nach der Heimkehr aus der Schule. Manche Eltern setzen die Zeit für die Schulaufgaben nach dem Motto «Erst die Arbeit, dann das

Vergnügen» fest; doch das ist psychologisch oft verkehrt. Unmittelbar nach der Schule braucht das Kind einen Auslauf und muß sich austoben können.

Manchen Kindern fällt das Lernen vor dem Essen am leichtesten, anderen nach dem Essen. Die Wahl der Stunde kann man dem Kind ruhig überlassen, nur ist von ihm zu verlangen, daß es dabei bleibt. Auf jeden Fall muß vermieden werden, daß es zuerst fernsieht und sich dann an die Arbeit macht. Es würde zerstreut sein und wahrscheinlich auch müde. Das Fernsehen kann als Belohnung für die Fleißaufgabe benutzt werden; auf diese Weise verhindert man Trödelei.

Wenn das Kind in die vierte Klasse geht, sollte die Arbeitsdisziplin fest eingespielt sein. Die *Hausaufgaben* gehören dann zur täglichen Routine wie Essenszeit und die Stunde des Zubettgehens. Wenn man es hinausschiebt, ist es im allgemeinen zu spät, dem Kind regelmäßige Arbeitsgewohnheiten beizubringen.

Der Unterschied zwischen dem Lesen und dem Studieren eines Buches besteht darin, daß man ein Buch nur einmal *liest*, es aber mehrmals lesen muß, wenn man es *studieren* will, denn Zweck des Studiums ist, sich den Inhalt so einzuprägen, daß man ihn sich merkt. Den Inhalt eines Buches, das man nur zum Vergnügen liest, braucht man sich nicht unbedingt zu merken. (Allerdings lesen Kinder ihre Lieblingsbücher drei- bis viermal, als wollten sie sich den Inhalt für immer einprägen.)

Man kann wetten, daß 99 von 100 Kindern der Meinung sind, sie hätten ein Kapitel «studiert», wenn sie es nur einmal gelesen haben. Man kann sie leicht widerlegen, indem man sie auffordert, den Inhalt des Gelesenen zwei Tage später zu wiederholen. Was dabei herauskommt, entbehrt manchmal nicht der Komik, vor allem wenn sie schnell lesen.

Geduld ist vonnöten, wenn man einem Kind das «Studium» beibringen will, denn es dauert eine Weile, bis es hinter Sinn und Zweck kommt. Sehr gedient ist ihm, wenn man ihm ein eigenes Exemplar des Lesebuchs kauft, in dem es Anmerkungen machen und wichtige Stellen unterstreichen darf. Lesen ist nämlich eine passive Tätigkeit, Studieren eine aktive. Ausruf- oder Fragezeichen am Rande sind wichtig für die Bedeutung einer bestimmten Stelle.

Es ist bedauerlich, daß das Bücherstudium kein Schulfach in der fünften Klasse ist. Hier sollte der Vater oder die Mutter unbedingt in die Bresche springen. Es genügt nicht, das Schulzeugnis zu unterschreiben und zu meinen, man habe damit seine elterliche Schuldigkeit getan. Am besten wird die Lehrerrolle im Hause von demjenigen Elternteil übernommen, der am meisten Geduld und pädagogische Fähigkeiten hat.

Mancherlei Technisches kann sich das Kind aneignen, um sich in der Schule zu verbessern: Wie man Notizen macht, wie man sich entscheidende Punkte aus einem Text herausschreibt, wie man einen Aufsatz gliedert und abfaßt, wie man eine Fremdsprache studiert und sich Vokabeln einprägt. Dieses Sonderstudium sollte gerade bei den Fächern betrieben werden, in denen das Schulkind schwach ist.

*Bisher* habe ich *die positiven Dinge genannt, mit denen wir dem Schulkind in diesem Entwicklungsstadium helfen* können. Nun möchte ich vor all dem *warnen, womit man ihm schadet* und es zu einem schlechten Schüler macht, das heißt zu einem, der schlechtere Noten nach Hause bringt, als es seiner Begabung entspricht.

*Zwei psychologische Faktoren* sind aller Wahrscheinlichkeit nach im Spiel, wenn das normal begabte Kind schlechte Zeugnisse erhält.

Die *Eltern haben einen starken Druck auf das Kind ausgeübt* und es zu guten Leistungen in der Schule angestachelt. Gewöhnlich sind sie sich darüber gar nicht klar, oder sie wollen es nicht zugeben. Eine typische Erklärung lautet: «Wir haben ihm ja nur bei den Schularbeiten ein bißchen geholfen.» Oder sie haben es daran «erinnert», seine Schularbeiten zu machen. Druck ausgeübt? Niemals! Aber ob sie sich dessen bewußt sind oder nicht, das Kind hat von ihnen die ungewollte Warnung erhalten: Wir lieben dich, wenn du in der Schule gut bist; es ist unerhört wichtig, daß du gute Zeugnisse heimbringst.

Der zweite psychologische Faktor, der den Ehrgeiz lähmt, ist die «passiv-aggressive» Persönlichkeitsstruktur. Das heißt, es war dem Kind nie erlaubt, Zorngefühle ungehemmt in Worten auszudrücken, es mußte diese Gefühle verdrängen. Infolgedessen entwickelte es überwältigende *Angst vor seinen eigenen Gefühlen.*

Da es seiner Wut nicht offen und ehrlich Luft machen darf, muß es ihr in versteckter Form Ausdruck verleihen. Es wird *aggressiv, aber auf passive Weise.* Kennzeichnend ist sein gefälliges und leicht unterwürfiges Verhalten. Es lehnt sich nicht gegen die Eltern auf und bietet ihnen nicht offen Trotz. Aber da sie die Leistungen in der Schule so stark herausgestrichen haben, zielt es unbewußt auf die empfindlichste Stelle ab. Ihre Selbstachtung wird durch die schlechten Schulzeugnisse verletzt. Wie ein Kind es einmal ausgedrückt hat: «Sie können mir den Fernseher und mein Taschengeld wegnehmen, aber meine schlechten Noten können sie mir nicht wegnehmen.»

Das also sind die Zwillingsursachen der schlechten Leistungen in der Schule: Druck seitens der Eltern, sich auszuzeichnen, besonders in der Schule, gepaart mit dem Verbot, Zorngefühle durch Worte abzureagieren. Das Kind, das ein Ventil für alle seine Empfindungen hat, braucht nicht indirekt durch Versagen in der Schule zuzuschlagen.

In erster Linie kann man es durch die Einstellung zu den Hausaufgaben vermeiden, die schulischen Leistungen zu einem gefühlsbeladenen Gegenstand zu machen. Es gibt sogar Eltern, die von den Abc-Schützen, die noch keine Hausaufgaben erhalten, verlangen, zu Hause für die Schule zu arbeiten. Damit üben sie nach dem anstrengenden Schultag zusätzlichen Druck aus.

Es ist ein großer Unterschied, ob man dem Kind mit technischen Hilfsmitteln an die Hand geht, oder ob man es antreibt und hetzt. Ja, man soll es die Schularbeiten allein machen lassen, sofern es nicht ausdrücklich um Beistand bittet. Mit anderen Worten, das Kind muß begreifen, daß die Hausaufgaben seine ureigene «Arbeit» sind, daß es dafür selbst verantwortlich ist, daß man aber, wenn es Schwierigkeiten hat und Hilfe braucht, ihm natürlich gerne beistehen wird. Wenn man diese Linie konsequent verfolgt, wird die Schule nicht zu einem Schlachtfeld zwischen Kind und Eltern, und das Kind wird seine Zeugnisse nicht als unbewußte «Rache» benutzen.

Kluge Väter loben ihr Kind, wenn es ein gutes Zeugnis nach Hause bringt, und machen über schlechte Noten keine Worte. Auf diese Weise verstärkt man die guten Leistungen und entmutigt das Kind andererseits nicht durch Tadel, der einer Tracht Prügel gleichkommt. Wenn schlechte Leistungen in der Schule wirklich Anlaß zu ernsten Sorgen geben, kann man Rücksprache mit dem Lehrer nehmen und unter Umständen Nachhilfestunden erteilen lassen.

In seinem 1914 erschienenen amüsanten Roman «Penrod», der von den Erlebnissen eines Schuljungen handelt, beschreibt der amerikanische Schriftsteller Booth Tarkington die Einstellung seines Helden folgendermaßen:

«Für Penrod war die Schule nur ein Zustand des Gefangenseins, der durchs Rechnen vergiftet wurde. Unendliche Stunden lang war er gezwungen, sich Belehrungen über Dinge anzuhören, auf die er gar nicht neugierig war; und immer wieder und wieder mußte er die blödesten Stellen in Büchern lesen, die ihn zu Tode langweilten, wobei ihn stets die widersinnige Aufgabe bedrohte, einleuchtende ausweichende Antworten auszuhecken, um die Tatsache zu verbergen, daß er nichts von den Dingen wußte, von denen er nichts wissen wollte ... Es war ihm gesagt worden, die Schule sei zu seinem eigenen Besten; ja, das war ihm immer wieder und wieder gesagt worden, aber die Worte, die diese zuerst sinnlose Erklärung brachten, nahmen mit jeder Wiederholung mehr und mehr das Wesen einer langweiligen und ungebetenen Beleidigung an. Er war ganz außerstande, sich Umstände vorzustellen, gegenwärtige oder zukünftige, unter denen ihm der Unterricht, den er jetzt erhielt, von irgendwelchem Nutzen sein könnte.»

Freilich, seit Booth Tarkington die Kleinstadtschule so beschrieb, hat sich manches geändert, aber auch heute noch vermittelt der Unterricht unseren Kindern kein wirklich bedeutungsvolles, lehrreiches Erleben.

In einer Studie über das häufige Versagen der amerikanischen Schulkinder gelangt John Holt zu dem Schluß, es liege daran, daß sie «Angst haben, gelangweilt oder verwirrt sind». Er führt dazu aus:

«Vor allem haben sie Angst, nicht mitzukommen und die vielen ehrgeizig lauernden Erwachsenen ringsum zu enttäuschen, deren grenzenlose Hoffnungen und Erwartungen wie eine Wolke über ihrem Kopf hängen. Sie langweilen sich, weil die Dinge, die ihnen in der Schule geboten und erklärt werden, so trivial und öde sind und die Anforderungen an das breite Spektrum ihrer Intelligenz, Aufnahmefähigkeit und Begabung so eng begrenzen. Sie sind verwirrt, weil der Wortschwall, der sich in der Schule über sie ergießt, wenig oder gar keinen Sinn hat. Oft sind es glatte Widersprüche zu anderen Dingen, die man ihnen vorgesetzt hat, und kaum jemals besteht Übereinstimmung mit dem, was sie wirklich wissen, nämlich mit dem Rohmodell der Wirklichkeit, das sie im Kopf haben.»

Man bedenke nur, wie kümmerlich der Unterricht in schriftlichem Ausdruck ist. Das einzige Fach, das von der ersten bis zur letzten Klasse durchgeführt wird, ist die Muttersprache. Es sollte doch ein Hauptziel der Lehranstalten sein, den Schülern beizubringen, wie man klare Sätze in gutem Stil schreibt, ohne grammatische und orthographische Fehler. Wie lernt man schreiben? Wie lernen Schriftsteller und Journalisten schreiben? Ganz einfach, sie lernen es, indem sie schreiben. Also durch Übung, durch laufende Vervollkommnung. Aber die Schulkinder haben selten Gelegenheit, Aufsätze über Themen zu schreiben, die sie interessieren. Es sind mehr oder weniger Zwangsarbeiten, an denen sie sich nicht erproben können. Sie haben keine Gelegenheit, sich im schriftlichen Ausdruck zu verbessern. In vielen Fällen beherrscht der Lehrer die Sprachregeln selbst nicht.

In diesem Buch soll jedoch nicht untersucht werden, warum der Schulunterricht geändert werden müßte und wie das zu bewerkstelligen wäre. Ich schließe diese Kritik nur ein, weil sich die meisten Eltern über die Mängel des Schulwesens nicht klar sind. Infolgedessen sind sie unnachsichtig und haben kein Verständnis für die Schulschwierigkeiten ihrer Kinder.

## *Die Welt der Bande*

Es ist wichtig, zu wissen, welche Bedeutung die Gruppe oder Bande für das Kind hat, das den kleinen Familienkreis verläßt und sich der Gesellschaft gegenübersieht. Das ist nicht einfach, und instinktiv sucht es eine Stütze, indem es sich einer Gruppe anschließt. Es kann noch nicht auf eigenen Füßen stehen, ist der vollständigen Freiheit keineswegs gewachsen. *Im gleichen Maße, wie es sich von den Eltern löst, wird es von der Gruppe abhängig.* Es will in jeder Hinsicht genau wie «die andern» sein. Die psychologische Bedeutung der Gruppenkonformität bringt die Klage eines Achtjährigen zum Ausdruck: «Alle Kinder in meiner Klasse haben Windpocken, nur ich nicht!»

Die Bande ist eine neue Welt für das Kind, mit neuen gesellschaftlichen Regeln, denen es sich anpassen muß. Es sieht sich selbst durch eine neue Brille, indem es sich in bezug auf die Gruppe einen neuen Begriff von sich selbst bildet. Die Bande hat bestimmte Maßstäbe für den Wert ihrer Mitglieder. Dazu gehören Gemeinschaftsgeist, Bereitschaft, bei Konflikten Zugeständnisse zu machen, keine Heulsuse zu sein, nicht zu petzen, nicht sauer zu werden, wenn man verliert, und sich in bestimmten Fertigkeiten, namentlich im Sport, auszuzeichnen.

Die Bande bildet ihre eigene gesellschaftliche Organisation, die von Erwachsenen ganz unabhängig ist. Sie unterscheidet sich von der gesellschaftlichen Organisation im Kindergarten, die nicht so geheim und nicht von Erwachsenen unabhängig ist. Die Subkultur der Bande wird eine kleine Sondergesellschaft innerhalb unserer größeren Gesellschaft, mit eigenen Überlieferungen, Wertmaßstäben, Spielen und Regeln. In mancher Hinsicht hat die Gruppen-Subkultur ähnliche Aspekte wie primitive Kulturen. Sie wird von Mund zu Mund überliefert, ist sehr konservativ und widerstandsfähig gegen alle fremden Einflüsse (in diesem Falle seitens der Erwachsenen).

Diese Subkultur ist für die seelische Entwicklung des Kindes sehr bedeutsam. Gestützt auf seine Gruppe, erwirbt es viele wertvolle *Fähigkeiten, sich zu sozialisieren,* und dies *unabhängig von den Maßstäben der Erwachsenen.* Das ist der Grund für die Geheimhaltung, die für Kinder und ihre Banden so kennzeichnend ist. In keinem Kindheitsstadium blühen Geheimklubs in solchem Maße wie in diesem.

Oft sind die Eltern wegen der Verschwiegenheit ihres Kindes bestürzt und beklagen sich, es entfremde sich der Familie. Dieses Verhalten ist jedoch normal; man darf es nicht persönlich nehmen und meinen, es spiegle das Verhältnis des Kindes zu den Eltern.

Tatsache ist, daß *Kinder in den Jahren der mittleren Kindheit* das Leben mit ganz andern Augen betrachten als die Erwachsenen. Sie *lernen mit dem Leben fertig zu werden, ohne daß die Erwachsenen die Fäden ziehen.*

Eltern müssen unbedingt bedenken, daß das «brave Kind», das Kind, das sich immer noch an die elterlichen Gebote hält und sich so «erwachsen» benimmt, nicht imstande ist, sich ungezwungen unter seine Gruppe zu mischen und ihren Richtlinien zu folgen, und einen wichtigen Teil des sozialen Lernens versäumt. Alle Kinderbanden, ob auf dem Lande, ob in Klein- oder Großstädten, treiben Dinge, die den Erwachsenen unerwünscht sind. Oft machen sich die Eltern Sorgen, weil sie meinen, ihr Kind stünde unter dem «schlechten Einfluß» unliebsamer Freunde. Der vernünftige Vater erkennt den Unterschied zwischen kindlichen Streichen und Jugendkriminalität.

Bezeichnend für das Bandenstadium ist die *strenge Trennung zwischen den Geschlechtern.* Der psychologische Grund dafür, daß in der mittleren Kindheit das eine Geschlecht vom andern nichts wissen will, ist ganz einfach: Jedes Kind trachtet danach, in der eigenen Geschlechtsidentität sicherer zu werden. Das geht am leichtesten, wenn man das andere Geschlecht von der Tätigkeit der Gruppe ausschließt. In unserer Gesellschaft sind Knaben ihrer Geschlechtsidentität im allgemeinen weniger sicher als Mädchen, und das mag die Tatsache erklären, warum Jungen den Ausschluß der Mädchen gerne mit viel Pathos überdramatisieren.

Weil die Gruppenbildung die erste Erfahrung mit einer Subkultur ist, die nicht von Erwachsenen geleitet oder beherrscht wird, kommt ihr große Bedeutung für die spätere geschlechtliche

Entwicklung zu. Alles, was in der Gruppe betrieben und unternommen wird, bereitet Jungen und Mädchen auf ihre zukünftigen Rollen als Männer und Frauen vor.

Viele wichtige Betätigungen innerhalb der Bande sind überhaupt nicht organisiert, im Gegenteil, Herumlungern und Nichtstun scheinen vorzuherrschen. In einem seiner Bücher illustriert Robert Paul Smith dies sehr anschaulich:

«Wir verbrachten viel Zeit mit Nichtstun. Eine Beschäftigung hieß ‹einfach herumrennen›. Es war kein Spiel. Es gab dabei keine Regeln. Es gab keinen Anfang und kein Ende . . . wir liefen bloß ziellos herum. Wir häuften etwas aufeinander, rissen alles mögliche herunter, warfen Steine, zerbrachen Stecken, fingen Kaulquappen, suchten Muscheln. Wir holten uns nasse Füße und spielten mit Lehm. Mit Sand und Wasser. Versteht sich, es war keine richtige Beschäftigung. Wir schaukelten. Wir gingen spazieren. Wir schauten zu: wir schauten einander zu, wenn Fahrradreifen mit Gummibändern geflickt wurden. Wir schauten zu, wenn Männer einen Graben ausschaufelten oder Telefonstangen erkletterten, wenn die Mutter Marmelade einkochte, die Schwester seilsprang . . . Wir befestigten Garnspulen an Schnüren, fesselten uns gegenseitig mit Kordeln, Gürteln und Wäscheleinen. Wir saßen in Kisten, wir saßen unter dem Vordach, wir saßen auf Dächern, wir saßen auf Bäumen . . . Wir betrachteten alles mögliche wie Messer, Ameisen, Heuschrecken, Wolken, Hunde und Menschen. Wir hopsten, hüpften und sprangen. Wir gingen nirgends hin – hopsten, hüpften, sprangen und galoppierten einfach. Wir sangen, pfiffen, tobten herum und schrien. Was ich meine, wir unternahmen und taten sehr viel.»

Wenn Knaben organisiert spielen, folgen sie der Überlieferung: Cowboys und Indianer, Räuber und Gendarm, Nachlaufen, Verstecken, Murmelspiel, Drachen steigen lassen, Tretroller- und Radfahren, Hockey, Rollschuh- und Schlittschuhlaufen. Die Jungen spielen Fußball, wobei sie es zwar den Großen nachtun, aber sich in unzähligen Streitigkeiten über die Regeln und über Mogeleien ergehen. Die *Bubenbande vollführt Streiche*, die manchmal an Vandalismus grenzen. Bei ihnen kommt die *Auf-*

*lehnung gegen Erwachsene viel häufiger* vor *als bei den Mädchengruppen.* Bei all diesen Dingen liegt der Nachdruck darauf, es besser machen zu können als der Stärkste, sich an körperlicher Tüchtigkeit und an Wagemut zu messen und sich von den Einschränkungen seitens der Erwachsenen und von ihren Wertmaßstäben frei zu machen.

Die *Mädchengruppen sind weniger wild und ausgelassen.* Mädchen verbringen mehr Freizeit im Hause, und gewöhnlich fühlen sie sich in diesem Stadium ihren Eltern näher. Wahrscheinlich liegt es daran, daß sie ihrer Geschlechtsidentität sicherer sind. Darum brauchen sie das Elternhaus nicht zu fliehen. Sie müssen sich nicht unbedingt bestätigen oder ihre Selbsteinschätzung auf sportliches Können, Wagemut und Führungseignung abstellen.

Mädchen spielen mit Puppen, ziehen sich Mutters abgelegte Kleider an, spielen Hausfrau. Draußen wird Himmel-und-Hölle gespielt, auf Stelzen gelaufen und seilgesprungen. Mädchen unterhalten sich gern miteinander und genießen es, Geheimnisse zu teilen. Bei ihnen sind die Geheimklubs ebenso beliebt. Aber bei der Gruppentätigkeit treten sie weniger in Wettbewerb. Um so mehr interessieren sie sich für andere Menschen und für die Verwicklungen zwischenmenschlicher Beziehungen. Wie die Jungen bilden sie Cliquen, bei denen keine Außenseiter zugelassen werden. Das Mädchen, das allein steht und von keiner Gruppe aufgenommen wird, macht eine schwere Zeit durch.

Was kann man tun, um dem Sohn oder der Tochter in diesem Entwicklungsstadium zum Anschluß an eine Gruppe zu verhelfen?

1. Man muß sich über die Bedeutung einer Bande, die frei von Einflüssen Erwachsener ist, unbedingt klar sein. Diese Notwendigkeit muß man einsehen, anstatt es als persönliche Ablehnung zu betrachten, wenn das Kind die Gesellschaft der Bandenmitglieder bevorzugt. Besonders schwer fällt das dem Vater, der etwa vorgehabt hat, mit seinem Sohn zu einer Sportveranstaltung zu gehen oder einen Angelausflug zu unternehmen, und nun erfährt, daß der Junge mit seinen Freunden etwas anderes zu unternehmen gedenkt. Er sollte es als gutes Zeichen für

seine Erziehung ansehen, wenn der Sohn den Mut hat, ihm rundheraus zu sagen, daß er den Tag lieber mit seiner Bande verbringt!

2. Wenn man dem Kind einen Platz im Hause oder Garten einräumt, wo es mit seinem Freundeskreis zusammenkommen oder spielen kann, leistet man ihm einen großen Dienst. Einer Ausstattung oder Einrichtung bedarf es nicht. Hauptsache, die Kinder haben einen Ort, wo sie Lärm machen können, ohne Scherereien zu bekommen. Im Garten oder auf dem Hof kann man ihnen einen abgegrenzten Teil zuweisen. Ein großer Sandkasten, der mit einem Wasserschlauch in Verbindung steht, ein aufblasbares Wasserbecken, das sind Spielplätze, die großen Zauber ausüben.

Wer ein übriges tun will, der kauft einen Vorrat an Plastiktieren und -figuren und schafft Bretter und Latten an, die stundenlange Bautätigkeit ermöglichen. Auch Kisten ergeben ein herrliches Spielzeug. Die Kinder sollen nach Herzenslust bauen, was sie wollen. Hammer und Nägel müssen ihnen zur Verfügung gestellt werden. Ein «Bauplatz» eignet sich so vorzüglich für Buben in den Jahren der mittleren Kindheit, daß man sich wundern wird, wie beliebt sich ein Junge macht, der seinen Kameraden so etwas zu bieten hat.

3. Man kann zur körperlichen Ertüchtigung des Kindes beitragen, so daß es mit den andern Schritt zu halten vermag. Das gilt auch für Mädchen, die es heute im Schwimmen, Skilaufen, Tennisspielen und Reiten mit jedem Jungen aufnehmen können. Der Sohn sollte Gelegenheit haben, sich im Fußball und in anderen Sportarten zu üben, die bei seinen Freunden hoch im Kurs stehen; denn wenn er mit seiner Gruppe Sport treibt, geht es nicht ums Üben, sondern es ist ernst gemeint. Nur dürfen die Übungsstunden nicht zum Drill werden, sie müssen Spaß machen.

Was man dem Kind auch beibringt, ob Schwimmen, Radfahren, Skifahren, Rollschuh- oder Schlittschuhlaufen, man schraube die Erwartungen nicht zu hoch. Nicht umsonst heißt es, daß aller Anfang schwer ist. Ein ungeduldiger oder gereizter Vater läßt aus dem Vergnügen eine harte, unliebsame Pflicht werden.

4. Sie können Ihrem Kind auch beim Erwerb sozialer Umgangsformen helfen. Manche Kinder sind nicht imstande, mit Beleidigungen und Hänseleien fertig zu werden. Man lasse sie den Vorgang schildern und weise sie auf schlagfertige Antworten hin.

Es gibt Jungen, die körperliche Berührung scheuen und sich nicht wehren können. Gerade sie werden oft angegriffen. Ihnen tut ein Kurs in Selbstverteidigung gut. Vor allem das Einzelkind hat Schwierigkeiten, sich dem groben Gekabbel unter wilden Buben anzupassen. (Wenn Geschwister untereinander handgreiflich werden, tröste man sich mit dem Gedanken, daß diese «Familienkämpfe» eine ganz gute Vorbereitung für das Gruppenleben sind.)

5. Je früher man dem Kind Handfertigkeiten beibringt, um so besser. Es wird dann unabhängig und braucht nicht daneben zu stehen, wenn die andern hämmern, sägen und hobeln.

6. Mädchen lieben es, bei einer Freundin zu übernachten. Dem sollte man Vorschub leisten, indem man der Tochter Gelegenheit gibt, eine Freundin über Nacht einzuladen. Fast mit Sicherheit ist dann mit einer «Revanche» zu rechnen.

7. Was aber tun, wenn man den Umgang seines Kindes mißbilligt? Da muß als Faustregel gelten, daß man den Umgang mit andern Kindern grundsätzlich nicht verbietet, auch wenn man ihren Einfluß für weniger gut hält. Eine Ausnahme gilt selbstverständlich in den Fällen, wo es sich um Jugendkriminalität handelt oder wo das Kind zu Diebstahl und Drogenkonsum verführt wird. Sonst beißt man eben die Zähne zusammen und läßt der Freundschaft ihren Lauf. Die einzige Gegenwehr besteht darin, das Kind noch mit anderen zusammenzubringen.

8. Zehn- und elfjährige Kinder kann man für vierzehn Tage in ein Ferienlager schicken, neunjährige möglichst nur eine Woche. Wenn das Lager den seelischen Bedürfnissen des Kindes entspricht, wird es von selbst um Verlängerung des Aufenthalts bitten. Ähnliche Dienste leistet der Beitritt zu den Pfadfindern. Gerade kontaktarmen Kindern sollte der Anschluß an solche Gruppen erleichtert werden. Nur dürfen derlei Hilfsmittel nicht zum Zwang werden.

## *Die Welt der Familie*

Bei allem Nachdruck, der auf die Bedeutung der neuen Welten, der Schule und der Bande, gelegt wurde, darf die *Bedeutung der Familie in der mittleren Kindheit keinesfalls unterschätzt werden.* Das Kind sucht ja in dieser Zeit Mittel und Wege, zu seiner Familie zu gehören und sich gleichzeitig von ihr frei zu fühlen.

Man lasse sich durch die «Unabhängigkeitserklärung», die das Kind in diesem Stadium der Familie gegenüber bezeigt, nicht irreführen. Unter dem wachsenden Ich ist immer noch das kleine Baby-Ich, und die mittlere Kindheit wird in fortwährendem Pendeln und Lavieren zwischen den beiden durchlebt. Bisweilen macht das Kind einen sehr reifen, unabhängigen und selbständigen Eindruck und will wenig mit seinen Eltern zu tun haben. Zu anderen Zeiten, besonders wenn es in der Schule oder Gruppe Schwierigkeiten hat, krank ist, sich körperlich oder seelisch schlecht fühlt, wird es wieder das abhängige Geschöpfchen wie im Vorschulalter.

Freilich, es ist wichtig für das Kind, sich von der Familie zu lösen und seinen Platz in den neuen Welten zu finden. Das ist jedoch, wie nachdrücklich betont werden muß, nicht ein gradlinig verlaufender Prozeß: Das Kind macht auf diesem Weg in die Selbständigkeit zwei Schritte nach vorn, dann wieder einen zurück.

Das ambivalente Hin-und-her-Pendeln gestaltet die mittlere Kindheit für die Eltern sehr schwierig. Der Vater konstatiert, daß sich sein achtjähriger Sohn ihm nicht mitteilen mag, und fügt sich widerstrebend darein, daß sich der Junge ihm eben entfremdet hat. Aber schon am nächsten Tag fühlt das Kind das Bedürfnis, sich dem Vater anzuvertrauen. Infolge der vorausgegangenen Erfahrung schaltet der Vater das seelische Radar nicht ein und merkt nichts davon.

Die Eltern müssen sich darüber klar sein, daß Mädchen und Jungen in der mittleren Kindheit in dem paradoxen Prozeß stehen, sich einerseits mit Vater und Mutter zu identifizieren und ihnen andererseits zu entwachsen. Da Kinder in diesem Alter den Eltern so oft nicht gehorchen, was das Handeln betrifft, ist es besonders wichtig, zu wissen, daß das elterliche Fühlen und Denken aufgenommen wird. Die mittlere Kindheit ist entscheidend, weil Wertmaßstäbe und geistige Einstellung auf das Kind übergehen. Wenn die Eltern das wüßten, würden sie einen tiefen Seufzer der Erleichterung ausstoßen.

In diesen Jahren entwickelt sich *das Gewissen des Kindes.* Es wird sich selbst gegenüber genauso, wie Vater und Mutter zu ihm gewesen sind. Sind die Eltern überstreng und autoritär gewesen, so wird es ein überstrenges Gewissen entwickeln. Es sorgt sich übermäßig wegen Kleinigkeiten, ängstigt sich darüber, ob es «das Richtige tut». Hat man ihm zuviel durchgelassen, so bekommt es den Eindruck, daß ihm alles erlaubt sei. Wenn man vernünftige, seinem Alter und Stadium angemessene Anforderungen gestellt hat, wird es auch vernünftige Wertmaßstäbe entwickeln. Mit anderen Worten, in diesen Jahren formt sich das Kind ein Bild des Erwachsenen, der es werden möchte. Es nimmt sich die Erwachsenen, vor allem Vater und Mutter, zum Vorbild. Diese grundlegende Tatsache wird oft übersehen. Wenn das Kind die Eltern «abschaltet», ihnen einsilbig antwortet und sein Heim nur als einen Ort betrachtet, wo es zu essen und ein Nachtlager gibt, folgern viele Eltern fälschlicherweise, sie hätten allen Einfluß verloren. Mitnichten.

Deshalb ist es wichtig, daß der Vater in der mittleren Kindheit die Initiative ergreift, auch wenn er hin und wieder vor den Kopf gestoßen wird.

Abgesehen davon, daß er sich ab und zu an der Betätigung der Gruppe beteiligen sollte – wohlgemerkt, ohne sich aufzudrängen –, darf er die vielen Gelegenheiten zur Zweisamkeit nicht versäumen. Was er mit seinem Kind unternimmt, hängt von seinen eigenen Interessen ab.

Väter neigen dazu, ihre Tochter in den Jahren der mittleren Reife zu vernachlässigen, weil sie ratlos sind, was sie mit ihr anfangen sollen. Sie vergessen, daß sie das Modell für den Mann sind, den das Mädchen später suchen wird. Darum ist eine herzliche Beziehung zwischen Vater und Tochter für das Mädchen sehr wertvoll, ganz gleich, welchen Ausdruck sie findet. Es besteht übrigens kein Grund, mit ihr nicht fast all die gleichen Dinge zu unternehmen wie mit einem Sohn, im Gegenteil, sie lernt dadurch männliche Interessen kennen.

Bei aller Pflege der Vater-Kind-Beziehung darf die Bedeutung der Familien-Gemeinsamkeit nicht mißachtet werden. Ein halbstündiges Gesellschaftsspiel nach dem Abendbrot ist ein empfehlenswerter Brauch. Abwechselnd sollte jedes Familienmitglied die Wahl des Spieles treffen, damit alle auf ihre Kosten kommen.

Das führt zu dem *schwierigen Problem der Rivalität unter Geschwistern.* In erster Linie muß man sich die Ursache dieser Rivalität, die zu argem Zank und Hader Anlaß gibt, klarmachen: Jedes Kind wünscht sich im tiefsten Innern, seine Geschwister los zu sein und die Liebe und Aufmerksamkeit der Eltern hundertprozentig für sich allein zu haben. Daher die fast unaufhörlichen Reibereien und Zwiste zwischen Geschwistern. Die stärkste Ablehnung richtet sich gewöhnlich gegen das unmittelbar jüngere Kind. Wer die Ursache der Rivalität begriffen hat, erkennt auch, *daß die Streitigkeiten zwischen Geschwistern niemals behoben werden können; sie lassen sich nur mildern.*

Zu diesem Zweck wendet man am besten die Pausentechnik an, die bereits im fünften Kapitel bei der Frage der Disziplin erwähnt wurde. Wenn sich zwei Kinder zanken, schickt man jedes für fünf Minuten an einen neutralen Ort. So wird der Konflikt weder belohnt noch durch elterliche Aufmerksamkeit verstärkt. Jedes Kind soll sich bloß fünf Minuten langweilen. Die Pausentechnik macht es überflüssig, daß der Vater oder die Mutter die Rolle des Schiedsrichters übernimmt und untersuchen muß, wer mit dem Streit angefangen hat, und so weiter.

Das Problem des Geschwisterstreits führt seinerseits zu der Frage, wie Kinder in den Jahren der mittleren Kindheit am ehesten zu disziplinieren sind.

Da gilt es in erster Linie, die Tatsache hinzunehmen, daß sie «kindisch» sind. Oft wird von ihnen viel zuviel erwartet. Man kann von ihnen nicht verlangen, ruhig, sittsam, folgsam, rücksichtsvoll, höflich und selbstlos zu sein, bereitwillig jede Hausarbeit zu tun, ihre Kleider zu schonen und sauberzuhalten, in ihrem Zimmer stets für Ordnung zu sorgen und alle Ermahnungen aufmerksam anzuhören. So sind die Sechs- bis Zehnjährigen nun einmal nicht. Je früher man die unreife, kindliche Verhaltensweise als gegeben hinnimmt, desto besser gestaltet sich das Verhältnis mit dem Kind.

Viele Eltern sind der Meinung, daß eine schlechte Gewohnheit, die nicht sofort bekämpft wird, für immer bestehen bleibe. Wenn ein Achtjähriger eine starke Abneigung gegen das Waschen hat, glauben sie, er werde auch als Erwachsener ein Schmutzfink sein. Wenn das achtjährige Kind lügt, weil es dahintergekommen ist, daß es leichter ist, zu lügen, als einer unliebsamen Wahrheit ins Auge zu sehen, befürchten sie, es werde ein Lügenbold werden, dem kein Mensch trauen könne.

Häßliche Gewohnheiten, die das Verhalten des Kindes in diesen Jahren kennzeichnen, wachsen sich bei verständnisvoller Führung aus. Das Kind ist in diesem Stadium kein Miniaturmodell des späteren Erwachsenen. Ich wünschte, die Väter, die heute ehrbare Lehrer, Bankbeamte, Versicherungsagenten, Schauspieler, Ingenieure, Maurer oder Ärzte sind, könnten in einem Tonfilm sehen, wie sie sich im Alter von sieben, acht oder neun Jahren benommen haben! Wahrscheinlich würden sie sich dann wegen der «schlechten» Gewohnheiten ihrer Sprößlinge keine Sorgen mehr machen.

Meistens werden als Disziplinierverfahren Vorträge benutzt, lange oder kurze. Bei jeder Gelegenheit läßt der Vater sie vom Stapel. Offenbar sind die Väter der Meinung, daß die Wortergüsse etwas nützen. Natürlich schämt sich das Kind, wenn es einer solchen Standpauke ausgesetzt ist (unter Umständen sogar vor anderen Leuten), fühlt sich minderwertig und grollt. Und diese Gefühle bewirken, daß es die Lehren des Vaters *nicht* annehmen wird.

Anstatt des langen und breiten Lehren zu erteilen, sollte man bedenken, daß Lob ein weitaus größerer Anreiz ist, um ein Kind dazu zu bringen, gute Gewohnheiten anzunehmen und schlechte zu meiden. Sogar das scheinbar unabhängigste und der Familie entfremdete Kind läßt sich immer noch durch Lob beeinflussen, wenn es das auch nicht zeigt. *Man lasse sich keine Gele-*

*genheit entgehen, Lob zu spenden.* Wenn der Achtjährige seine Hose ordentlich aufhängt, hingegen Hemd und Socken auf einen Stuhl schmeißt, lobe man ihn wegen der Hose und beachte das übrige nicht!

Wenn man bei der Disziplinierung positive Methoden anwendet, wird man wahrscheinlich kein Bedürfnis mehr haben, das acht- oder neunjährige Kind zu schlagen. Wer immer noch explodiert und sich zur Tracht Prügel hinreißen läßt, sollte bei einem Fachmann Rat holen. Wenn eine Bestrafung als Erziehungsmittel zu Hilfe genommen wird, dann ist es weit besser, dem Kind das Lieblingsprogramm im Fernsehen zu verwehren.

Der Sprößling möchte in diesem Alter bei Entscheidungen, die ihn betreffen, mitreden. Das ist sein gutes Recht, und man darf ihm nicht einfach den Mund verbieten. Das gleiche gilt für Entscheidungen, die die ganze Familie angehen, zum Beispiel, welches Haustier angeschafft werden soll, welchen Film man ansehen will, wo die Ferien verbracht werden sollen. Das heißt nicht, daß dem Kind die entscheidende Stimme im Familienrat zukommt, aber es müßte angehört werden.

Zum Schluß noch ein Problem, das heutzutage in den Jahren der mittleren Kindheit eine nicht zu unterschätzende Bedeutung hat: die *Aufklärung.*

Fast alle Studien über sexuelle Aufklärung zeigen, daß die Kinder ihre Kenntnisse auf diesem Gebiet von Gleichaltrigen bezogen haben. Begriffe wie Beischlaf, empfängnisverhütende Mittel, Prostitution, Homosexualität und so weiter werden fast immer durch Kameraden vermittelt. Die Kinder tauschen ihre sexuellen Kenntnisse auf sporadischer, heimlicher und meistens schuldbeladener Grundlage aus. Was die Aufklärung betrifft, so ähnelt die Kinderwelt einer Geheimgesellschaft, die vor den Eltern ängstlich gehütet wird.

Das ist ein unseliger Zustand. Eltern sollten sich einmal die einfache Frage stellen: Bin ich selbst in den Jahren der mittleren Kindheit irgendwie aufgeklärt worden? Wäre ich dafür nicht sehr dankbar gewesen? Wären mir dann nicht viele Ängste und ein schlechtes Gewissen erspart geblieben?

Im Vorschulalter neigt das Kind dazu, in aller Unschuld direkte Fragen zu stellen. In der mittleren Kindheit hingegen hütet sich das Kind meist davor, seinen Empfindungen Ausdruck zu verleihen und die Tabus der Erwachsenen zu verletzen. Es mag sich mit Fragen der Sexualität beschäftigen, hat aber Hemmungen, sie auszusprechen.

Dazu kommt, daß die Kinder heute mit dem Thema des Geschlechtlichen viel mehr in Berührung kommen, als dies bei früheren Generationen der Fall war. Die Massenmedien – Kino, Fernsehen, Zeitschriften – scheuen sich nicht mehr, sexuelle Fragen offen zu behandeln. Und doch sind die Mädchen und Jungen in der mittleren Kindheit allen scheinbaren Kenntnissen zum Trotz noch genauso unwissend und unsicher wie eh und je. Um so mehr Verwirrung herrscht aber bei ihnen, denn es sind halbe, unausgegorene Kenntnisse.

Als Vater habe ich es mir von Anfang an zum Prinzip gemacht, meinen Kindern niemals zu verbieten, ein bestimmtes Buch zu lesen oder sich einen Film anzusehen. Aber ich habe sie angewiesen, mich zu fragen, wenn sie etwas nicht verstünden. Kleinen Kindern ist es gleichgültig, ob sie etwas verstehen oder nicht. Anders verhält es sich mit Schulkindern, die ja dazu erzogen werden, den Dingen auf den Grund zu gehen.

Als wir uns einmal gemeinsam einen Film ansahen, in dem das Wort «Prostituierte» fiel, fragte mich meine damals achtjährige Tochter: «Papa, was ist eine Prostituierte?» Ich antwortete sachlich: «Eine Prostituierte ist eine Frau, die für Geld mit einem Mann geschlechtlich verkehrt.» – «Ach so», sagte sie und schaute sich den Film weiter an.

Sehr oft haben wir einen Film für solche und ähnliche Aufklärungen benutzt.

Der springende Punkt ist, daß die heutigen Acht- bis Zehnjährigen hinsichtlich Sexualität nicht nur wissen wollen, woher die Kinder kommen. Sie schnappen schon zuviel auf, und zu viele Aspekte verwirren sie. Das gute Aufklärungsbuch tut gute Dienste, aber auch die Eltern sollten es lesen, damit sie sich ein Bild davon machen können, was das Kind nun weiß. Auf jeden Fall dürfen sie nicht ausweichen, wenn ihnen Fragen gestellt werden. Kinder können sich ebenso scheuen, mit den Eltern über sexuelle Probleme zu sprechen wie umgekehrt die Eltern. Wie eine Zehnjährige zu ihrer Lehrerin sagte: «Meine Eltern sind sehr verständnisvoll und so, aber über manche Dinge spreche ich lieber mit andern Menschen.»

Hauptsache ist, daß sich weder der Vater noch die Mutter bei solchen Gesprächen die geringste Verlegenheit anmerken läßt, sondern die Fragen ganz frei und sachlich erörtert.

Es ist also klar zu ersehen, daß Schule und Gruppe keineswegs die stärksten Einflüsse in der mittleren Kindheit bilden. Die Familie übt auf das Kind, das sich frei zu machen sucht, immer noch einen mindestens ebenso bedeutsamen Einfluß aus, und innerhalb der Familie spielt der Vater die wichtigste Rolle. Daran sollte er denken, wenn er das Gefühl hat, daß nicht nur beim Kind, sondern auch bei ihm selbst eine gewisse Entfremdung eintritt.

Allen Schwierigkeiten zum Trotz zeichnet sich aber die mittlere Kindheit durch eine relative Stabilität aus. Es ist, wie gesagt, die Ruhe vor dem Sturm, denn über kurz oder lang folgt das nächste tumultuarische Entwicklungsstadium, die sogenannte Vorjugendzeit.

# Die Vorjugend 8

*(die Elf- und Zwölfjährigen)*

Es scheint angebracht, den Zehnjährigen, auf der Höhe des Stadiums der mittleren Kindheit, mit dem Elfjährigen zu vergleichen, der am Beginn des Stadiums der Vorjugend steht. Der typische Zehnjährige kommt mit Erwachsenen ebensogut aus wie mit seiner eigenen Altersgruppe. Er durchlebt eine Periode der Zufriedenheit. Obwohl er sich mit Leib und Seele seiner Bande verschrieben hat, ist er doch umgänglich und bereit, sich den Forderungen der Erwachsenen so gut es geht anzupassen.

Obwohl die psychologischen Wachstumskräfte der Jugend im verborgenen weiterhin am Werk sind, ist der Zehnjährige nach außen friedlich und kontaktfreudig. Diese jugendlichen Wachstumskräfte brechen im elften Jahr gelegentlich durch und leiten das Stadium der Vorjugend ein.

Der Elfjährige entwickelt plötzlich eine ausgesprochene Gleichgültigkeit gegenüber den elterlichen Maßstäben und widersetzt sich offen oder versteckt der elterlichen und schulischen Autorität. Eltern beklagen sich oft, daß ihre Elfjährigen jede Spur von Tischmanieren verloren haben und sowohl mit den Eltern wie mit Geschwistern recht aufsässig sind. Um es kurz und bündig zu sagen, es wird plotzlich ziemlich unangenehm, mit dem Elfjährigen zu leben. Er fordert seine Eltern ständig heraus. Er wird plötzlich zum jugendlichen Winkelanwalt: Er liebt es, über Kleinigkeiten zu argumentieren und seine Eltern dabei ins Unrecht zu setzen. Ihn zur Mithilfe im Haushalt zu bewegen, wird jetzt zur monumentalen Aufgabe. Eltern bezeichnen ihn als «selbstsüchtig und total selbstbezogen».

Ich möchte allerdings unterstreichen, daß diese allgemeine Beschreibung zwar auf alle Vorjugendlichen zutrifft, daß es aber enorme individuelle Unterschiede gibt, auf welche Weise die verschiedenen Kinder – selbst in derselben Familie – dieses Stadium durchmachen. Manche passieren es relativ leicht, ohne den Blutdruck der Eltern gefährlich in die Höhe zu treiben. Andere werden so unangenehm und schwierig, daß die Eltern sie am liebsten aus dem Haus jagen oder zu entfernten Verwandten schicken würden, bis dieses Stadium vorüber ist. Meine älteste Tochter zum Beispiel durchlief diese Phase ziemlich leicht und nur mit ein paar zugeschmetterten Türen, Tränenfluten und Temperamentsausbrüchen. Mein ältester Sohn hingegen war als Elfjähriger so schwierig, daß wir uns in Phantasien über neuentdeckte Tiefkühltruhen ergingen, in denen man ein Kind für zwei Jahre einfrieren könnte. Zum Glück für die elterliche Gesundheit wurde er mit zwölf beträchtlich umgänglicher, und man konnte wieder leichter mit ihm leben.

Das *Stadium der Vorjugend* umfaßt, grob gesehen, die Jahre *vom elften bis zum dreizehnten Geburtstag.* In diesem Alter sind *Jungen und Mädchen psychologisch noch weiter voneinander entfernt als vorher.* Wenn Jungen zum Beispiel im Kino eine Liebesszene sehen, zeigen sie Abneigung und Ablehnung. Das ist ein Abwehrmechanismus gegen die ersten Anzeichen der Pubertät und ein zwingendes Interesse am anderen Geschlecht. Jungen in diesem Alter sind in der Regel nicht fähig, mit ihren heterosexuellen Gefühlen fertig zu werden, und so laufen sie vor ihnen davon und beschränken sich auf rein männliche Gesellschaft. Wenn Eltern kein psychologisches Verständnis für dieses Entwicklungsstadium haben, geraten sie außer Fassung.

### *«Was ist bloß in mein Kind gefahren?»*

Eltern müssen verstehen lernen, daß die Stabilität der mittleren Kindheit nicht andauert, sonst würde ein Kind psychologisch nicht reifen und nie erwachsen werden. Um *den Weg für die neue Konstellation psychologischer Verhaltensmuster zu bahnen,* die das Erwachsensein ausmachen, müssen *die alten*

*Kindheitsmuster durchbrochen* werden. Der erste Schritt zu diesem Durchbrechen findet in der Vorjugend statt. Wenn Eltern sich klarmachen, daß der Trotz und die mürrische Aufsässigkeit, die so charakteristisch für die Vorjugend sind, Teil des normalen Wachstums und Reifeprozesses sind, können sie diese Periode besser in den Griff bekommen.

In den vorhergehenden Entwicklungsstadien hatte ihr Kind jedesmal *positive* Entwicklungsaufgaben zu bewältigen. Dies ist die erste Periode, deren Zweck paradoxerweise *Auflösung der Persönlichkeitsstrukturen des Kindes* ist, und zwar als Voraussetzung für die zukünftige Entwicklung einer differenzierten Persönlichkeitsstruktur. Damit Ihr Kind seinen Weg ins Erwachsenendasein finden kann, muß es ein Teil dessen abbauen, was es als Kind war, und in mancher Hinsicht ein anderer werden.

Diese psychologische Entwicklung zum Erwachsensein hin findet während der Jugend statt, in den Jahren zwischen dreizehn und einundzwanzig. Die Vorjugend ist das Stadium der einleitenden Auflockerung der Persönlichkeitsstruktur, damit die Veränderungen der Jugend stattfinden können. Vorjugend ist, wie Fritz Redl so anschaulich sagt, «dem Einweichen der Bohnen vergleichbar, bevor man sie kocht». «Aber warum muß mein Kind seine Bohnen auf so unangenehme Art einweichen?» fragen viele Eltern. «Könnte es das nicht auf etwas nettere Art tun?» Doch, es könnte, und es wäre dabei wesentlich umgänglicher, aber es würde das psychologische Ziel dieses Stadiums nicht erreichen, das nun einmal heißt, das psychologische Gleichgewicht der mittleren Kindheit aufzulösen und zu durchbrechen. Biologisch gesehen lebt Ihr Kind in diesem Stadium in einer Art Zwielichtzone. Es ist nicht mehr ganz Kind, aber auch noch kein Jugendlicher. Sein Körper verändert sich und bereitet sich auf die Pubertät vor. Aber es selbst merkt von diesen hormonalen Umstellungen gewöhnlich nichts.

Ein Anthropologe, der eine Gruppe Vorjugendlicher studiert, würde als erstes wahrscheinlich eine extreme physische Unrast feststellen. Mutter Natur hat das Kind in diesem Alter mit enormen Mengen körperlicher Energie ausgestattet, daß die üblichen verfeinerten Verhältnisse der Zivilisation nicht ausreichen, um sie aufzubrauchen. Rennen ist für den Vorjugendlichen natürlicher als Gehen. Und wie Fritz Redl feststellt, «das Wort ‹Sitzen› ist ein Euphemismus für das, was sie mit einem Tisch und einem Stuhl anstellen». Ihre Hände sind ständig in Bewegung: Buchseiten werden eingerollt, mit Bleistiften geklopft oder mit den verschiedensten merkwürdigen Gegenständen gespielt, die sie in ihren Taschen und Schulmappen sammeln. Komische Gesten und Fratzen werden ohne ersichtlichen Grund produziert. Kinder, die mühsam und aufwandreich anständige Tischmanieren gelernt haben, fallen plötzlich ins Höhlenmenschenbenehmen zurück.

Die Gefräßigkeit Vorjugendlicher ist berüchtigt und ein weiterer Ausdruck gebieterischer biologischer Forderungen dieses Stadiums. Eine Mutter sagte mir, ihre vorjugendliche Tochter habe «zwei Hobbies: essen und reden». Die biologische Aktivität und die körperliche Unrast ist für die Eltern gewöhnlich viel leichter zu ertragen als der Negativismus und die allgemeine «Widerborstigkeit», mit der ihr vorjugendlicher Sprößling in der Eltern-Kind-Beziehung aufmotzt. Sogar Kinder, die offensichtlich ihre Eltern lieben und im Grunde eine gute Beziehung zu ihnen haben, entwickeln Launen und benehmen sich mißtrauisch, ablehnend und gereizt. Manchmal möchte man fast denken, das unbewußte Motto des Vorjugendlichen sei: «Nieder mit meinen Eltern, aber jeder andere lebe hoch!»

Ihr Vorjugendlicher ist gegen alle und jede Einschränkung oder Forderung, die das Familienleben mit sich bringt. Selbst auf die vernünftigste Bitte der Eltern – zu einer abgesprochenen Zeit nach Hause zu kommen, zu einer vernünftigen Zeit ins Bett zu gehen, eine Jacke anzuziehen, wenn es kalt ist – reagiert er so heftig, als ob er unter der grausamen, launenhaften Herrschaft machthungriger Diktatoren zu leben hätte. Geplagte Eltern finden, daß ihr tägliches Leben mit einem Vorjugendlichen im Haus ein ständiger Tanz nerventötender Erbitterungen über Kleinigkeiten und scheinbar irrational aufflackernden Grolls ist.

Leben noch jüngere Geschwister in der Familie, erreicht das Verhalten des Vorjugendlichen neue Gipfel der Unerträglichkeit.

Die unterdrückte Eifersucht auf seine jüngeren Geschwister, die bisher mehr oder weniger in Schach gehalten wurde, bricht nun mit neuer Intensität durch, oft zum Erstaunen der Eltern, die dachten, die Kinder hätten «endlich gelernt, miteinander auszukommen».

Die Wertmaßstäbe der Eltern, die während der mittleren Kindheit in die Persönlichkeit des Kindes integriert wurden, scheinen nun ihre Macht zu verlieren und wirkungslos zu werden. Das individuelle Gewissen des Kindes scheint vermindert und die Kontrolle seiner antisozialen Impulse geschwächt. Es hat reichlich Mühe, Verhaltensregeln zu beachten, die ihm ein paar Jahre vorher keinerlei Schwierigkeiten verursachten.

## *Umwertung der Erwachsenenwerte*

Aber der emotionale Aufruhr des Vorjugendlichen geht über die Eltern-Kind-Beziehung hinaus. Vater und Mutter sind nun für den Vorjugendlichen plötzlich zugleich die Repräsentanten des Wertsystems der Erwachsenengesellschaft, die er bekämpfen muß, um sich auf das eigene Erwachsensein vorzubereiten. Mit anderen Worten, viele der gegen seine Eltern gerichteten rebellischen Handlungen des Vorjugendlichen zielen gar nicht auf sie ab. Sie gelten ganz allgemein den Erwachsenen. Wenn das auch manchmal schwer zu verstehen ist, Eltern sind im Grunde die emotionalen Zuschauer bei der Rebellion ihrer Vorjugendlichen gegen die Erwachsenengesellschaft. Diese Rebellion ist nicht nur völlig normal, sie ist absolut *notwendig*, um emotional für die Jugend bereit zu sein.

Bis jetzt hat Ihr Kind innerhalb der psychologischen Grenzen des Wertsystems der Erwachsenen gelebt. «Gut» und «Böse», «Recht» und «Unrecht» wurden von diesem System bestimmt. Wenn es auch diesem Wertsystem manchmal nicht gehorcht hat, so fühlte es doch tief innerlich, daß das unrecht war.

Jetzt, zum ersten Mal in seiner psychologischen Geschichte, beginnt Ihr Kind dunkel und tastend dieses Wertsystem zu bezweifeln. Jetzt huldigt es dem Wertsystem der Gleichaltrigen. Und das unterscheidet sich beträchtlich von dem der Erwachsenen. Im Wertkodex der Erwachsenen ist beispielsweise ein «gutes» Kind eines, das gut lernt, bei den Lehrern beliebt ist und die Gebote und Verbote der Erwachsenen befolgt, die sein Benehmen bestimmen. All diese Werte werden vom Wertkodex der Gleichaltrigen umgestülpt. Ganz allgemein gesagt heißt das, je akzeptabler ein Vorjugendlicher für die Erwachsenen ist, desto unannehmbarer ist er für die Gesellschaft der Gleichaltrigen.

Manche Erwachsenenwerte werden von den Altersgenossen glatt abgelehnt, andere mögen manchmal annehmbar sein, manchmal nicht. Das Gruppenleben vorjugendlicher Banden reicht von heimlichem Rauchen und anderen verbotenen Aktivitäten bis zu Vandalismus, Stehlen oder anderen kriminellen Handlungen. Aber ob die Bande nun nur leicht rebellisch oder durch und durch kriminell ist, die psychologische Haltung bleibt die gleiche. Wichtig ist, daß die Bande sich so betätigt, daß sie Handlungen begeht, die dem Erwachsenenkodex widersprechen und von denen die Erwachsenen nichts wissen. Es ist bemerkenswert, daß so viele Eltern eine «Ich sehe darin nichts Böses»-Einstellung zu dieser Phase der Entwicklung einnehmen.

Jedenfalls ist der *Wechsel vom Erwachsenenkodex zum Kodex der Bande* kein leichter Prozeß für einen Vorjugendlichen, sondern *voller Konflikte und psychologischer Schwierigkeiten.* Er will von seiner Bande bewundert werden. Gleichzeitig aber liebt er seine Eltern und haßt es, sie unglücklich oder enttäuscht zu sehen. Ich kann mich noch lebhaft an meinen eigenen Übergang vom Erwachsenenwertsystem zum Kodex der Gleichaltrigen erinnern. Bis dahin war ich immer ein guter Schüler gewesen und mit meinen Lehrern gut ausgekommen. Aber in der fünften Klasse merkte ich, daß mir das gute Auskommen mit den Lehrern von den Jungen, mit denen ich herumhing, schlecht angekreidet wurde. Also begann ich, mich über die Lehrer lustig zu machen und sie bei meinen Freunden nachzuäffen. Das machte mich bei meinen Kumpels ziemlich beliebt. Eine Lehrerin, eine freundliche und verständnisvolle Frau, ertappte mich dabei, als ich mich vor der ganzen Klasse über sie mokierte, und war ziemlich erschrocken und verwirrt über mein Benehmen, denn sie hatte keinerlei Anlaß zu einer solchen Verspottung gegeben. Sie hatte durchaus recht, denn das alles hatte mit ihr persönlich gar nichts zu tun. Ich verspottete sie als Repräsentantin der Erwachsenengesellschaft, um mich bei den Kumpels hervorzutun.

Genauso kann ich mich erinnern, daß in der fünften Klasse plötzlich eine Diebstahlphase bei mir ausbrach. Ich stahl Illustrierte am Kiosk, Schallplatten aus dem Musikladen und Schokolade aus der Schulkantine. Bei meiner Bande machte mich das zu einem tollen Hecht. Zum Glück erfuhren meine Eltern nichts von diesen Aktivitäten. Das hörte auf, als der Kioskbesitzer mich dabei erwischte, als ich mich mit einer in die Jacke gestopften Illustrierten davonmachen wollte, und mir androhte, zu meinen Eltern zu gehen, falls das noch einmal passieren sollte. Das setzte meiner Verbrecherlaufbahn abrupt ein Ende.

Mit dem Auswechseln der Erwachsenengesetze gegen das Gesetz der Gleichaltrigen tritt der Vorjugendliche seinen Eltern genau dort auf den Zeh, wo es am meisten weh tut. Eine ganze Reihe von Jahren hatte das Kind reichlich freie Zeit, um seine Eltern genau zu beobachten. Jetzt setzt es zum Gegenschlag an. Wenn es das Bedürfnis hat, zu beweisen, wie emanzipiert es ist, *wählt* es *genau die Handlungen und Haltungen, die seine Eltern am meisten reizen.* Sind seine Eltern Moralisten und Sexmuffel, wird es sich genau auf dieses Gebiet konzentrieren, um sie zu schockieren und zu entsetzen. Wenn es weiß, daß die Zeugnisnoten für seine Eltern sehr wichtig sind, wird es plötzlich mit schlechten Noten nach Hause kommen. Wo immer seine Eltern emotional verletzbar sind, wird es seine psychologische Attacke reiten.

Einen klassischen Zwischenfall, wie ein Vorjugendlicher einen der schwachen Punkte in der Psyche seiner Eltern herausfindet und darauf herumreitet, berichtet Dr. Flanders Dunbar:

Ein Elfjähriger und sein Vater kommen in ein Schuhgeschäft, um weiße Turnschuhe zu kaufen, aber die verlangte Größe ist in Weiß nicht am Lager. Der Vater und der Verkäufer versuchen, den Jungen zu überzeugen, daß blaue oder rote Turnschuhe ebenso gut sind. Der Junge steht würdevoll auf und sagt:

«Es gibt noch andere Läden, wo ich weiße Turnschuhe in meiner Größe finden kann. Komm, Papi.» Auf dem Weg zur Tür sagt er: «Papi, es war dir wichtiger, den Verkäufer nicht zu enttäuschen, als mich nicht zu enttäuschen. Ich habe das schon öfter bemerkt. Papi, wenn du Angst hast, zu sagen, was du denkst und was du willst, und dich nicht änderst, wirst du es nie zu etwas bringen.»

Eine sehr scharfsinnige Analyse eines Vaters, finden Sie nicht auch? Und sehr typisch für die Klarheit, mit der ein Vorjugendlicher die Schwächen und Fehler seiner Eltern sehen kann. So unerfreulich es auch sein mag, unsere Vorjugendlichen werden uns auf die psychologischen Zehen treten. Und sie werden nicht nur gegen uns als Eltern rebellieren, sondern gegen die ganze Erwachsenengesellschaft, für die wir stehen. Es ist wichtig für uns, zu realisieren, daß jeder Vorjugendliche – so unbequem das für uns auch ist – die Gelegenheit braucht, in irgendeiner Form irgendwelches wilde Verhalten zu manifestieren. Der Vorjugendliche, der nie auf erwachsene Hühneraugen tritt, sich nie Erwachsenengesetzen widersetzt oder in Schwierigkeiten gerät, wird Mühe haben, befriedigend durch seine Jugend ins Erwachsenenstadium zu gelangen. Es ist wichtig für Eltern, diesen typisch vorjugendlichen Unfug nicht persönlich zu nehmen.

## *Das «Malaise» des Elfjährigen*

Der Elfjährige repräsentiert eine völlig neue Wachstumsperiode. Wir haben dieses neue Stadium Vorjugend genannt, aber in gewissem Sinn tritt der Elfjährige bereits in die Jugend ein.

Elf bedeutet, der mittleren Kindheit Knall auf Fall zu entwachsen. Plötzlich ist das Kind ganz selbstbewußt, oft so, daß es für Erwachsene, und insbesondere seine Eltern, irritierend wirkt. Es ist widerspenstig, gesprächig, wißbegierig, stets in Bewegung und auf dem Sprung. Es entwickelt einen unersättlichen Appetit. Es argumentiert gern und tut das bei jeder Gelegenheit. Es unterbricht andere Leute, um dann selbst in die gleiche

Kerbe zu hauen. Es fegt durchs Haus wie ein Wirbelsturm, schmettert die Türen zu und macht Krach. Sein Radio und sein Plattenspieler oder der Fernsehapparat dröhnen immer in voller Lautstärke – ein Martyrium für die Ohren der Erwachsenen.

Vor allem aber ist der Elfjährige Gefühls- und Stimmungswechseln unterworfen, wie er sie in den ganzen zehn Jahren auf diesem Planeten noch nie erfahren hat. Dr. Gesell drückt die Gefühle vieler Eltern über dieses neue Phänomen, mit dem sie es in der Person ihres Elfjährigen zu tun haben, sehr gut aus, wenn er sagt, daß es in ihren Gemütern oft zu einer Art Malaise kommt. Es ist, als ob plötzlich eine den Rahmen der unmittelbaren Umwelt sprengende Naturkraft von ihren Sprößlingen Besitz ergriffen hätte.

Plötzlich scheint ihr selbstzufriedener, vernünftiger und angenehmer Zehnjähriger sich in einen linkischen, lauten Fremden verwandelt zu haben. Dieser Fremde ist oft unangenehm, streitsüchtig, widerspenstig, zappelig, unverschämt und trotzig. Elf bedeutet, sich oft verdrießlich zu fühlen, aber nicht zu wissen, warum. Er kann schon am Morgen schlechtgelaunt, mürrisch und niedergeschlagen aufwachen. Ärger ist eine sehr häufige Gefühlsregung für einen Elfjährigen. Er hat oft Ausbrüche von Aggression, die sich meistens gegen seine jüngeren Geschwister richten. Enttäuschung und verletzte Gefühle sind ebenfalls häufig. Manche Enttäuschungen und Frustrierungen lassen ihn in Tränen ausbrechen, wobei ein elfjähriger Junge genauso schnell bereit ist zu heulen wie ein elfjähriges Mädchen.

Sein Gefühlsleben erreicht plötzlich Gipfel der Intensität. Es ist schwierig, mit einem Elfjährigen fertig zu werden, der unvermittelt von heftigen Gefühlen übermannt wird, die in keinerlei Verhältnis zur vorhandenen Situation stehen. Über ein ärgerliches Wort kann er einen Wutanfall bekommen, dann aber abrupt in Gelächter und Freudengeheul überwechseln. Seine Stimme kann in wenigen Sekunden um einige Oktaven steigen. Aber am allererstaunlichsten für seine Eltern ist die Tatsache, daß es ihm völlig egal ist, ob die Erwachsenen finden, es sei schwierig, mit diesen Stimmungen zu leben. («Wer – ich? Schwer mit mir auszukommen? Du machst wohl Spaß?»)

Väter müssen sich immer wieder sagen, daß diese abrupten Gefühlswechsel eine Wachstumserscheinung sind. Der ganze biologische und psychologische Organismus des Kindes macht tiefgreifende Veränderungen durch. Die Wechsel in seinen Gefühlen sind Teil eines allgemeinen Reorganisationsprozesses. Die subtilen Veränderungen in der Chemie seines Körpers und das strukturelle Wachstum seines Nervensystems, das den Beginn der Jugendzeit ankündet, können wir nicht sehen. Diese Veränderungen vollziehen sich still, aber machtvoll. Deshalb sagte ich, daß man in gewissem Sinn vom zwölften Lebensjahr als der Ankündigung des Jugendbeginns sprechen kann.

Wir sollten uns immer wieder daran erinnern, daß *biologische Veränderungen beim Kind grundlegender sind als psychologische.* Während des Stadiums der mittleren Kindheit war das biologische System Ihres Kindes mehr oder minder im Gleichgewicht. In der Vorjugend erschüttern gewaltige biologische Umwälzungen dieses vorher so ausgewogene Gleichgewicht. Der Aktivitätsgrad erhöht sich erheblich. Ihr Kind wird zu einem Kreisel mit enormem Appetit, und zwar nicht nur auf Nahrung, sondern auch auf neue Erfahrungen, besonders auf dem Gebiet zwischenmenschlicher Beziehungen. Sogar Körperfunktionen, etwa die Körpertemperatur, werden in diesem Alter unausgeglichen und neigen dazu, zwischen Extremen hin- und herzuschwanken.

Im allgemeinen benimmt sich der Elfjährige besser, wenn er nicht zu Hause ist. In der Schule, beispielsweise, muß er weder mit Geschwistern und der eigenen Eifersucht kämpfen, noch sich auf einen emotionalen Höhepunkt steigern, um die Kindheitsabhängigkeit von den Eltern zu durchbrechen. In der Schule ist er unter Gleichaltrigen, mit denen er gerne zusammen ist und wetteifert. Als unser Sohn Randy elf war, sagten meine Frau und ich im Spaß oft, es müsse zwei absolut gleich aussehende Ausgaben von Randy Dodson geben: den mürrischen, unangenehmen, den wir von zu Hause kannten, und den kontaktfreudigen, begeisterungsfähigen, überall mitmachenden, den seine Lehrer und Pfadfinderführer kannten.

Der Elfjährige ist bei Beginn der Vorjugend in der gleichen

Lage wie jemand, der noch nie einen Fußball gesehen hat und nun in die Geheimnisse des Dribbelns und Kickens eingeweiht wird. Wen wollte es da überraschen, daß seine ersten Versuche linkisch und unberechenbar sind? Statt Fußball ist es das Sozialverhalten und die zwischenmenschlichen Beziehungen der Jugendzeit, worin der Vorjugendliche in diesem Alter sich zu üben beginnt.

Wenn ein Vater diesen Zusammenhang einmal erkannt hat, beginnt er das ungeschickte Sozialverhalten seines Elfjährigen besser zu begreifen. Viele Väter sehen nicht sehr viel Sinn in den Freizeitaktivitäten eines Elfjährigen, denn er verbringt einen großen Teil seiner Zeit mit «Herumgammeln», Raufen, Lachausbrüchen, Herumalbern, gelegentlichen Temperamentsausbrüchen – er erprobt mit seinen Gefährten eine ganze reiche Skala von emotionalen Wechselwirkungen. Das könnte man als eine Art ungeschickter Versuche eines Anfängers zu zwischenmenschlichem «Dribbeln» und «Kicken» beim soziologischen Ballspiel betrachten.

Das soziale Leben der Jungen dieses Alters ist wilder und rauher als das der Mädchen, das subtiler, komplexer und gefühlsmäßig reicher ist. Jungen und Mädchen bilden selbstorganisierte, lose zusammenhaltende Klubs, die als Bühne für ihre *Übungen im Sozialverhalten* dienen. Der Vorjugendliche wechselt in einen anderen emotionalen Gang. Er kann nicht mehr einfach als Kind eingestuft werden, er wird ein Jugendlicher. Seine Gefühle durchlaufen einen neuen und dynamischen Trainingsprozeß. *Eines der Charakteristiken* dieses Prozesses ist *das immer wiederkehrende Muster von Feindseligkeit, gefolgt von Versöhnung*. Eltern sind oft verwirrt über das Auf und Ab in den Freundschaften ihrer Elfjährigen. Man sollte das jedoch als die ersten ungeschickten Lernversuche sozialer Beziehungen ansehen. Ein Mädchen sagte dazu: «Ich mag die alle. Aber manchmal müssen wir streiten, damit was läuft!» Mit anderen Worten, der Vorjugendliche lernt sein neues Selbst abzugrenzen, indem er sowohl positiv wie negativ auf seine Gefährten reagiert.

Jungen und Mädchen kommen in diesem Alter nicht besonders gut miteinander aus. Würde man nur die Oberfläche betrachten, so würde man die unterschwellige Anziehungskraft, die sich meist in gegenseitigen Neckereien äußert, gar nicht bemerken. Ein Junge drückte die typische Einstellung zu den Mädchen so aus: «Wir haben nichts gegen Mädchen, aber wir spielen nicht mit ihnen. Wenn wir müßten, täten wir's vielleicht.»

Aber unter der offensichtlichen Abneigung gegen das andere Geschlecht beginnen sich die sexuellen Anziehungskräfte der Jugend zu rühren. Auf der Seite der Jungen drückt sich das in Hänseleien aus, und die Mädchen genießen es, obwohl sie äußerlich dagegen protestieren. Es ist, als ob das eine Geschlecht zum anderen sagen würde: «Offiziell kann ich niemandem erlauben, zu wissen, daß das andere Geschlecht von irgendwelchem Interesse für mich ist. Aber ich kann meine Gefühle entsprechend maskiert zum Ausdruck bringen.»

Ein Junge kann in dem Sinn eine «Freundin» haben, als er ein Mädchen in seiner eigenen, privaten Gedankenwelt gern hat. Aber niemand, nicht einmal sein bester Freund und schon gar nicht das Mädchen selbst, wird die leiseste Idee davon haben, daß er sich für es interessiert.

Zum Unglück für die Eltern ist *das Benehmen des Elfjährigen innerhalb des Familienkreises am allerschlimmsten*. Deshalb tut der Vater gut daran, sich immmer wieder daran zu erinnern, daß die Opposition, die Streitsucht, der Widerspruchsgeist, die Ablehnung häuslicher Pflichten und die Reibereien mit den Geschwistern lauter Proben für die frühjugendliche Selbstbestätigung des Elfjährigen sind. Ihr Sprößling ist sehr erfahren in der Rolle des Kindes, muß aber die Rolle des Jugendlichen erst erlernen – daher die zermürbende Albernheit des sozialen Verhaltens mit elf. In dieser Hinsicht erinnert er uns an das zweieinhalbjährige Kind, das das andere Kind mit Sand bewirft, um ihm zu zeigen, daß es mit ihm spielen will. Der Elfjährige fordert gern andere Leute heraus, vor allem die Eltern, um Antworten zu erhalten, die ihm die psychologische Handhabe geben, dagegen zu sein. Er mißt ein neugefundenes, vorjugendliches Ich am Ich anderer Leute, um so zu definieren, wer er ist und wer sie sind. Diese Selbstdefinition findet er durch die Konfrontation mit anderen, vor allem mit den Eltern.

*Die negative Selbstidentität muß der positiven Selbstidentität vorangehen.* Das Kind muß zuerst negativ auf das reagieren, was die Eltern von ihm wollen, bevor es auf positive Weise herausfinden kann, was es selbst will. Deshalb ist es wichtig, zu verstehen, was die unterschwelligen Wachstumskräfte des Elfjährigen zu erreichen suchen. Sonst ringt der Vater nur die Hände und erklärt, sein Elfjähriger sei ein verwöhnter, selbstsüchtiger Balg, und fühlt sich versucht, das ganze Unterfangen aufzugeben.

Aber selbst wenn ein Vater diese dem Negativismus und der Aufsässigkeit zugrunde liegenden positiven Wachstumskräfte versteht, ist das Stadium immer noch schwierig zu durchleben, denn erstaunlicherweise scheint der Elfjährige meist blind und taub zu sein für die eigenen Rüpeleien und ihre Wirkung auf andere. «Was meinst du mit unverschämtem Ausbruch?» antwortet der Elfjährige seinem Vater in herausforderndem und kriegerischem Ton. Daß er sich seiner lauten, unverschämten, lümmelhaften Art nicht bewußt ist, spiegelt sich in der abwehrenden Haltung, die er oft einnimmt, wenn er Dinge sagt wie: «Ihr habt auch an allem etwas auszusetzen!»

Wie ich vorher schon erwähnte, darf man nie vergessen, daß der Elfjährige nicht nur psychologisch, sondern auch *biologisch* anders ist als in seinen vergangenen zehn Jahren auf dieser Erde. Es ist, als hätte er eine Riesenspritze voll biologischer Energie bekommen.

Essen ist eine seiner bevorzugten Aktivitäten. Er kann oft eine Lieblingsspeise haben und davon Riesenportionen vertilgen. Die heftige Erregbarkeit des Elfjährigen zeigt sich schon bei seiner Reaktion auf verschiedene Speisen. Vielleicht «haßt und verabscheut» er plötzlich Dinge, die er vor ein paar Jahren noch sehr gerne mochte. Schwankungen des Appetits werden von Stimmungsschwankungen abgelöst: «An manchen Tagen bringe ich einfach nichts runter, und an anderen habe ich Hunger wie ein Wolf.»

Den Elfjährigen abends ins Bett zu kriegen, ist oft eine mühsame und aufreizende Angelegenheit. Er wird jede Ausrede benutzen, um das Zubettgehen hinauszuzögern. Beinahe jede

Bettzeit, die die Eltern anordnen, wird als «zu früh» und «für Babys» bezeichnet.

Väter haben oft mehr Erfolg bei dieser allabendlichen Kampagne als Mütter. Das liegt teilweise an der Tatsache, daß die Mutter bereits versucht hat, mit der Unvernünftigkeit des Elfjährigen fertig zu werden, seit er von der Schule heimkam, und jetzt ganz einfach genug hat. Seien Sie hinsichtlich der Schlafenszeit des Elfjährigen flexibel. Sie ist für ihn das Symbol seiner Unabhängigkeitsbestrebungen und Selbstbestätigung.

Zwei Vorschläge mögen zu diesem Punkt eine Hilfe sein: Erstens, schicken Sie Ihren Elfjährigen zu einem festgesetzten Zeitpunkt ins Bett, erlauben Sie ihm aber, noch eine halbe Stunde zu lesen. Wenn er sich mit seinem Lieblingsbuch, einer Illustrierten oder einem Comic Book ins Bett kuscheln kann, wird das seinen Widerstand gegen die Bettzeit oft verringern. Zweitens, seien Sie an Wochenenden und während der Ferien großzügig mit seiner Bettzeit.

Was die Pflichten und Arbeiten im Haushalt betrifft, ist es sehr schwierig, mit den Elfjährigen auszukommen. Wie auch immer seine frühere Einstellung zur Arbeit gewesen sein mag, jetzt ist er davon überzeugt, jegliche Hausarbeit zu hassen. Mehr noch, er wird enorme Energien darauf verwenden, sich vor seinen Pflichten zu drücken, oder er wird seine Aufgabe so erledigen, daß dadurch die Absichten des Elternteils, der sie ihm aufgetragen hat, klar negiert werden. Wenn von ihm zum Beispiel verlangt wird, sein Bett zu machen, dann schmeißt er einfach den Bettüberwurf über Spielzeug, Kissen und Krimskrams und betrachtet das Bett als «gemacht». Im Gegensatz zu seiner bemerkenswerten Abneigung, zu Hause auch nur einen Finger zu rühren, verwendet er ein Übermaß an Energie auf Freizeitprojekte, wie etwa das Erstellen einer Baumhütte oder einer Festung. Ein Mädchen, das sich bockig geweigert hat, die Küche aufzuräumen, kann plötzlich in einem Anflug von Tatendrang einen Kuchen backen oder einen Pudding kochen, einfach weil das freiwillige und selbstgewählte Arbeiten sind. Manche Eltern versuchen immer wieder vergeblich, ihren Elfjährigen dazu zu bringen, sein Zimmer in Ordnung zu halten – eine frustrierende, niemals endende Kontroverse. Ich persönlich finde, daß die Eltern dieses ewige emotionale Tauziehen besser lassen würden. Machen Sie doch einfach die Tür zu, um das Schlachtfeld im Zimmer nicht mehr sehen zu müssen. In angemessenen Zwischenräumen können Reinigungskampagnen angeordnet werden.

Im allgemeinen kümmern sich elfjährige Buben nicht sehr um ihre Kleidung und würden fröhlich wochenlang mit demselben Hemd und derselben Hose herumlaufen. Elfjährige Mädchen legen mehr Wert auf Kleidung und ziehen sich vielleicht sogar gern hübsch an. Sie haben oft feste Vorstellungen davon, was sie kaufen und was sie tragen wollen.

Was die Schule angeht, so haben viele Elfjährige sie immer noch gern. Andere wieder mögen große Schwierigkeiten haben, sich in der Schule anzupassen. Die überschüssige Energie und die Kritiklust machen es dem Lehrer schwer, den Elfjährigen zu unterrichten. Er geht gerne zur Schule, weil er dort seine Freunde trifft. Sein Bedürfnis nach ununterbrochenem Kontakt mit seinen Gefährten ist unersättlich, selbst wenn er gar nicht so gut mit ihnen auskommt. Er ärgert, quält, schubst oder haut seine Klassenkameraden. Elfjährige sind unruhig, geschwätzig und kritisch. Sie können es nicht aushalten, stillzusitzen, sondern schwärmen im Klassenzimmer umher, stecken sich Zettel zu, spielen Streiche und schwatzen. Das alles verlangt einen Lehrer, der zwar kein erzieherischer Diktator ist, aber die Klasse fest in der Hand hat. Hat er dazu noch Humor und Witz, um so besser. Ein guter Mittelstufenlehrer ist nicht leicht zu finden, und falls Ihr Sprößling glücklich genug ist, einen solchen zu haben, dann bekunden Sie Ihre Dankbarkeit.

Aber selbst mit dem besten Lehrer ermüdet Ihr Elfjähriger schnell, sei es körperlich oder gefühlsmäßig, oder beides zusammen. Müdigkeit kann sich in ungleichmäßigen Schulleistungen äußern. An einem Tag arbeitet er sehr gut, am nächsten sind seine Leistungen vielleicht fürchterlich.

Kluge Eltern kalkulieren diese ungleichmäßigen Leistungen mit ein. Eines der besten Dinge, die sie Ihrem Elfjährigen antun können, ist, ihn zwei- oder dreimal im Jahr die Schule schwänzen zu lassen. Das gibt ihm großen psychologischen Auftrieb und vielleicht eine andere Einstellung zur Schule, vor allem, wenn er sich beklagt hat.

Wie wir gesehen haben, kommt der Elfjährige im allgemeinen in der Schule, bei den Pfadfindern oder anderen Aktivitäten außer Haus besser zurecht als mit der Familie. Vater und Mutter haben endgültig ihren elterlichen Heiligenschein verloren. Nachdem er Sie ein paar Jahre lang beobachtet hat, ist er sich Ihrer Schwächen und Fehler voll bewußt. Im allgemeinen zögert er nicht, Sie zu verbessern, wenn er glaubt, Sie hätten unrecht. Vor allen Dingen argumentiert der Elfjährige gern und reitet auf Spitzfindigkeiten herum, besonders wenn er etwas Unerlaubtes getan hat.

Trotz allem müssen aber Ihre Beziehungen zum Elfjährigen nicht *völlig* negativ sein. Schließen Sie aus seiner aufsässigen und mürrischen Art nicht, daß er mit seinem Vater nichts mehr zu tun haben will. Auch wenn er Sie ständig herausfordert, sollten Sie nicht vergessen, daß Sie wichtig für ihn sind.

Während dem elften Lebensjahr ist es wahrscheinlich wichtiger als in jedem anderen Jahr, das wir bis jetzt durchgenommen haben, daß Sie mit Ihrem Kind gemeinsam etwas unternehmen, ohne jedoch dabei irgend etwas von ihm zu verlangen. Es sollte sich einfach um ein gemütliches Beisammensein handeln, bei dem man etwas tut, das beiden Spaß macht. Das Bedürfnis des Kindes nach solchen Zeiten, wo nichts von ihm verlangt wird, hat ein Junge wunderbar in seinem Aufsatz mit dem Titel «Was mein Hund mir bedeutet» ausgedrückt: «Mein Hund ist jemand sehr Nettes und Ruhiges für mich. Er sagt nicht ‹Mach das› wie meine Mutter und ‹Tu das nicht› wie mein Vater oder ‹Laß das› wie mein großer Bruder. Mein Hund und ich sitzen einfach ruhig beieinander, und er hat mich gern, und ich habe ihn gern.»

Es gibt wohl kein Alter, in dem ein Kind schlechter mit seinen Geschwistern auskommt, als mit elf. Der Elfjährige ist oft geradezu fanatisch eifersüchtig und klagt seine Eltern bitter an. Ich erinnere mich an einen Familienausflug, als mein Sohn Randy elf und seine Schwester Rusty fünf waren. Randy behanhandelte Rusty so gehässig, daß ich ihn schließlich zur Seite nahm um mit ihm zu reden. Ich fragte ihn, was denn los sei, und schließlich brach es aus ihm heraus: «Du und Mami lieben Rusty mehr, und ich hasse das!»

«Warum glaubst du, daß wir Rusty mehr lieben als dich?»

«Ist das nicht klar zu sehen? Für sie tut ihr dauernd was, aber für mich tut ihr nie was Nettes!»

(Ich widerstand der Versuchung, darauf hinzuweisen, daß wir Randy erlaubt hatten, einen Freund auf den Ausflug mitzunehmen, Rusty aber nicht.)

Statt vernunftmäßig auf seine Gefühle zu antworten und ihm zu sagen, daß wir ihn liebten und für Rusty nicht mehr täten als für ihn, ermutigte ich ihn einfach dazu, mir seine Gefühle zu schildern. Ich benutzte die Rückkoppelungstechnik, um ihn wissen zu lassen, daß ich verstand, was er fühlte. Wir brauchten ungefähr fünfzehn Minuten, und er schüttete seine ganzen Wut- und Eifersuchtsgefühle aus. Als er sich voll ausgesprochen hatte, gab ich ihm einen Kuß und schlug vor, zu den anderen zurückzukehren. Er wurde nach diesem Vater-Sohn-Dialog zwar nicht über Nacht ein Engel, aber man konnte leichter mit ihm leben, und er kam für den Rest des Ausflugs mit Rusty besser aus.

Trotz all der Schwierigkeiten und Konflikte mit den anderen Familienmitgliedern will der Elfjährige selten allein sein. Gewöhnlich hockt er mitten im Familienkreis. Er ist ein eifriger Beobachter der anderen Familienmitglieder und vor allem ein unermüdlicher Redner.

Das ist er also – der Elfjährige. Das Kind dieses Alters wird treffenderweise *Vorjugendlicher* genannt. Denn mit elf sehen wir zum ersten Mal deutlich viele der psychologischen Veränderungen, die so typisch für die Jugend sind. Sein körperliches und psychologisches Wachstum beschleunigt sich, und es kommt zu einer enormen Steigerung des Aktivitätsgrades und des Energieaufwandes. Er durchläuft eine Phase der negativen Selbstidentität, die dem Finden der positiven Selbstidentität vorausgeht. Er ist aggressiv und oft gehässig, probiert neue Muster zwischenmenschlicher Beziehungen aus, um herauszufinden, wer er ist.

Die Beziehungen zu den Eltern und vor allem zu den jüngeren Geschwistern sind voller Konflikte. Er wird oft von Selbstzweifeln und Unsicherheit übermannt und kann zeitenweise sehr abweisend sein. Er findet, die Schule lohne sich nicht, und ist schwierig zu behandeln. Einzig die Beziehungen zu seinen Kameraden gleichen Alters bleiben einigermaßen intakt. Wenn er damit beschäftigt ist, eine Baumhütte zu bauen oder einen seiner vielen Klubs zu organisieren, ist er zu überschwenglichen Glücksgefühlen fähig.

Der Vater, dem ob dem schwierigen Verhalten seines Elfjährigen angst und bange geworden ist, kann wieder Mut fassen. Obwohl viele derselben psychologischen Themen auch beim Zwölfjährigen auftauchen, sind sie beträchtlich gemildert. Mit den Charakteristiken der vorjugendlichen Persönlichkeit beim Elfjährigen läßt es sich so schwer leben, weil es das erste Mal in seinem ganzen Leben ist, daß er sich damit herumschlagen muß. Wenn er zwölf ist, haben sich seine Ängste und Unsicherheiten zum großen Teil gelegt. Weil er sich wohler fühlt in seiner Haut, läßt sich auch besser mit ihm leben.

### *Der neugewonnene Status des Zwölfjährigen*

Irgendwie weiß Mutter Natur, daß Eltern nicht zwei volle Jahre das für den Elfjährigen charakteristische Benehmen durchstehen könnten. So hat sie weise dafür gesorgt, daß das für den Elfjährigen so typische vorjugendliche Verhalten sich während des zwölften Lebensjahres mildert. Der Elfjährige schlug oft blind und grausam um sich, um seinen neuen Status zu gewinnen. In vieler Hinsicht fühlt der Zwölfjährige, daß er diesen neuen Status nun hat. So kann er es sich leisten, seine Anstrengungen zu lockern und freundlicher und angenehmer zu sein. Um den Unterschied in einem Satz zusammenzufassen: Mit elf suchte er sich selbst, mit zwölf beginnt er sich zu finden.

Folgender Kommentar eines Zwölfjährigen zeigt die typische Einstellung zu sich selbst: «Ich bin nicht schlecht, aber auch nicht zu gut. Wenn man zu gut ist, mögen einen die anderen Kinder nicht.» Dieser Kommentar beweist klar die ungeheure Bedeutung, welche die Gruppe Gleichaltriger für ihn hat. Jungen wie Mädchen sind ängstlich darum bemüht, zu wissen, wie ihre gleichaltrigen Gefährten über die Dinge denken und fühlen. Sie wollen nicht aus der Reihe tanzen. Die Art, wie die anderen sich anziehen, die Haare tragen, die Sorte Musik, die sie hören und die soziale Haltung, die «in» ist, sind von großer Wichtigkeit.

Der Gesamteindruck eines Zwölfjährigen ist der, daß die nach sich selbst suchende Persönlichkeit des Elfjährigen nun integriert und zusammengefaßt ist. Er ist *vernünftiger und toleranter*, mit einem neugefundenen *Schuß von Humor*, den Eltern und Lehrer als sehr positive Errungenschaft anerkennen.

*Enthusiasmus* ist ein weiterer wichtiger Zug des Zwölfjährigen. Wenn er sich überhaupt für etwas interessiert (einen Film, eine Fußballmannschaft, Pizza oder Wissenschaft), dann voller Begeisterung. Typische Zwölfjährige sprechen über Sachen, die sie gern haben, etwa so: «Ich *liebe* Peperoni-Pizza» und «Es war himmlisch» und «Das ist super, richtig klasse!» Ebenso «enthusiastisch» ist er auf der negativen Seite. «Ich *hasse* Leber!» Sein Enthusiasmus stürzt ihn mit großer Tatkraft und Schwung in Aufgaben, die er sich selbst ausgesucht hat (und nicht in solche, die die Erwachsenen ihm zugedacht haben!). In der Schule beispielsweise fordert er gern Debatten und Diskussionen heraus. Bei den Jungen wird viel von diesem Enthusiasmus auf den Sport verwendet. Sie spielen nicht nur gerne selber Fußball, Handball, Eishockey, sondern sind auch leidenschaftliche Fans ihrer Lieblingsmannschaften und -spieler.

Da der Zwölfjährige so enthusiastisch und offen ist und so enorme Energien verbraucht, bedarf er *periodischer Ruhepausen*, um sich zu erholen, *sowohl körperlich wie seelisch*. Manche Zwölfjährigen haben Zeiten extremer Müdigkeit, wo sie alles und jeden hassen, der etwas von ihnen will. Andere bekommen einfach eine Erkältung und *müssen* dann ein bis zwei Tage ausruhen. Wieder andere laden ihre Batterien wieder auf, indem sie planlos herumhängen und nichts Rechtes tun. Der kluge Vater wird seinem Zwölfjährigen das erlauben, wohl wissend, daß es für das Kind wichtig ist, seinen emotionalen Motor einmal abzustellen. Er wird während der Zeit dieses «Herumhängens» keine Forderungen an ihn stellen.

Auch der Zwölfjährige zeichnet sich durch einen Riesenappetit aus, sein Magen ist ein «Faß ohne Boden». Wenn der Zwölfjährige am Nachmittag aus der Schule kommt, möchte er ein dickes Vesper, und auch zur Schlafenszeit hat er plötzlich fürchterlichen Hunger und braucht dringend eine Zwischenverpflegung. Eltern, die selbst nicht unter solchen vorjugendlichen Hungeranfällen litten, verweigern ihren Kindern manchmal solche Zwischenverpflegungen, weil sie finden, das Kind werde «verhätschelt». Das ist ein Fehler. Es ist wichtig, zu verstehen, daß der enorme Appetit des Vorjugendlichen eine völlig normale Wachstumserscheinung ist und grundlegende physiologische Veränderungen widerspiegelt, die im gesamten Organismus des Kindes vor sich gehen.

Der Zwölfjährige hat gewöhnlich die zermürbenden Auseinandersetzungen und Kämpfe wegen der Schlafenszeit, die er mit elf aufführte, aufgegeben. Wenn man ihm erlaubt, im Bett noch etwas zu lesen oder Radio zu hören, hält er sich meist ohne weiteres an eine vereinbarte Schlafenszeit.

Auch die Kleiderfrage wirbelt weniger Staub auf. Der Zwölfjährige will bei der Wahl seiner Kleider entscheidend mitbestimmen. Besonders Mädchen wollen ihre Garderobe zuerst ausprobieren, um zu sehen, wie sie ihnen steht. Sie hassen es, wenn die Mutter Kleider nach Hause bringt, die sie allein ausgesucht hat.

Es besteht gar kein Grund dafür, daß es immer die Mutter sein muß, die mit dem zwölfjährigen Jungen oder Mädchen einkaufen geht. Es ist sehr gut, wenn auch der Vater seinen Sohn oder seine Tochter einmal zu einem Einkaufsbummel mitnimmt. Mädchen genießen es, mit dem Vater Kleider einzukaufen, besonders wenn dabei noch ein Mittagessen oder ein Cafébesuch herausschaut.

Der Zwölfjährige liebt es zwar, seine Kleider selbst auszusuchen, ist aber kaum daran interessiert, sie zu pflegen und aufzuhängen. Das Zimmer eines Zwölfjährigen sieht zwar etwas besser aus als das des Elfjährigen, ist aber meist mit Kleidungsstücken übersät. Er verstreut seine diversen Sachen auch über die ganze Wohnung. Sehr hilfreich für einen Zwölfjährigen ist ein Wandbrett in seinem Zimmer. Dann hat er einen bestimmten Platz, um den Krimskrams aufzuhängen, der so wichtig für ihn ist: Fotos von Sportlern, Bilder aus Zeitschriften, Fotos von Popmusikern oder Filmstars.

Bei den Hausarbeiten ist der Zwölfjährige nicht mehr ganz so widerspenstig, wie er es mit elf war. Er meldet sich nicht gerade *freiwillig* zu häuslichen Pflichten, aber er ist williger, wenn man ihn daran erinnert. Die Jungen waschen jetzt vielleicht das Auto, räumen die Garage oder den Bastelraum auf oder flicken auch einmal einen kaputten Gartenzaun. Mädchen interessieren sich fürs Kochen und sind stolz darauf, mit Mutters Hilfe neue und spezielle Gerichte zuzubereiten. Die Gefühle eines Zwölfjährigen sind ruhiger und gesetzter als die eines Elfjährigen. Die unangenehme, streitsüchtige, argumentierende Art von elf ist zwar noch nicht ganz verschwunden, hält sich aber in erträglichen Grenzen.

Die meiste Zeit finden seine Eltern ihn gutgelaunt, Vernunftgründen durchaus zugänglich und angenehm im Umgang. Von Zeit zu Zeit hat er jedoch immer noch Wutausbrüche, die sich – wie mit elf – zur Hauptsache gegen seine jüngeren Geschwister richten.

Die Schulumgebung ist für den Zwölfjährigen meist ganz anders als die mit elf. Der Wechsel in die Oberstufe oder auf einen anderen Schultypus ist sehr drastisch für ihn. In der Unterstufe war er oben auf der Sprossenleiter, und die Kleineren sahen zu ihm auf. Jetzt ist er plötzlich wieder ganz unten und in einer neuen und fremden Umgebung.

Statt der Sicherheit eines einzigen Klassenzimmers und *eines* Lehrers wird jetzt jedes Fach von einem anderen Lehrer in einem anderen Raum gegeben. Das bringt seine Abhängigkeitsgefühle durcheinander. Unbewußt fühlt er, daß jetzt nicht mehr *eine* Person für ihn zuständig ist, wie der Lehrer in der Unterstufe.

Ein *Schulwechsel* ist ein *großer psychologischer Einschnitt.* Sie müssen darauf vorbereitet sein, mit Ihrem Zwölfjährigen zu fühlen und bei allen Schauergeschichen, die er aus der Schule mit heimbringt, die Rückkoppelungstechnik benutzen. Gewisse Prahlereien oder Nörgeleien sind einfach nur eine Verschleierung des meist unbewußten Gefühls, daß er jetzt in einer neuen und fremden Welt lebt.

Auch der Lehrer des Zwölfjährigen braucht eine feste Hand und einen sicheren Kurs in der Disziplin. Ist er schwach oder unsicher, spüren die Kinder das sehr schnell und «besorgen es ihm». Sie werfen mit Papierkugeln, husten unisono auf ein verabredetes Zeichen oder treiben anderen Schabernack, um die Klasse in Aufruhr zu versetzen.

Obwohl sie immer noch viele Dinge gemeinsam haben, beginnen die schulischen Interessen der Jungen und Mädchen jetzt scharf auseinanderzugehen. Wenn auch beide Krimis und Abenteuergeschichten lieben, so differiert ihr Lesegeschmack in anderer Hinsicht beträchtlich. Jungen lesen gern über Sport, Schießereien, Motorfahrzeuge und vielleicht Jagen und Fischen. Mädchen lieben Geschichten über junge Mädchen und Frauen, die mit Liebesromanzen und Karriere zu tun haben. Die Mädchen haben Handarbeitsunterricht, die Jungen Werkunterricht. Allerdings beginnen sich heute diese Abgrenzungen langsam zu verwischen, und Jungen wie Mädchen experimentieren mit Fächern, die früher nur dem anderen Geschlecht vorbehalten blieben.

Mit zwölf hat sich das ganze Wesen der Persönlichkeit gemildert, wenn man es mit dem von elf vergleicht. Das trifft auch auf die *zwischenmenschlichen Beziehungen* sowohl innerhalb wie außerhalb der Familie zu. *Der Zwölfjährige kommt mit Eltern und Geschwistern besser aus,* wobei ihm die jüngeren Geschwister immer noch auf die Nerven gehen, weil sie seine Sachen nehmen und ihn ärgern. Hat der Zwölfjährige ältere Geschwister (fünfzehn oder älter), kann er diesen seinen Bruder oder seine Schwester bewundern oder gar zum Idol erheben. Er kann oft einem älteren Bruder oder einer älteren Schwester mehr vertrauen als den Eltern.

Für viele Zwölfjährige ist dies ein Alter von beträchtlichen *Jungen-Mädchen-Aktivitäten und -Interessen,* aber das Interesse am anderen Geschlecht kann sich in sehr sonderbaren und merkwürdigen Formen äußern. Ein Mädchen kann in einen Jungen verliebt sein und das Gefühl haben, er sei ihr «Freund», obwohl der fragliche Junge von Ihrem Interesse gar nichts ahnt. Dasselbe kann auf einen Jungen und eine vermeintliche «Freundin» zutreffen. Mädchen sind meist mehr an Jungen interessiert als umgekehrt. Jungen bekunden ihr Interesse an Mädchen, indem sie sie ärgern, ihnen nachjagen, ihnen die Mappe entreißen oder auf andere abwegige und indirekte Art. In bezug auf die körperliche Entwicklung und sexuelle Bewußtwerdung ist dies eine Periode, in der viele Mädchen schnell wachsen. Am Ende des zwölften Lebensjahres beispielsweise hat das durchschnittliche Mädchen über 95 Prozent seiner definitiven Größe erreicht. In diesem Jahr rundet sich gewöhnlich auch der Busen, und es wachsen die ersten Haaare unter den Armen.

Für die meisten Mädchen beginnt die *Menstruation* irgendwann im zwölften oder dreizehnten Lebensjahr. Es ist nur zu hoffen, daß Ihre Tochter sowohl in der Schule wie zu Hause darauf vorbereitet wurde, ehe das Ereignis eintritt. Es ist typisch für unsere Kultur, daß Mutter und Tochter miteinander darüber reden, wenn die Menstruation einsetzt, der Vater das aber nie erwähnt. Durch sein Schweigen scheint er gleichsam zu bekunden: «Das ist für Männer etwas nicht so ganz Annehmbares, denn ihr merkt ja, daß ich dieses Thema niemals erwähne.»

Statt zu schweigen, wenn Ihre Tochter die erste Periode bekommt, würde ich vorschlagen, ihr ruhig Ihre positive Einstellung mitzuteilen, wenn Sie einmal allein mit ihr zusammen sind. Etwa in dieser Art: «Ich habe gehört, daß du deine Periode bekommen hast. Ich freue mich darüber, und ich bin stolz, daß du dich zu einer attraktiven jungen Dame entwickelst.»

Sie dürfen natürlich solche Sätze nicht einfach mechanisch wiedergeben. Benutzen Sie Ihre natürliche Redeweise und kümmern Sie sich nicht darum, wenn Ihre Tochter verlegen wird, weil Sie dieses Thema anschneiden. Es ist in jedem Fall besser, Sie sprechen natürlich und offen darüber. Dann weiß sie, daß nicht nur ihre Mutter, sondern auch der Vater eine positive Einstellung zur Menstruation hat.

Erinnern Sie in einem geeigneten Moment Ihre zwölfjährige

Tochter daran, daß Sie bereit sind, ihr jede Frage, die sie über Sex oder die Beziehung zwischen Mädchen und Jungen hat, zu beantworten. Manche Väter betrachten die Sexualerziehung der Tochter ausschließlich als Sache der Mutter. Im allgemeinen wird ein Mädchen Sexfragen offener mit seiner Mutter diskutieren als mit dem Vater. Aber das heißt nicht, daß der Vater nun völlig aus dem Spiel bleiben sollte. Vorjugendliche Mädchen brauchen auch den Standpunkt eines Mannes und die Perspektive eines Vates zu Sexfragen.

Zwölfjährige Buben sind gewöhnlich mehr an den körperlichen Aspekten des Sex interessiert als Mädchen. Sie sind in einem Stadium, wo sie gerne Bilder von nackten Mädchen anschauen und über schmutzige Witze lachen. Viele *Jungen beginnen* während diesem Jahr zu *masturbieren.* Wenn Sie nicht schon vorher mit Ihrem Sohn gesprochen und ihm versichert haben, daß Masturbation normal ist (und Sie selbst es als Teenager auch getan haben), dann ist jetzt die Zeit dafür gekommen. Erklären Sie ihm, daß er jetzt beinahe ein Teenager ist und einen neuen Stand in seiner sexuellen Entwicklung erreicht hat. Daß seine Sexualdrüsen jetzt reifen und Hormone in seinen Blutkreislauf absondern. Daß diese Hormone sein Interesse an Sex und Mädchen bewirken und seine Sexorgane empfindlicher werden lassen. Daß sich neue Fähigkeiten zu Lustgewinn entwickeln. Vermitteln Sie ihm die allgemeine Botschaft, daß Sex etwas Natürliches und Normales ist, daß Masturbation normal ist, daß man offen über Sex sprechen kann und daß er mit allen Fragen zu Ihnen oder seiner Mutter kommen kann.

Die Haltung zwölfjähriger Buben und Mädchen hinsichtlich der Erörterung sexueller Probleme ist unterschiedlich. Ein scheuer Sohn oder eine schüchterne Tochter gelangen vielleicht mit ihren Fragen nicht an Vater oder Mutter, sondern beziehen ihre Informationen lieber aus einer neutralen Quelle, etwa von der Schule oder von einem Pfadfinderführer. Freiere und ungehemmtere Kinder hingegen können Vater und Mutter mit einer Reihe von offenen und intimen Fragen über Sex geradezu bombardieren.

Manchmal kann ein Vater durch solche intimen, aber ehrlichen Fragen seines Zwölfjährigen aus der Fassung gebracht werden. Ein Vater berichtete mir von zwei Fragen, die seine zwölfeinhalbjährige Tochter an ihn stellte und die ihn einem Schlaganfall nahe brachten. «Wie oft haben Mami und du Verkehr?» fragte sie und ließ dieser Bombe gleich eine weitere folgen mit der Frage: «Kann ich da mal zuschauen?» Verblüfft murmelte er etwas wie «Ich muß mir das noch überlegen» und trat schleunigst den Rückzug an.

Dieser Vater fragte mich, wie man meiner Ansicht nach solche Fragen beantworten solle. Er wollte seine Tochter nicht so behandeln wie seine Eltern ihn, für die alle Fragen über Sex tabu waren. Aber solche Fragen seiner Tochter brachten ihn doch aus der Fassung. Ich wies ihn darauf hin, daß er Fragen über sein und das Sexualleben seiner Frau ganz bestimmt nicht beantworten müsse, weil das persönlich und privat sei. Ich riet ihm, seiner Tochter zu sagen, daß er ihr Recht auf ein Privatleben respektiere, sie im gleichen Maß aber auch sein und ihrer Mutter Recht auf die Privatsphäre respektieren müsse.

Das alles zeigt Ihnen, daß man bei einer Diskussion über Sex mit einem Zwölfjährigen nie sicher sein kann, wo das enden wird! Es ist *wichtig und hilfreich für einen Vater und seine Tochter, mit ihr dieselben Gespräche zu führen wie mit einem Sohn.* In zu vielen Familien, auch dort, wo Mutter und Tochter über Sex sprechen können, wächst die Tochter auf und heiratet, ohne mit ihrem Vater je ein Wort über dieses wichtige Thema gewechselt zu haben. Da Sie das Hauptmodell für den Mann sind, den sie später einmal heiratet, sollten Sie hier nicht unwissentlich Blockierungen einbauen, die sie später davon abhalten wird, sich mit ihrem Mann über Sex zu verständigen.

Das wäre er also – der Zwölfjährige –, immer noch in einem psychologischen Niemandsland zwischen Kindheit und Jugend lebend. Er ist entschieden kein Kind mehr. Er ist die gemilderte Ausgabe des gehässigen, argumentierenden Elfjährigen. Aber er ist noch nicht «über den Berg» und in der vollerblühten frühen Jugend, die das nächste Stadium seiner psychologischen Entwicklung sein wird.

## *Sieben goldene Regeln über den Umgang mit Vorjugendlichen*

Ich habe versucht, so klar wie möglich zu beschreiben, was Kinder im Stadium der Vorjugend sind. Jetzt kommen wir zum wichtigsten Punkt dieses Kapitels: *Wie kann ein Vater während dieses schwierigen Stadiums auf intelligente Art mit seinem Kind umgehen?* Ich möchte hier einige Vorschläge machen, um Vätern dabei zu helfen, das Leben mit einem Vorjugendlichen zu überstehen. Zuerst und vor allem sollten Sie sich *klar sein, daß das unangenehme Verhalten dieses Stadiums vorübergeht.* Selbst innerhalb dieses Stadiums wird sich die aufsässige Persönlichkeit des Elfjährigen abschleifen, und es wird leichter mit ihm zu leben sein, wenn er zwölf ist. Ich bin immer wieder überrascht, daß in diesem halbwegs psychologisch erleuchteten Zeitalter immer noch so wenig Väter realisieren, daß die Vorjugend ein normales Entwicklungsstadium ist, das überwunden wird. Viele Väter reagieren, als ob das gehässige Benehmen ihrer Elfjährigen jahrelang anhalten würde, wenn sie nicht sofort etwas dagegen unternähmen, um das zu verhindern. Sie sagen dann Dinge wie: «An der Art, wie die Kinder sich heutzutage benehmen, ist nur diese übertriebene Permissivität in unserer Gesellschaft schuld. Ich werde ihm ein für allemal zeigen, wer hier Herr im Hause ist!» Wenn ein Vater auf diese Weise lospoltert, ist das Resultat genau das, was ihm jeder Psychologe voraussagen kann: Das Benehmen wird noch schlimmer! Der Vorjugendliche wird noch trotziger und noch schwerer zu kontrollieren, oder er wird nach außen hin gehorchen, seine verbotenen Aktivitäten aber hinter dem Rücken des Vaters fortsetzen. Elterliche Donnerwetter und elterliche Sturheit in Disziplinfragen machen schwieriges Benehmen nur schlimmer. Da hilft nur die Einsicht, daß das Benehmen Ihres Vorjugendlichen sich von selber auswächst.

Zum zweiten sollte man elterliche Gegenhysterie vermeiden. «Wissen Sie, was dieses verrückte Kind sich gestern wieder geleistet hat? Dem werde ich den Hintern versohlen, daß er nie mehr auf solche Ideen kommt!» Diese Art elterliche Reaktion bauscht das Problem nur noch unnötig auf.

Wenn ich Ihnen rate, *elterliche Gegenhysterie zu vermeiden,* meine ich damit nicht, daß Sie Ihrem Vorjugendlichen alles durchgehen lassen sollen. Aber die Art, wie Sie ihn bestrafen, sollte möglichst frei sein von Hysterie.

Drittens, ist die Vorjugend, was die Disziplin anbetrifft, genau die Zeit, wo ein Vater *unterscheiden* muß *zwischen dem, was wichtig ist und* sein festes *Einschreiten braucht, und dem, was unwichtig ist, und sich von selbst erledigt.* Mit Vorjugendlichen ist es schon schwierig genug fertig zu werden, ohne daß ein Vater an allen Fronten gleichzeitig kämpft. Sparen Sie die schwere elterliche Artillerie für wichtige Dinge auf und versuchen Sie, nicht mit Kanonen auf Spatzen zu schießen.

Viertens, versuchen Sie, *auf das provokative Verhalten Ihres Vorjugendlichen nicht einzugehen.* Das Benehmen, das Sie so anstößig und ärgerlich finden, wurde unbewußt genau darauf programmiert, Sie zu erwischen, und meistens gelingt das auch. Statt sich aufzuregen und gegen das merkwürdige und neuartige Benehmen Ihres Vorjugendlichen loszuziehen, versuchen Sie es mit der «verzögerten Taktik» statt mit der sofortigen. Versuchen Sie, herauszufinden, was hinter all dem steckt, der Wahl seiner Freunde, die Sie gräßlich finden; dem Leistungsabfall in der Schule, dem Rauchen, dem Widerstand gegen vernünftige Vorschriften oder was auch immer. Kämpfen Sie nicht gegen das Verhalten als solches an, sondern blicken Sie tiefer auf die darunterliegenden Gefühle und Einstellungen.

Fünftens, *schaffen Sie Gelegenheiten, bei denen das «wilde» Verhalten Ihres Vorjugendlichen abgesichert ausbrechen kann.* Ganz egal, wie unglücklich es Sie macht, die Tatsache, daß jeder Vorjugendliche die Chance braucht, sein «wildes» Benehmen in irgendeiner Form zum Ausdruck zu bringen, bleibt bestehen. Wenn es nicht in einer von der Gesellschaft akzeptierten Umgebung herauskommt, wird es in sozial mißbilligten Handlungen explodieren. Nehmen wir an, Ihr Elfjähriger braucht die Erfahrung einer bestimmten Lebenssituation, wo er sich und anderen beweisen kann, daß er unabhängig, ein aggressiver Kerl und nicht mehr Mutters Liebling ist. Wenn Sie ihm die Gelegenheit dazu geben, beispielsweise in einem Sommerlager oder mit einer Kanufahrt auf wilden Gewässern, kann er seine Verläßlichkeit auf sich selbst und seine Unabhängigkeit beweisen, ohne sich selbst oder andere in Schwierigkeiten zu bringen. Wenn er aber solche Lebenssituationen, in denen er seine Unabhängigkeit beweisen kann, nicht hat, stiehlt er womöglich im Supermarkt, nur um sich und seinen Kumpels zu zeigen, was für ein Kerl er ist.

Sechstens, *respektieren Sie die neugefundene Unabhängigkeit Ihres Sprößlings* in diesem Stadium. Das ist hart für einen Vater. Zehn Jahre lang waren Sie gewöhnt, ihn wie ein Kind zu behandeln. Sie haben zu ihm gesprochen wie zu einem Kind, Sie haben ihn gelobt und bestraft, wie man ein Kind lobt und bestraft.

Ebenso wie er ein neues Entwicklungsstadium erreicht hat, in dem er nicht mehr ein Kind ist, müssen Sie eine *neue Art der Behandlung* entwickeln. Das wird *durch die ganze Jugend hindurch andauern,* und wenn er zum jungen Erwachsenen wird, können Sie beide auf mehr oder minder gleichem Fuß als zwei Erwachsene – ein älterer und ein jüngerer – zueinander in Beziehung treten. Dieser Prozeß muß beginnen, wenn er elf ist! Es wird nicht leicht für Sie sein, die Gewohnheiten von zehn Jahren über Nacht abzulegen. Aber Sie müssen *lernen,* seine neuen und ungeschickten Ansätze zur Unabhängigkeit zu respektieren und ihm einen erwachseneren Status zugestehen.

Siebtens, *nehmen Sie die Auflehnung dieses Stadiums nicht persönlich.* Viele Väter tun das. Sie fühlen sich vom verwirrenden und schwierigen Verhalten Ihrer Vorjugendlichen verletzt und verärgert, oder beides. Sie reagieren, als ob dieses Verhalten gegen *sie* gerichtet wäre. Das ist es nicht. Der Vater ist lediglich die Verkörperung der gesamten Erwachsenengesellschaft, gegen die sich der Vorjugendliche auflehnt. Versuchen Sie sich als unbeteiligter Zuschauer bei den rebellischen Gefechten Ihres Vorjugendlichen zu betrachten. Das sollte Sie befähigen, einen «kühlen Kopf» zu bewahren und auf produktivere Art damit fertig zu werden. Alles in allem: Versuchen Sie mit dem Strom zu schwimmen!

# Die Frühjugend 9

*(die Dreizehn- bis Fünfzehnjährigen)*

Von allen Entwicklungsstadien, die Ihr Sohn oder Ihre Tochter durchläuft, ist das Jugendalter das schwierigste und problemreichste – für den Jugendlichen und für die Eltern. Anna Freud, bekannt für ihre Forschungsarbeiten über Kinder und Jugendliche, stellt fest, daß nur wenige Situationen im Leben für alle Beteiligten eine härtere Nervenprobe darstellen als ein nach Unabhängigkeit strebender Halbwüchsiger.

Wenn ich von Jugendalter spreche, meine ich damit die Übergangsphase von der Kindheit zum Erwachsenenalter. In unserer komplexen technologischen Zivilisation braucht der Jugendliche mehrere Jahre der Vorbereitung, bis er in der Lage ist, seine Erwachsenenrolle zu übernehmen. Dabei variiert die Dauer der Jugendzeit für den einzelnen je nach seiner individuellen Entwicklung, seiner sozioökonomischen Herkunft, seiner Berufswahl und anderen Faktoren. Wie Theodor Lidz in diesem Zusammenhang bemerkt: «Für den Sohn einer Arbeiterfamilie, der die Schule mit sechzehn verläßt, um sich selbst seinen Lebensunterhalt zu verdienen, und der mit achtzehn einen eigenen Hausstand gründet, ist die Jugendzeit kürzer bemessen als für einen Hochschulstudenten, dessen Berufslaufbahn auch mit dreiundzwanzig oft noch nicht feststeht.»

Das Jugendalter läßt sich nur schwer genau abgrenzen. Ich möchte es hypothetisch festlegen als *die Entwicklungsphase zwischen Pubertät und Erwachsenenalter.* Keiner dieser Begriffe kann zeitlich exakt fixiert werden. Nicht alle Jugendlichen erreichen die Geschlechtsreife im gleichen Alter. Bei den Mädchen tritt sie im allgemeinen zwei Jahre früher ein als bei den Jungen. Der Übersichtlichkeit halber setze ich den Beginn der Pubertät theoretisch um das zwölfte oder dreizehnte Altersjahr fest, womit das Jugendalter ungefähr mit dreizehn beginnen würde.

Wann ist Ihr Sohn oder Ihre Tochter erwachsen? Nehmen wir dafür den einundzwanzigsten Geburtstag. Aus praktischen Gründen bezeichne ich demnach die Entwicklungsspanne zwischen dreizehn und einundzwanzig Jahren als Jugendalter. Vor diesem Stadium ist Ihr Sprößling noch ein Kind, nach dieser Zeit zählt er zu den Erwachsenen. Er hat seine Berufswahl getroffen und ist für eine vollwertige geschlechtliche Partnerschaft bereit.

*Innerhalb dieser Periode von acht Jahren bestehen gewaltige Unterschiede von einer Altersstufe zur andern.* Ein Vierzehnjähriger ist vom psychologischen Standpunkt aus gesehen von einem Neunzehnjährigen grundverschieden. Ich möchte das Jugendalter daher in *zwei Phasen* gliedern: in eine *Frühjugendzeit, von dreizehn bis fünfzehn,* und eine *Spätjugendzeit, von sechzehn bis einundzwanzig.* Man muß sich bei dieser Einteilung allerdings stets der zahlreichen Überschneidungen bewußt sein.

Worin besteht die *zentrale Entwicklungsaufgabe* des Jugendalters? Es geht um den *Erwerb der Ichidentität.* Zum ersten Mal in seinem Leben stellt sich der Jugendliche die Frage: Wer bin ich? Darauf wird er am Ende seiner Jugendjahre antworten können, falls die Entwicklung erfolgreich verlaufen ist.

In der Frühjugend sucht der Jugendliche die Antwort auf diese Frage im Rahmen der Familie zu finden, gegen die er sich auflehnt. In der Spätjugend setzt er sich damit im erweiterten Rahmen der Gesellschaft auseinander, in der er als Erwachsener einen Platz erobern, einen Beruf ausüben und einen Ehepartner auswählen wird.

Mit andern Worten: Vor dem Jugendalter besitzt der Jugendliche noch keine Identität, weil er noch ganz von seiner Familie abhängig ist. Nach der Jugendzeit weiß er, wer er ist, weil er von seinen Eltern und von seiner Familie unabhängig geworden ist. Unter diesem Aspekt betrachtet, ist das Jugendalter die Reise von der Abhängigkeit in die Unabhängigkeit.

Diese Reise verläuft aber keineswegs kontinuierlich. Es handelt sich vielmehr um drei Schritte nach vorn, in Richtung Unabhängigkeit, und zwei Schritte zurück, in Richtung Abhängigkeit. Dies illustriert zum Beispiel die folgende Geschichte, die sich wirklich abgespielt hat.

Ein Siebzehnjähriger, der von seinen Eltern wegen schlechter Noten gerügt worden war, schreibt seinem Vater aus dem Institut folgenden Protestbrief: «Du scheinst zu vergessen, daß ich kein Kind mehr bin und mich auch nicht mehr als solches behandeln lasse. Respektiert doch bitte meine Unabhängigkeit und laßt mich mein eigenes Leben leben. Denk daran, Papa, daß ich jetzt mein eigener Herr und Meister und auf niemanden mehr angewiesen bin.» Am darauffolgenden Abend rief der emanzipierte Sohn zu Hause an und bat den Vater um zusätzliche 25 Dollar, um einige unvorhergesehene Ausgaben zu berappen ...

Im Innern jedes Jugendlichen tobt eine Art Bürgerkrieg. Ein Teil seiner selbst möchte sich gefühlsmäßig von den Eltern lossagen, während sich der andere in die Geborgenheit des Kindseins zurücksehnt. Seien Sie sich als Vater deshalb bewußt, daß Ihr Sohn oder Ihre Tochter von Tag zu Tag, von Woche zu Woche, ja manchmal von Stunde zu Stunde ihre Meinung ändern und ständig hin- und herpendeln kann zwischen dem Wunsch nach Unabhängigkeit und dem Bedürfnis nach Abhängigkeit. Dies läßt Sie die Ungereimtheiten im Verhalten Ihres Teenagers besser verkraften.

## *Die Anpassungsprobleme der Pubertät*

Die Frühjugend beginnt mit der Pubertät, also zu dem Zeitpunkt, wo die Geschlechtsdrüsen ihre Funktion aufnehmen. Das Wort «Pubertät» stammt vom lateinischen Begriff *pubertas* und bedeutet Mannbarkeit. Obschon bei den Teenagern erhebliche individuelle Entwicklungsunterschiede bestehen, setzt bei den Mädchen die Pubertät im allgemeinen im Alter von elf Jahren und bei den Jungen im Alter von vierzehn Jahren ein. Bei den Mädchen manifestiert sie sich durch die Menstruation, bei den Jungen durch die – unter dem Mikroskop feststellbaren – Spermien im Urin. Aber die Geschlechtsreife ereignet sich nicht gleichsam über Nacht. Bei den Mädchen sind die ersten Monatsregeln oft spärlich und sporadisch, und die Jungen haben anfänglich häufig Erektionen, aber keine Samenergüsse.

Doch ob früh oder spät, der Beginn der Pubertät stellt Ihr Kind vor ganz neue innere Probleme: die sexuellen Impulse erwachen. Einer der entscheidenden Aspekte der Suche nach der Ichidentität besteht darin, wie der Jugendliche mit dieser neuen inneren Dynamik fertig wird, wie er seine sexuellen Impulse meistern lernt. Es handelt sich dabei im Frühstadium der Jugend um ein eher unbeholfenes und blindes Vortasten, verglichen mit dem differenzierteren Prozeß am Ende der Spätjugend, wo die sexuelle Reife erreicht ist.

Zunächst einmal muß sich der Jugendliche bei Eintritt der Pubertät an die körperlichen Veränderungen gewöhnen. Jetzt bilden sich die sekundären Geschlechtsmerkmale aus. Beim Mädchen runden sich die Hüften, entwickeln sich die Brüste, und unter den Armen und in der Schamgegend beginnen die Haare zu sprießen. Auch beim Jungen entwickeln sich Scham- und Achselhaare, und im Gesicht kündigt sich der erste Bartflaum an. Jungen und Mädchen schießen in diesem Alter in die Höhe; kaum hat man sie neu ausstaffiert, passen die Kleider nicht mehr.

*Der Teenager muß sich* also in der Frühjugend *nicht nur* den *neuesten starken Antrieben, sondern auch einem ganz neuen Körper anpassen,* der sich von demjenigen der Kindheit grundlegend unterscheidet. Er wird mit einem Mal viel größer, gewichtiger, rundlicher oder athletischer und bekommt häufig Pickel auf Gesicht und Nacken. Wir dürfen nicht vergessen, daß der Jugendliche sehr gefühlsbetont ist. Ob er sich demnach zu groß oder zu klein, zu dick oder zu dünn, zu voll- oder zu flachbusig, zu pickelig, zu schmal- oder zu breithüftig vorkommt, all dies kann sein Selbstbewußtsein beeinträchtigen. Ist es da zu verwundern, wenn viele Jugendliche sich in ihrer Haut nicht recht wohl fühlen und sich linkisch benehmen? Wir Erwachsenen haben ja so viel Zeit gehabt, uns mit unserm Körper zu befreunden, daß wir ihn nicht mehr in Frage stellen.

Der Jugendliche muß hingegen zuerst einmal mit seinem veränderten Äußeren vertraut werden. Es ist erstaunlich, wie lange das Bild, das wir uns in der Frühjugend von unserem Körper machen, anhält. So empfand sich eine meiner Patientinnen, eine sehr attraktive dreißigjährige Frau, unbewußt immer noch als häßliches Entlein. Sie hatte als junges Mädchen an Übergewicht gelitten und dieses Image beibehalten.

Der Jugendliche, dessen Pubertät verfrüht oder verspätet eintritt, hat meist besonders große Anpassungsschwierigkeiten. Das frühreife, hochaufgeschossene Mädchen, das seine Klassenkameradinnen um einen Kopf überragt und schon deutlich frauliche Konturen aufweist, fühlt sich irgendwie fehl am Platz, zumal ihm auch die neuen sexuellen Gefühle zu schaffen machen.

Das spätreife Mädchen fühlt sich ebenfalls vom Kreise seiner Freundinnen ausgeschlossen. Es kann die plötzliche Begeisterung seiner Altersgenossinnen für die Jungen nicht nachfühlen. Es schämt sich seiner Kindheit und befürchtet, überhaupt nie zur Frau zu werden.

Für einen Jungen ist eine verfrühte Geschlechtsreife viel weniger befremdend als eine verspätete. Die Geschlechtsreife bringt für ihn keine drastischen körperlichen Veränderungen mit sich. Er wird möglicherweise auf seine Frühreife sogar sehr stolz sein, da es ihm in seiner Bande ein gewisses Prestige verleiht. Ein Entwicklungsrückstand kann sich hingegen für einen Jungen manchmal traumatisch auswirken, weil er von seinen Freunden deswegen verspottet wird.

Zusätzlich zu den sexuellen Impulsen verspürt der Jugendliche nun ein *vermehrtes Bedürfnis nach gefühlsmäßiger Unabhängigkeit von Eltern und Familie.*

Es ist für ihn nicht leicht, aus dem langjährigen Gehegtwerden auszubrechen. Er wird daher gegen die emotionalen Bande, die ihn mit den Eltern verknüpfen, im wahrsten Sinne des Wortes «anrennen», um allfällige schwache Stellen ausfindig zu machen. Es ist für die betroffenen Erwachsenen nicht leicht, solche Angriffe gegen ihre Autorität oder Person über sich ergehen zu lassen. Leider nehmen viele Eltern solche Attacken persönlich. Sie wären sicher weniger alarmiert, wenn sie sich darüber Rechenschaft gäben, daß der Revolte Ihres Teenagers nicht Haß-, sondern vielmehr Liebesgefühle zugrunde liegen. Indem er seine Feindseligkeit und Kritik zum Ausdruck bringt, versucht der Jugendliche, sich aus der gefühlsmäßigen Abhängigkeit der Kindheit zu befreien und als eigenständige Person zu beweisen.

Das Selbstvertrauen des Jugendlichen ist aber noch zu wenig gefestigt, als daß er wirklich emotional unabhängig sein könnte. Er braucht dazu den gefühlsmäßigen Halt in seiner Gruppe der Gleichaltrigen. Daher stehen über den Jahren der Frühjugend zwei Devisen: «Revolte» und «Konformität». Der Jugendliche kann nur erfolgreich gegen seine Eltern rebellieren, indem er sich strikte an die Gruppennormen hält. Da er immer noch auf der Suche ist nach seiner eigenen Identität, bedarf er der Sicherheit durch die Identifizierung mit der Gruppe. Er gleicht sich seinen Altersgenossen in allem und jedem völlig an. Er kleidet sich wie sie, trägt die Haare wie sie, hat die gleichen Hobbys wie sie, hört dieselben Platten wie sie usw. Hierin besteht das verblüffende Paradox der Jugendjahre. Diese Jugendlichen, die sich gegen die Kultur der Erwachsenen auflehnen, sind erzkonservativ, wenn es sich um die Kultur der Jugendlichen handelt. So stellen die Eltern immer wieder mit Erstaunen fest, wie der sich so rebellisch gebärdende Herr Sohn oder das Fräulein Tochter ängstlich bemüht sind, sich gruppenkonform zu verhalten und ja nicht aus der Reihe zu tanzen, und sich dessen gar nicht bewußt sind.

Innerhalb der Jugendkultur probt der Jugendliche seine ersten Schritte auf dem Gebiet der sexuellen Fühlungnahme mit dem andern Geschlecht. Meist handelt es sich dabei um zaghafte und schüchterne Annäherungsversuche, wobei die ganze Sache dadurch kompliziert wird, daß die Jungen den Mädchen in punkto Entwicklung um zwei Jahre hintennachhinken. Ein Junge im Frühjugendalter wagt es meist kaum, ein Mädchen zum Tanz aufzufordern, brüstet sich aber bei seinen Kumpels mit seinen Erfolgen bei den Mädchen.

Die Jungen führen hinsichtlich Sexualität in diesem Alter

eine Art «Doppelleben». Sie entwickeln meist eine lebhafte Phantasie und eine unersättliche sexuelle Neugier, studieren den *Playboy*, sammeln Sexbilder, masturbieren und haben geheime Sexidole – meist Filmstars, Covergirls oder reifere Frauen. Geht es aber darum, ein Mädchen in Fleisch und Blut einzuladen, zu küssen oder mit ihr Zärtlichkeiten zu tauschen, sind sie vor Angst wie gelähmt. Obschon sich die sexuelle Freizügigkeit in unserer heutigen Gesellschaft immer mehr auch auf die früheren Altersstufen auszudehnen scheint, sind Jungen und Mädchen im Stadium der Frühadoleszenz sexuell noch relativ wenig aktiv.

### *Vom Idealisten zum Bilderstürmer*

Eine andere wichtige Entwicklung, die sich in der Frühjugend abspielt und von den Eltern oft zu wenig beachtet wird, weil sie weniger spektakulär in Erscheinung tritt als die körperlichen Veränderungen, ist *der intellektuelle Fortschritt des Jugendlichen.*

Dieses intellektuelle Wachstum weist vier Hauptaspekte auf: Erstens ist Ihr Junge oder Ihre Tochter nun erstmals *fähig, verbale Vorschläge logisch zu überdenken.* Sie konnten zwar auch in früherem Alter schon Probleme lösen, wenn es dabei um greifbare Dinge ging und nicht nur um Begriffe. Zeigten Sie ihnen zum Beispiel Spielzeugautos verschiedener Größe, wobei Auto A größer war als Auto B und Auto B größer als Auto C, so konnten sie folgern, daß Auto A größer sein mußte als Auto C. Hätten Sie sie hingegen gefragt: «Wenn Peter größer ist als Hans, und Hans größer als Daniel – welcher der drei ist dann der größte?«, hätten sie kaum korrekt antworten können, obschon es sich im Grunde um das gleiche Problem handelt wie bei den Autos, aber in rein verbaler Formulierung.

Zweitens entwickelt sich beim Jugendlichen nun die Fähigkeit zur Introspektion. *Er denkt über sich selbst nach.* Das tat er in der Kindheit nie. Die Frühjugendlichen beginnen über ihre eigenen Ideen, Ansichten und Vorhaben zu sprechen und sind sich bewußt, daß es ihre eigenen Gedanken sind. Auch Kinder stellen fest, daß gewisse Dinge wahr oder nicht wahr sind. Aber sie sind sich nicht im klaren darüber, daß diese Feststellungen ihrem eigenen Kopf entspringen und nicht unbedingt mit der Wirklichkeit übereinstimmen müssen.

Drittens beginnt der Jugendliche Metaphern zu verstehen und den manchmal nicht wörtlich gemeinten Sinn einer sprachlichen Formulierung zu erfassen. In den Augen der Eltern mag dies nicht gerade ein Meisterstück darstellen, sie sollten die Bedeutung dieser neuen Fähigkeit aber nicht unterschätzen. Kinder pflegen bekanntlich alles wörtlich zu interpretieren: Ein Kamel ist für sie ein Kamel – und nicht ein Mensch, der in einer gewissen Hinsicht einem Kamel gleicht, in anderer aber keineswegs. Dieses *Verständnis für Metaphern erweitert* nicht nur das *Begriffsvermögen des Kindes,* sondern *ganz allgemein seinen Horizont.* Nun beginnt es die Vieldeutigkeit von Worten und Gebärden zu realisieren.

Viertens ist der Jugendliche nun *zum ersten Mal fähig, rein formal zu denken.* Das bedeutet einen wichtigen Schritt in der Entwicklung, verglichen mit der Etappe der mittleren Kindheit, wo das Kind noch ausschließlich im «Hier und Jetzt» lebt. Wenn Sie zu einem Kind sagen: «Stell dir vor, daß wir in China und nicht in Deutschland leben würden», wird es prompt konstatieren: «Aber wir leben doch in Deutschland.» Jetzt, im Stadium der Frühjugend, kann der Teenager die theoretische Annahme verstehen und den Faden weiterspinnen.

Diese Fähigkeit zur Abstraktion hat weitreichende Folgen. Nun kann der Jugendliche realistische Zukunftspläne schmieden, sich ausdenken, welchen Beruf er tatsächlich ausüben und wie er sein Leben gestalten will. Sie ermöglicht ihm auch, seine Eltern und Lehrer, seine Schule, seine Umwelt, sein Land und die ganze Welt in einem ganz neuen Licht zu sehen. Er kann jetzt die Wirklichkeit der Völker und Sozialstrukturen mit seinen Idealen vergleichen. Solche Vergleiche und die damit verbundene Desillusionierung bilden oft die Grundlage seiner vehementen Angriffe auf die Welt der Erwachsenen, kraft derer er sich gefühlsmäßig emanzipieren will.

Diese Fähigkeit trägt auch zum oft überschwenglichen Idealismus vieler Jugendlicher bei, der von den Erwachsenen meist mißbilligt wird. Aber diese Bilderstürmerei des Jugendlichen ist aufrichtig gemeint und stellt einen wesentlichen Faktor für die Entwicklung seiner Ichidentität dar. Sie läßt den Jugendlichen vielfach zum «Weltverbesserer» und zum Anhänger religiöser Bewegungen werden. Sollte Ihr Sohn Ihnen eines Tages erklären, daß es einfach ein Kreuz sei mit den Erwachsenen, die so materialistisch eingestellt seien, schwingen Sie sich nicht gleich aufs hohe Roß und poltern los: «Und wer bezahlt deine Kleider und dein Essen, junger Mann», sondern denken Sie daran, daß Ihr Sohn nur seinem Bedauern darüber Ausdruck geben wollte, daß so viele Menschen in unserer heutigen Gesellschaft kein Interesse mehr für religiöse oder philosophische Fragen aufbringen.

Diese neue intellektuelle Fähigkeit zu vernünftigem Denken über seine Zukunft und diese Anstrengung, sein Leben bestimmten Idealen unterzuordnen, erlauben es dem Jugendlichen, seine Instinkte und Gefühle besser in die Gewalt zu bekommen und bedeuten für ihn eine echte Hilfe in dieser stürmischen Lebensspanne.

Nach dieser allgemeinen Übersicht über das Stadium der Frühjugend wenden wir uns nun den einzelnen Altersstufen zu. Ich möchte nochmals betonen, daß es sich dabei nur um generelle Entwicklungsprofile handelt, die Ihnen einige Anhaltspunkte über gewisse Reaktionen und Verhaltensweisen Ihrer Frühjugendlichen geben sollen, damit Sie sie besser verstehen können. Geraten Sie aber nicht etwa in Panik: «Mit dreizehn sollte ein Teenager so weit entwickelt sein. Meine Tochter muß demnach ein Spätentwickler sein – was soll ich dagegen unternehmen?»

Eltern haben oft die Tendenz, von ihren Kindern ein reiferes Verhalten zu erwarten, als diese altersmäßig haben können. Verfallen Sie nicht in diesen Fehler. Lassen Sie Ihrem Sprößling die Freiheit, sich wie ein Dreizehn-, Vierzehn- oder Fünfzehnjähriger zu benehmen.

### *Der «launische» Dreizehnjährige*

Den Schlüssel zum Verständnis des Dreizehnjährigen bildet die Qualifizierung mit innen-geleitet. Er grübelt meist über sich selbst nach und erscheint eher abweisend und reserviert. Der Dreizehnjährige ist ein Träumer. Er ist nicht sehr gesprächig und läuft manchmal mitten in einer Unterhaltung einfach weg. Er lehnt die Versuche der Eltern, mit ihm eine Unterhaltung anzuknüpfen, als nicht erwünschte Einmischung ab. Er beginnt – oft insgeheim – sich gegen die Eltern aufzulehnen. Es ist vielleicht besser, daß sie nicht immer wissen, was in seinem Kopf vorgeht.

De- Dreizehnjährige ist stets schnell gekränkt. Türen werden krachend ins Schloß geschmettert, und man zieht sich schmollend in sein Zimmer zurück. Er glaubt immer, daß man ihn verachtet oder mit Herablassung behandelt. Dies ist in mancher Hinsicht die unglücklichste Zeit des Jugendalters. Es ist eine Art psychologisches Niemandsland.

Der Jugendliche ist *auf der Suche nach sich selbst.* Er vergleicht sein wirkliches Ich mit seinem Ichideal. Er kann sich todunglücklich fühlen, weil er kleiner oder größer, dicker oder dünner, weniger stark oder heldenhaft ist, als er sein möchte. Er macht sich eine Menge Sorgen – wegen seinem Aussehen, wegen der Schule, wegen seinem zukünftigen Beruf, wegen seinen Erfolgschancen, ja sogar wegen seiner zukünftigen Sorgen. Alles und jedes beunruhigt ihn.

Manche Eltern empfinden diese gefühlsmäßige und soziale Abkapselung als persönliche Beleidigung. Sie fühlen sich verletzt oder fürchten, in der Erziehung versagt zu haben.

Ich hoffe, daß Sie keine so pessimistischen Schlüsse ziehen, sondern zu verstehen suchen, daß diese Eigenbrötelei ein notwendiges und vorübergehendes Entwicklungsphänomen ist. Diese Einkehr in sich selbst trägt dazu bei, daß sich das Selbstgefühl des Jugendlichen festigt. Eine Fülle neuer Erfahrungen bricht nun über Ihren Frühjugendlichen herein – die beschleunigte körperliche Entwicklung, ein neues Körperbewußtsein, das sexuelle Erwachen, die intellektuelle Entwicklung und ein neues

Weltbewußtsein. All diese neuen Erlebnisse lösen bei ihm eine Art psychologischen Schock aus, den es zu bewältigen gilt. Er muß die neuen Erfahrungen zu assimilieren versuchen. Diese Verinnerlichung stellt ein positives und aufbauendes Wachstumselement dar. Der Jugendliche *erschafft sich eine eigene innere Welt.*

Die von den Erwachsenen oft als Müßiggang betrachteten Träumereien des Dreizehnjährigen sind erfüllt von Wünschen, Phantasien, Ideen und Plänen. Er läßt vor seinem inneren Auge die neuen Erfahrungen Revue passieren, um sie besser erfassen und einordnen zu können.

Mag der Jugendliche nach außen auch oft melancholisch oder verdrossen erscheinen, dies ist nur die äußere Fassade, hinter der er sich abschirmt, um mit seinen Gedanken allein zu sein. Lassen wir ihn gewähren, ohne ihn deswegen unnötig zu hänseln oder ihn aus «seinen Wolken» herunterzuholen.

*Jungen und Mädchen versuchen sich in diesem Alter den Eltern zu entziehen.* Eine Mutter mag sich dadurch besonders hart betroffen fühlen, insbesondere wenn vorher ein gutes Einvernehmen zwischen ihr und ihrem Kind herrschte. Sie sollten Ihrer Frau dabei helfen, diese Schwierigkeiten zu verkraften.

Der Dreizehnjährige ist auch kritischer in der Auswahl seiner Freunde und Spielgefährten als der Zwölfjährige. Er hat meist weniger, dafür aber um so engere Freunde.

Mit dreizehn entdeckt der Jugendliche ein neues Hilfsmittel zur Erkundung seiner selbst – den Spiegel. Er verwendet ihn, wie Dr. Gesell sich ausdrückt, recht eigentlich als «Entwicklungsinstrument». Mädchen und Jungen stehen oft stundenlang vor dem Spiegel, um sich zu betrachten. Sorgfältig studieren sie ihre Physiognomie, ihre Haartracht, ihr Make-up, ihre Kleider. Sie experimentieren mit neuen Frisuren, neuen Kleidern, schneiden Grimassen und proben Gesten. Sie können unter Umständen von ihrem Spiegelbild sehr enttäuscht sein. Aber ob positiv oder negativ in ihrer Auswirkung, die Szenen vor dem Spiegel dienen ebenfalls dem Erwerb eines realistischen Selbstbildes. Eine erweiterte Art von Spiegel stellen Kinoleinwand und Fernsehbildschirm dar, in denen sich die Welt der Mitmenschen reflektiert. Hier entdeckt der Jugendliche andere Teenager oder auch Erwachsene, die er sich zum Vorbild nimmt. Auch bei der Lektüre von Zeitschriften und Büchern stößt er auf Persönlichkeiten, mit denen er sich identifiziert.

Aber in erster Linie trifft er im Kreise seiner Altersgenossen, sei es in der Schule oder auf dem Spielplatz, Jungen oder Mädchen, denen er gleichen möchte – im Aussehen, in Kleidung und Haartracht, im Sozialverhalten, in Sprache und Gebärden. Eine großartige Einrichtung ist für Jungen und Mädchen dieses Alters das Telefon. Es gibt ihnen die Möglichkeit, für sich und doch zugleich mit andern zusammen zu sein. So bezeichnete beispielsweise eine Mutter die Freundin ihrer Tochter als «das ständig per Telefon mit meiner Tochter verbundene Mädchen».

Nach Aussage der Eltern achten die Dreizehnjährigen vermehrt auf die persönliche Erscheinung, vor allem dank des Spiegels. Früher nachlässig gekleidete Jugendliche sehen nun plötzlich viel gepflegter aus.

Leider führt das vermehrte Interesse an hübscher Garderobe nicht auch zugleich zu mehr Ordnungssinn. Aber für den Dreizehnjährigen ist sein Zimmer nun einmal der liebste Aufenthaltsort, wo er Radio oder Tonband hört, Aufgaben macht oder einfach herumlungert. Da kann es nicht immer ordentlich aufgeräumt sein.

Was die Gefühle anbetrifft, so hat sich der Überschwang und der Enthusiasmus des Zwölfjährigen merklich abgekühlt. In dieser Beziehung ist das Alter von dreizehn eine eher gemäßigte Periode. Der Dreizehnjährige ist launisch und in sich gekehrt und läßt nur seine engsten Freunde an sich heran.

Es fällt ihm ganz einfach schwer, seine Gefühle zu zeigen. Er übt in allem Zurückhaltung, und die Eltern sollten ihn in dieser Hinsicht nicht unnötig brüskieren.

Sie mögen sich mehr als einmal versucht fühlen, Ihren verstockten Dreizehnjährigen «aus dem Busch zu klopfen», ihm wegen der Unordnung in seinem Zimmer, wegen seiner schlechten Tischmanieren, wegen seiner schlechten Schulleistungen Vorhaltungen zu machen. Tun Sie es nicht. Sie hätten ohnehin keinen Erfolg. Er würde es Ihnen höchstens als Nörgelei ankreiden und sich noch mehr von der Familie absondern. Seien Sie zuversichtlich, die Zeit arbeitet für Sie – es wird sich alles von selbst ergeben.

Was die Beziehungen zum andern Geschlecht betrifft, so bestehen große Unterschiede zwischen Jungen und Mädchen. Freundschaft ist für die Mädchen in diesem Alter sehr wichtig, da sie jemanden brauchen, der ihnen Gehör schenkt und mit ihnen ihre Geheimnisse teilt. Sie schließen sich meist zu Dreiergruppen zusammen, woraus sich dann später eine Zweier-Freundschaft entwickelt, da sich zwei Mädchen gegen eines verbünden. Dabei sind die Mädchen sehr empfindlich und durch den Ausschluß aus der Gruppe tief gekränkt.

Dreizehnjährige Jungen bilden nicht so enge Kletten wie die Mädchen. Sie tun sich meist zu viert oder zu fünft zusammen, um Handball oder Fußball zu spielen, ins Kino oder zum Fußballmatch zu gehen, kurz, um etwas zu unternehmen.

Obschon der dreizehnjährige Junge masturbiert und eine rege Phantasie in punkto Sex entwickelt, ist er im Umgang mit Mädchen äußerst schüchtern. Er nimmt zwar an Parties teil, hat aber höchst selten eine Verabredung mit einem Mädchen. Die gleichaltrigen Mädchen, die lieber mit älteren Jungen ausgehen, mokieren sich oft über ihn wegen seiner Hemmungen.

Die Dreizehnjährigen beginnen auch individuelle Interessen und Hobbys zu entwickeln. Die Jungen begeistern sich für Radios, Fotografie, Flugzeuge, Modellkonstruktionen usw., während die Mädchen Freude an Handarbeiten, Zeichnen, Malen und Schreiben haben. Die Eltern sind oft erstaunt darüber, wie wenig Zeit – im Vergleich zu früher – ihre Dreizehnjährigen vor dem Bildschirm verbringen.

Es wird in diesem Alter ganz allgemein auch mehr gelesen. Der Teenager verschlingt alles, was ihm in die Hände gerät – Zeitungen, Magazine, Broschüren und Bücher. Er hört auch viel Musik und hat seine Lieblingsband und -hits.

Zusammenfassend läßt sich sagen, daß das dreizehnte Lebensjahr eine Zeit der inneren Festigung ist, in der der Jugendliche lernt, mit den verschiedenen neuen Antrieben zurechtzukommen. Er erwirbt ein neues Körperbewußtsein und entwächst im wahrsten Sinne des Wortes seinen Kinderkleidern. Er unternimmt seine ersten zaghaften Schritte in Richtung Ichidentität und beginnt sich selbst besser kennenzulernen, wobei ihm unter anderem auch der Spiegel beste Dienste leistet.

Dank seiner neuen intellektuellen Fähigkeiten und seiner besseren Beobachtungsgabe lernt er auch, sich selbst objektiver zu sehen. Dies stellt einen wichtigen Schritt in der Entwicklung dar. Obschon der Dreizehnjährige noch der nötigen Kraft entbehrt, um gewisse Züge seines Verhaltens zu ändern, sieht er ein, daß er manchmal aufbrausend, egoistisch und rücksichtslos ist.

Seien Sie also nicht zu sehr beunruhigt über seine Empfindsamkeit, seine Launenhaftigkeit und seine Eigenbrötelei. Der Dreizehnjährige braucht dieses Stadium der Einkehr, um zu sich selbst zu erwachen.

## *Der fröhliche Vierzehnjährige*

Mit vierzehn hat der Jugendliche bereits ein Jahr der Anpassung an die neuen Antriebe und Gefühle hinter sich. Er hat sich einigermaßen an sein neues Aussehen gewöhnt. Er braucht sich also nicht mehr so intensiv mit sich selbst zu beschäftigen und *geht wieder mehr aus sich heraus.* Er ist nicht mehr so sehr auf der Hut, so mimosenhaft empfindlich und schnell beleidigt. Er gewinnt eine *vermehrte Selbstsicherheit* und kommt mit Eltern und Geschwistern besser aus.

Den Vierzehnjährigen braucht man nicht mehr wie ein rohes Ei zu behandeln. Er ist viel mitteilsamer und wirkt umgänglich und entspannt. Die chronische Angst des Dreizehnjährigen, man wolle sich ungebeten in seine Angelegenheiten einmischen, ist verschwunden. Das Einvernehmen mit den andern Familienangehörigen klappt wieder. Mit dem Vierzehnjährigen läßt sich reden. Seine ganze Persönlichkeit hat sich gewandelt und erweitert.

In diesem Alter spielt die *Zugehörigkeit und Verbrüderung mit der Bande eine Hauptrolle.* Jungen und Mädchen schließen sich zu Cliquen zusammen. Der Vierzehnjährige verbringt den Großteil seiner Freizeit mit seinen gleichaltrigen Freunden. Man trifft sich regelmäßig und unterhält sich ausgiebig am Telefon. Vor allem die Mädchen hängen dauernd am Draht.

Die *endlosen Telefongespräche* und persönlichen Diskussionen sollten aber nicht als unnötiges Geschwätz abgetan werden. Sie dienen den Teenagern dazu, das Terrain der menschlichen Persönlichkeit und der sozialen Beziehungen zu erkunden. Wie schon erwähnt, machen die Mädchen weit mehr Gebrauch davon als die Jungen. Worüber unterhalten sie sich? Über die Eltern, Lehrer, Jungen, Film- und Sportgrößen, Musikbands, Sänger – und vor allem über sich selbst. Sie reden über alles und jedes. Für sie ist das Gespräch *eine Art Do-it-yourself-Methode angewandter Psychologie.*

Der Vierzehnjährige übt auch sein Denkvermögen. Er erwirbt mehr Sicherheit im Sprachgebrauch, verfügt über ein umfassenderes Wortverständnis und drückt sich gewandter aus. Er liebt neue Formulierungen und flicht sie ins Gespräch ein. Auch sein logisches Denken und sein Urteilsvermögen erfahren in diesem Alter einen bedeutenden Aufschwung. Der berühmte Philosoph und Arzt Albert Schweitzer erinnerte sich, daß er als Vierzehnjähriger «ein leidenschaftliches Bedürfnis hatte, nachzudenken». Jetzt ist der Jugendliche zur Selbstkritik fähig und erreicht dank seiner neuen Fähigkeit der Selbsteinschätzung auch einen höheren Grad der Selbstannahme.

Die körperliche und *sexuelle Entwicklung von Jungen und Mädchen* verläuft in diesem Alter *in unterschiedlichem Rhythmus.* Nur wenige Mädchen menstruieren mit vierzehn noch nicht. Bei den meisten hat sich bereits der normale Monatszyklus herausgebildet. Das Mädchen hat nun auch frauliche Konturen und gleicht in diesem Alter weit mehr einer jungen Frau als einem Kind. Es hat auch bereits Erwachsenengröße erreicht. Die Brüste sind gut entwickelt und die Schamhaare dicht und voll ausgebildet.

Für die Jungen hingegen stellt vierzehn eine Übergangszeit

dar; mit dreizehn sehen sie noch wie Kinder aus, mit fünfzehn bereits wie junge Männer. Vierzehn ist für sie ein Niemandsland, eine Zeit des rapiden Wachstums.

Ende des dreizehnten Jahres haben die meisten Jungen ihre ersten Samenergüsse bereits gehabt, sei es im Traum oder indem sie masturbieren. Manche masturbieren schon mit zwölf, andere erst mit vierzehn oder noch später.

*Mit vierzehn bedürfen Jungen und Mädchen einer vollständigen Information über die sexuellen Vorgänge.* Sie sollten Bescheid wissen über den Geschlechtsverkehr, Geburtenkontrolle, Geschlechtskrankheiten, Homosexualität, Prostitution usw. Die freimütige Behandlung sexueller Themen in Film und Massenmedien weckt die Neugier der Jugendlichen und veranlaßt sie, präzise Fragen zu stellen. So kauft ein Vierzehnjähriger zum Beispiel ein Sex-Magazin wie den *Playboy* und studiert ihn gründlich von A bis Z, und zwar Text und Bilder. Sorgen Sie dafür, daß er auf seinem Bücherregal ein gutes Aufklärungsbuch hat, das ihm in «sachlichem Ton» die notwendigen Kenntnisse vermittelt.

Der Vierzehnjährige ist aber nicht nur auf Informationen über sexuelle Fragen erpicht, er möchte auch Gelegenheit haben, darüber zu diskutieren, um sich seine eigene Meinung zu bilden. Falls Ihr Sohn oder Ihre Tochter mit Ihnen darüber sprechen möchte und Sie selbst diesbezüglich keine Hemmungen empfinden, ergreifen Sie die Gelegenheit, denn sie wird sich Ihnen in späteren Jahren kaum mehr bieten. Es kann aber auch sein, daß Ihr Vierzehnjähriger dieses Thema lieber in einer neutralen Atmosphäre erörtern möchte, zum Beispiel in einer kirchlichen Jugendgruppe oder auch in der Schule.

Seine Gefühle bringt der Vierzehnjährige offen zum Ausdruck. Er ist meist guter Laune und voller Optimismus. Die Eltern werden vor allem den Sinn für Humor zu schätzen wissen, der manchem Vierzehnjährigen eigen ist. Trotzdem kann der Vierzehnjährige noch ab und zu in Wut oder Tränen ausbrechen, was auch für Jungen dieses Alters eine durchaus natürliche Reaktion darstellt.

Der Vierzehnjährige ist im allgemeinen aus zäherem Stoff als der Dreizehnjährige. Er ist weniger schnell verstimmt und mit sich besser im reinen, was ganz erheblich zur Entspannung der Familienatmosphäre beiträgt. Es läßt sich besser mit ihm reden, und er reitet nicht mehr so heftige Attacken gegen alle wohlgemeinten Ratschläge der Eltern. Es herrscht wieder mehr Eintracht im trauten Familienkreis, und man kann erleichtert aufatmen.

Natürlich gibt es auch jetzt noch Meinungsverschiedenheiten, sei es wegen des abendlichen Nachhausekommens, der Hausaufgaben, der Kleider, der Ordnung im Zimmer, der Haushaltspflichten usw. *Es gilt nach wie vor, zwischen Gefühlen und Handlungen des Jugendlichen zu unterscheiden.* Er soll seinen negativen Gefühlen Luft machen dürfen, negative Handlungen aber vermeiden.

In diesem Alter beginnen Jungen und Mädchen sich vermehrt füreinander zu interessieren. Die Jungen stehen an Parties nicht mehr bloß herum, sondern bewerben sich um die Mädchen. Sie sind auch bessere Gesprächspartner. Vierzehnjährige Mädchen ziehen immer noch ältere Jungen den gleichaltrigen vor. Am beliebtesten sind bei allen improvisierte Surprise-Parties.

Tête-à-têtes sind in diesem Alter nur bei Mädchen üblich, die Jungen gehen am liebsten gruppenweise mit Mädchen aus. Sie verabreden sich mit ihnen zum Kinobesuch, zu Sportanlässen, zum Schwimmen oder Schlittschuhlaufen, zu Picknicks oder Hausparties.

Die Mädchen sind im allgemeinen weniger sportbegeistert als die Jungen. Das Interesse an Schallplatten, Jazz und Rockmusik ist mit vierzehn noch ausgeprägter als mit dreizehn. Die Jungen dieses Alters sind leidenschaftliche Motorrad- und Autofans und eifrige Leser von Sportzeitschriften.

Dies also ist Ihr Vierzehnjähriger, temperamentvoll, weltoffen und voller Lebensfreude. Aus dem dreizehnjährigen Eigenbrötler ist ein fröhlicher und umgänglicher Junge geworden, der sich zu Hause und in der Schule wieder besser einordnet.

## *Der schwierige Fünfzehnjährige*

Das Alter von fünfzehn ist im Gegensatz zum vorherigen erneut eine Phase der Unausgeglichenheit. Der Unterschied zur früheren Entwicklungsstufe ist so augenfällig, daß manche Psychologen vom «Rückfall des Fünfzehnjährigen» sprechen.

Seit Beginn des Jugendalters arbeitet sich Ihr Kind in großen Entwicklungsschritten in Richtung Erwachsenenalter vor. Der Dreizehnjährige gerät in den Sog der neuen Antriebe der Pubertät. Er reagiert auf diese neuen Anforderungen, die ihn bedrängen, mit dem Rückzug in sein Schneckenhaus. Mit vierzehn hat er gelernt, mit seinen neuen Gefühlen und Impulsen zu leben und kann deshalb wieder zuversichtlicher in die Welt blicken. Das Alter von fünfzehn ist *wieder eine Übergangsphase, und zwar in die Spätjugend,* in welcher Ihr Sohn oder Ihre Tochter endgültig zum Erwachsenen heranreift. In der Spätjugend muß sich der Jugendliche für einen Beruf und damit für eine entsprechende Ausbildung entscheiden, normale erotische Beziehungen zum andern Geschlecht aufnehmen, kurz gesagt, er muß seine Selbstidentität übernehmen. Das Stadium der Spätjugend beginnt zwar erst mit sechzehn, das Alter von fünfzehn bildet aber bereits den Auftakt dazu und stellt den Jugendlichen vor neue Probleme.

*Jetzt gilt es, sich definitiv von den Eltern zu lösen.* Der Fünfzehnjährige würde denn auch lieber im Erdboden versinken, als in Begleitung seiner Eltern gesehen werden. Muß er dennoch an einem gemeinsamen Anlaß teilnehmen, wird er immer einige Meter Abstand halten, um in eventuellen Beobachtern nicht den Verdacht aufkommen zu lassen, daß er «zu diesen Erwachsenen da vorne gehört». Fünfzehnjährige streiken ganz einfach, wenn es um Familienaktivitäten geht. Sie ziehen es vor, mit Gleichaltrigen zusammen zu sein. Werden sie mit Gewalt zum Mitmachen gezwungen, bringen sie ihren Unmut in unmißverständlicher Weise zum Ausdruck.

Begehen Sie als Vater nicht den Fehler, diese Fluchttendenzen des Teenagers persönlich zu nehmen. Es handelt sich auch hier wieder um eine notwendige Entwicklungserscheinung: das Streben nach Selbständigkeit, Freiheit und Fürsichsein.

Die Tendenz des Fünfzehnjährigen, vor allem auf der Hut zu sein, sowie seine Verschlossenheit erinnern an den Dreizehnjährigen. Der Fünfzehnjährige schwingt das Banner der Freiheit und Unabhängigkeit und protestiert gegen alles, das seiner Meinung nach diese einschränkt oder verletzt. Völlig harmlose Fragen wie: «Wohin gehst du?» oder: «Was willst du tun?» bringen ihn schon in Harnisch und werden von ihm als Inquisition empfunden.

Der erwachende Freiheitsdrang äußert sich oft in recht ungehobelter und naiver Weise. Der Jugendliche ist ruppig, grüßt nicht, wenn er nach Hause kommt, verbittet sich jegliche Vorschriften, so vernünftig sie auch sein mögen, läuft während der Mahlzeit vom Tisch und schlägt krachend die Tür hinter sich zu. Manche Fünfzehnjährigen führen einen regelrechten kalten Krieg gegen ihre Eltern, die oft den Eindruck haben, einen feindseligen Fremden unter ihrem Dach zu beherbergen. Andere wieder sind ganz umgänglich, aber in sich gekehrt.

Diese Manifestationen des Uabhängigkeitsstrebens müssen durchaus ernst genommen werden, welcher Art sie auch sein mögen. Der Fünfzehnjährige spürt, daß er kein Kind mehr ist, und möchte auch nicht mehr als solches behandelt werden. Er hat das Gefühl, schon fast erwachsen zu sein, obschon er bis zu diesem Ziel noch ein gutes Stück Weg zurücklegen muß. Den brennenden Wunsch nach Selbständigkeit illustrieren die Worte einer Fünfzehnjährigen: «Wenn ich doch bloß reich genug wäre, um allen fünfzehnjährigen Mädchen ein Stipendium zu geben, damit sie fern von zu Hause ein Internat besuchen können!» (Ich möchte in diesem Zusammenhang beifügen, daß ich dagegen bin, Mittelschüler schon in ein Internat zu stecken. Ungeachtet ihrer vehementen Freiheitsansprüche bedürfen sie noch der Nestwärme des Elternhauses, auch wenn sie dagegen rebellieren. Meiner Meinung nach ist erst die Hochschulstufe das richtige Alter für das Wegziehen vom elterlichen Heim.)

Zusätzlich zu seinen unbändigen Freiheitsansprüchen erfährt der Jugendliche auch eine Steigerung seiner Selbstbewußtheit und seiner Wahrnehmungsfähigkeit. In diesem Sinne ist er, um

Dr. Gesell zu zitieren, «nicht eine erweiterte Version des Vierzehnjährigen, sondern ein bald Sechzehnjähriger». Er beobachtet schärfer und vermag seine Altersgenossen und die Erwachsenen besser einzuschätzen. Einen Fünfzehnjährigen zu unterrichten ist deshalb kein leichtes Unterfangen.

Während der Vierzehnjährige einfach in den Tag hinein lebt und alles nimmt, wie es gerade kommt, hat der Fünfzehnjährige das Bedürfnis, sich alles zuerst gründlich durch den Kopf gehen zu lassen. Er möchte alles begreifen und interpretieren können. Er versucht herauszufinden, warum er so und nicht anders fühlt, denkt und handelt, und hofft, dadurch auch andere Menschen besser durchschauen zu können. Der Fünfzehnjährige ist der reinste Amateur-Psychologe.

Im Vergleich zu den Gefühlen des Fünfzehnjährigen waren diejenigen des Vierzehnjährigen reichlich naiv und unbefangen. *Der Fünfzehnjährige* ist *empfänglich für subtilere und differenziertere psychologische Aspekte,* nimmt feinere Gefühlsnuancen wahr, was auf sein eigenes Gemüt, seine Erwartungen, Wünsche und Befürchtungen abfärbt und sich auch in einem neuartigen ästhetischen Empfinden äußert. Der Fünfzehnjährige kann sich für literarische oder künstlerische Werke interessieren und begeistern, die er als Vierzehnjähriger ganz einfach übersehen hätte.

Was von den Erwachsenen oft als Apathie oder Faulheit interpretiert wird, ist meist das Bedürfnis des Jugendlichen, für sich zu sein und über alles nachzudenken. Während er scheinbar nichts tut, ist er im Begriff, in sich und in andere «hineinzuhorchen» und die neuen Gefühle und Erlebnisse zu ergründen.

Manchmal nimmt diese gesteigerte Selbstbewußtheit beim Jugendlichen negative Formen an und kann in übertriebene Selbstkritik ausarten. Er fühlt sich dann entmutigt, bedrückt oder ganz einfach verwirrt. In diesem Alter rühren Depressionen daher, daß der Teenager sich *gefühlsmäßig* bewußt wird, daß die sichere Geborgenheit der Kindheit zu Ende ist, *er spürt, daß er an der Schwelle des Erwachsenenalters steht,* das von ihm grundlegende Entscheidungen hinsichtlich Berufs- und Partnerwahl fordern wird. Mit einem Bein steht er – noch zögernd zwar – schon im Stadium der Spätjugend. Im großen und ganzen ist fünfzehn ein ruhiges, eher düsteres und sorgenvolles Alter. Lassen Sie sich nicht täuschen, wenn Ihr Fünfzehnjähriger seine Unsicherheit durch ein besonders forsches und arrogantes Benehmen zu übertünchen sucht. Es sind vor allem die Eltern, die die entmutigte und depressive Seite des Fünfzehnjährigen zu spüren bekommen, während er sie seinen Freunden gegenüber zu verbergen trachtet.

Nach wie vor fühlt er sich am wohlsten, wenn er mit seinen gleichaltrigen Freunden zusammen ist. Daher geht er auch gern zur Schule, obschon er am Unterricht und an den Lehrern viel auszusetzen hat. Das Leben in der Schule gibt dem Jugendlichen Gelegenheit, seine Gefühlsbindungen an Heim und Familie zu lockern und unabhängiger zu werden.

Der Fünfzehnjährige liebt spontane und zwanglose Geselligkeit und bevorzugt die entspannte Atmosphäre eines Lokals, wo Jungen und Mädchen sich treffen, zusammen plaudern, ein Coca-Cola trinken und Musik hören können – einen Ort, wo man nach Belieben ein und aus gehen kann.

Der Fünfzehnjährige ist ein schwieriger Schüler, der sich gegen jegliche Autorität auflehnt. Ob er sich zu Hause oder in der Schule einigermaßen einordnet, hängt weitgehend davon ab, wie das Regime ausgeübt wird. Am besten geht man auf die arroganten und provozierenden Äußerungen der Jugendlichen dieses Alters gar nicht ein. Sollten Sie etwa zu hören bekommen: «Mutter und du, ihr seid so verrostet und antiquiert, ihr lebt ja noch im 19. Jahrhundert» oder «Für mich zählt nur eines, der Kommunismus», dann tun sie es mit einem Achselzucken ab, statt aufzubrausen.

Die meisten Jungen und Mädchen dieses Alters haben Sex im Kopf, was sich allerdings nicht bei allen gleich deutlich äußert. Sowohl Mädchen wie Jungen haben mit fünfzehn ihren Flirt.

Die Jungen sind immer noch heftig am Sport interessiert, sei es, daß sie aktiv mitmachen oder als Zuschauer ihre Mannschaft anfeuern. Motorräder und Autos faszinieren sie, weshalb sie sich auch in ihrer Freizeit vorwiegend in Garagen herumtreiben. Falls Sie sich auf mechanischem Gebiet ein wenig auskennen, ergäbe sich hier eine geeignete Basis für gemeinsame Experimente und «Gespräche unter Männern».

Die Mädchen sind meist weniger sportbesessen als die Jungen. Sie bevorzugen individuelle Sportarten wie Skifahren, Schlittschuhlaufen, Schwimmen, Tennisspielen, Segeln und Reiten. Meist treffen sie sich, um zu plaudern, während die Jungen sich zusammentun, um gemeinsam etwas zu inszenieren. Der beliebteste Gesprächsgegenstand der Mädchen: Jungen.

Dies wäre also das Porträt des Fünfzehnjährigen. Wie gesagt, es handelt sich um ein schwieriges Alter – für die Jugendlichen und für die Eltern. Der Kriegsruf des Fünfzehnjährigen lautet: «Ich verlange mehr Unabhängigkeit. Ich will nicht mehr als Kind behandelt werden!» Sie haben es mit einem rebellischen, kritischen, manchmal undankbaren, etwas konfusen, mürrischen und unzufriedenen jugendlichen Zeitgenossen zu tun. Betrachten Sie *all diese negativen Aspekte* als *Kehrseite eines positiven Wachstumsprozesses,* der zu einem gesunden Selbstvertrauen und einer nichtdefensiven Unabhängigkeit im nachfolgenden Altersjahr führen wird.

Nach diesem Überblick über das Stadium der Frühjugend und über die psychologischen Porträts der typischen Dreizehn-, Vierzehn- und Fünfzehnjährigen möchte ich noch zwei spezielle Probleme zur Sprache bringen, die den Eltern von Frühjugendlichen schwer zu schaffen machen können.

## *Die neuerwachte Familien-Romanze*

Die Pubertät hat aus Ihrem zwar manchmal unartigen, aber anhänglichen Kind einen feindlichen, wortkargen Fremdling gemacht, der unmotivierten Wut- und Tränenausbrüchen unterworfen ist und mit seinen Eltern meist auf Kriegsfuß steht. Zu allem Überfluß wartet nun Mutter Natur mit weiteren Komplikationen auf, indem die seit Ende des Vorschulalters schlummernde Familien-Romanze wieder erwacht.

Im Pubertätsalter sind Teenagermädchen in ihren Vater und Teenagerjungen in ihre Mutter verliebt und eifersüchtig auf den gleichgeschlechtlichen Elternteil. Dies alles spielt sich auf der Ebene des Unbewußten ab. Es handelt sich um eine ganz normale Entwicklungserscheinung, deren Aufgabe darin besteht, den Jungen oder das Mädchen auf eine erotische Bindung an den zukünftigen Ehepartner vorzubereiten. Verläuft diese Entwicklung normal, wird sich am Ende der Jugendjahre Ihre Tochter oder Ihr Sohn aus dieser romantischen Bindung befreit und heterosexuelle Beziehungen zu Gleichaltrigen aufgenommen haben.

Manche Väter haben keine Ahnung von diesen Gefühlen, da sie nicht offen zutage treten und sich meist in so verkappter Form äußern, daß die zugrunde liegenden Motive nicht in Erscheinung treten.

So suchte mich eines Tages eine Mutter auf und bat mich um Rat wegen ihrem Sohn. «Ich weiß gar nicht, was mit ihm los ist», gestand sie mir. «Er benimmt sich in letzter Zeit so eigenartig. Sehen Sie, ich bin eine leidlich gute Köchin, und er liebte meine Küche. Jetzt scheint er auf einmal alles zu verabscheuen, was ich ihm vorsetze, und er scheut sich auch nicht, mir dies ins Gesicht zu sagen. ‹Diesen Müll soll ich essen?› bemerkte er kürzlich, als ich das Abendessen auftrug. Er scheint es geradezu darauf abgesehen zu haben, mich zu beleidigen. Gegenüber seinem Vater benimmt er sich nicht so flegelhaft. Was habe ich falsch gemacht?»

Ich unterzog den Jungen einer Reihe psychologischer Tests, und nach deren Auswertung war mir die Situation klar. Ich rief die Mutter an und setzte ihr die Sache auseinander: «Ihr Sohn ist im Begriff, sich in Sie zu verlieben, und das befremdet ihn. Er weiß nicht, wie er mit diesen Gefühlen zurechtkommen soll, die ihn im Unterbewußtsein bedrängen. Der einzige Ausweg besteht für ihn darin, Sie und alles, was Sie tun, abzulehnen, um sich gefühlsmäßig von Ihnen zu distanzieren. Nur so fühlt er sich vor seinen neuen und verwirrenden Gefühlen einigermaßen in Sicherheit. Weit davon entfernt, ein Anzeichen von Haß zu sein, stellt diese vehemente Ablehnung einen Ausdruck seiner Liebe zu Ihnen dar.»

Die Testresultate bewiesen, daß es sich um einen ganz normalen Jungen handelte, der keiner therapeutischen Behandlung bedurfte. Nachdem die Mutter die Zusammenhänge begriffen hatte, fühlte sie sich der schwierigen Situation besser gewachsen, so unangenehm diese auch für sie war. Nach einigen Monaten fand der Junge eine gleichaltrige Freundin, und das unflätige Benehmen verschwand von selbst.

Dr. Anita Bell schildert eine ähnliche Beziehung zwischen Vater und Tochter. Das körperlich bereits gut entwickelte Mädchen pflegte sich jeweils am Abend rittlings seinem Vater auf den Schoß zu setzen, sich an ihn zu schmiegen und sich über die Unbill des Tages zu beklagen, vor allem aber über die Behandlung der Mutter. Zu seiner großen Verwirrung stellte der Vater fest, daß dies bei ihm oft eine Erektion bewirkte. Der Vater akzeptierte die Avancen seiner Tochter, wollte aber deren Bedeutung nicht wahrhaben, indem er sich sagte, daß sie ja noch ein Kind sei. Das Mädchen spielte mit, indem sie sich wie ein kleines Mädchen und nicht wie eine Vierzehnjährige benahm.

Etwa ein Jahr später begann das Mädchen mit Jungen auszugehen, und nun reagierte der Vater mit Protest, den er damit begründete, daß sie noch viel zu jung dazu sei. Aber seine strenge Haltung war im Grunde ein Abwehrmechanismus gegen die geschlechtliche Anziehungskraft seiner Tochter. In Wirklichkeit hatte sich seine Tochter bereits von ihm gelöst und ihre Zuneigung dem Jungen zugewandt, mit dem sie ausging. Ihr Vater, nichts ahnend von seinen verdrängten Gefühlen, konnte seiner Tochter beim normalen Überwinden der Familien-Romanze nicht helfen.

Dieses Beispiel veranschaulicht noch ein anderes Problem. Die Eltern stellen fest, daß ihr Teenager nicht mehr ein «Neutrum», sondern ein sexuell anziehendes Geschöpf geworden ist, das ihnen gegenüber romantische und sexuelle Gefühle hegt. Auch sie selbst unterliegen der neuen sexuellen Anziehungskraft ihres Kindes. Diese Situation ist um so verwirrender, als niemand in unserer Kultur die Eltern über die Existenz solcher Gefühle informiert. In dieser Beziehung scheint eine eigentliche geheime Verschwörung zu bestehen, überschattet von dem unaussprechbaren Wort «Inzest».

Natürlich wäre es völlig verfehlt, in der von mir geschilderten gefühlsmäßigen Situation von Inzest zu sprechen. Denken Sie daran, daß ich in diesem Buch immer wieder betont habe, es gelte, *zwischen Gefühlen und Handlungen zu unterscheiden.* Der Inzest ist eine Handlung. Er kommt ab und zu auch in unserer Gesellschaft vor, aber höchst selten.

Hier ist nicht von Handlungen, sondern von *Gefühlen* die Rede. In jeder Familie mit Teenagern fühlen sich die letzteren sexuell vom gegengeschlechtlichen Elternteil angezogen, und umgekehrt haben viele Eltern solche Gefühle verdrängt und sind sich dieser Anziehung nicht bewußt. Sie schrecken davor zurück, ihren Kindern gegenüber solche Empfindungen zu hegen. Sich mit seinen Kindern in geschlechtliche Handlungen einzulassen, wäre äußerst verwerflich und katastrophal. Aber die Gefühle sind durchaus normal und lassen sich nicht verhindern. Akzeptieren Sie sie also auch als normal und betrachten Sie sie nicht als «schmutzige Phantasien». Freuen Sie sich vielmehr über die positiven Aspekte dieses Idylls, denn schon bald wird Ihre Tochter ihre jugendlichen Verehrer haben und Sie nicht mehr beachten.

## *Drogengefahr: Erkennen und richtige Abwehr*

Schrecken Sie jetzt bitte nicht gleich zurück, wie die meisten Eltern dies tun, wenn von Drogen die Rede ist. Ich möchte Ihnen einige notwendige Informationen zu diesem Thema vermitteln, damit Sie Ihrem Teenager helfen können, der Gefahr der Drogen wirksam zu begegnen.

Zunächst gilt es, einige Begriffe zu klären.

Eine Droge ist eine chemische Substanz, die auf den Körper oder das Bewußtsein einwirkt.

Eine psychoaktive Droge ist ein Rauschgift, das auf irgendeine Weise das Bewußtsein verändert.

Wenn wir von Jugendlichen und Drogen sprechen, geht es nicht um Aspirin, sondern um psychoaktive Drogen wie Marihuana, Haschisch, LSD, Amphetamine, Alkohol oder Barbiturate. Ich möchte mich davor hüten, vom technischen Standpunkt aus Haschisch und Alkohol nicht als Drogen zu bezeichnen und erachte es als einfacher, alles, was das Bewußtsein verändert, als Drogen zu klassifizieren. Entscheidend dabei ist, daß die Jugendlichen von verschiedenen chemischen Substanzen Gebrauch machen, um sich besser in Form zu fühlen, der Welt des Alltags zu entfliehen oder das Bewußtsein zu verändern.

Man muß *unterscheiden zwischen Jugendlichen, die aus irgendeinem Grund mit Drogen experimentiert haben, und regelmäßigen Drogenkonsumenten sowie Drogensüchtigen.*

Von Drogenmißbrauch ist die Rede, wenn ein Jugendlicher in reichlichem Maße Drogen konsumiert, ungeachtet dessen, ob diese Rauschgifte süchtig machen oder nicht.

Drogensucht bedeutet, daß der Jugendliche Rauschgifte nimmt, von denen er körperlich und psychisch abhängig ist. Wer zum Beispiel Heroin nimmt, entwickelt eine zunehmend höhere Toleranz für dieses Rauschgift und muß daher die Dosis stetig erhöhen, um die gleiche Wirkung zu erzielen. Hört er plötzlich damit auf, treten im Verlaufe der Entziehungskur äußerst unangenehme körperliche Symptome und verwirrende emotionale Reaktionen auf.

Klare Definitionen sind unerläßlich, weil viele Eltern sonst annehmen, alle Drogen seien gleich gefährlich.

Wie können Sie Ihr Kind vor Drogenmißbrauch schützen? Wohl die beste Garantie gegen diese Gefahr ist ein seelisch und körperlich gesunder und widerstandsfähiger Jugendlicher. Das Vorbeugungsmittel hieße demnach Erziehung. Wenn Sie die in diesem Buche dargelegten Prinzipien befolgt und den grundlegenden Bedürfnissen Ihres Sprößlings Rechnung getragen haben, dürfte er über ein genügend starkes und gesundes Selbstverständnis verfügen, um gegen allfällige Gefahren des Drogenmißbrauchs gefeit zu sein. Er wird sich in seiner Haut durchaus wohl fühlen und fähig sein, sich selbst und seine Mitmenschen gern zu haben, und er wird kaum in Versuchung geraten, zur Droge zu greifen, um mit Schwierigkeiten fertig zu werden. Zusätzlich sollten Sie folgende Gesichtspunkte beachten, um Ihrem Kind einen guten Rückhalt zu geben.

Halten Sie stets eine offene gegenseitige Verständigung aufrecht, und geben Sie Ihrem Kind Gelegenheit, seine Gefühle auszudrücken. Manche Jugendlichen greifen zur Droge, um unterdrückten aggressiven Gefühlen Luft zu machen. Eine gute Eltern-Kind-Beziehung wird dem Jugendlichen auch die Möglichkeit geben, mit Ihnen über allfällig auftauchende Fragen, die Drogen betreffen, zu sprechen.

Drogenmißbrauch verbreitet sich unter Teenagern manchmal wie eine ansteckende Krankheit. Wer bereits dem Drogenmißbrauch verfallen ist, versucht auch seine Freunde dazu zu überreden. Die möglichen Verführer sind also meist im Bekanntenkreis Ihres Teenagers zu suchen. Mit wem soll er dann die Sache erörtern, wenn nicht mit Ihnen? Bestimmt nicht mit seinen Freunden, die der Jugendliche zwar nicht vor den Kopf stoßen, denen er es aber nicht gleichtun möchte. Ein aufrichtiges Gespräch mit Ihnen wird ihm helfen, sich gegen die Versuchung zu wappnen. Bedienen Sie sich auch in diesem Fall der schon so oft erwähnten Rückkoppelungstechnik, um ihm zu zeigen, daß Sie seine Gefühle nachempfinden können.

Dazu sollten Sie Ihren Sohn oder Ihre Tochter rechtzeitig, das heißt schon in den Jahren vor der Jugendzeit, möglichst sachlich über Drogen und deren Gefahren orientieren, und zwar durch «Samen-Ausstreuen», wie ich das nenne. Wenn Sie zum Beispiel in einer Zeitung einen Beitrag über Drogen lesen, könnten Sie eine dementsprechende Bemerkung ganz unauffällig in das Gespräch am Mittagstisch einflechten. Sie könnten erwähnen, daß Sie soeben die traurige Nachricht gelesen hätten, daß ein Teenager an einer Überdosis von Heroin gestorben sei, oder daß das Gesundheitsministerium eine Untersuchung über die Verbreitung und Folgen des Haschisch-Rauchens durchführe. Hüten Sie sich aber vor Moralpredigten!

Wie über andere Themen können Sie mit Ihrem schulpflichtigen Kind auch Bücher über Drogen lesen. Machen Sie daraus aber keine Sensation.

Wenn Sie all dies auf möglichst unauffällige Weise tun, wird Ihr Kind bei Erreichen des Jugendalters schon wissen, daß mit Rauschgift nicht zu spaßen ist. Hat auch die Schule ein Drogenerziehungsprogramm, um so besser. Aber die primären Informationen auf diesem Gebiet sollte Ihr Kind von Ihnen bekommen.

Ebenso wie über die Sexualität benötigt der Halbwüchsige im Frühjugendalter differenziertere Kenntnisse über Drogen, denn in dieser Phase ist er dem Druck der fragwürdigen Argumente seiner Kameraden ausgesetzt. Wenn Ihre gegenseitigen Beziehungen klappen, wird Ihr Sohn vielleicht eines Tages mit der Bemerkung herausrücken: «Nun, ihr Erwachsenen habt ja auch eure Drinks, warum sollen wir nicht unsere Drogen haben?» Um darauf die richtige Antwort zu geben, müssen Sie selbst über die in Gebrauch stehenden Drogen Bescheid wissen. Sehr oft sind die Jugendlichen weit besser im Bild als ihre Eltern, und das untergräbt deren Autorität.

Wie können Sie sich informieren? Beschaffen Sie sich ein einschlägiges Sachbuch über dieses Thema. Studieren Sie es gründlich, und bilden Sie sich eine eigene Meinung über das Drogenproblem. Der Jugendliche möchte wissen, wie Sie selbst darüber denken. Auch wenn Ihr Sohn oder Ihre Tochter Ihre Meinung nicht teilt, wird er sie respektieren, weil Sie genau Bescheid wissen und einen klaren Standpunkt vertreten.

Ein Vater muß auch zugeben können, daß seine Generation ebenfalls von diesem Problem betroffen ist. Der Jugendliche ärgert sich meist über die Hartnäckigkeit, mit der die Erwachsenen das Drogenproblem als ausschließliche Angelegenheit der Jugendlichen abtun. Geben Sie also ruhig zu, daß das Problem für alle besteht, und überprüfen Sie wieder einmal Ihre Hausapotheke. Viele Mittelschüler beginnen mit Drogenexperimenten, indem sie zunächst einmal die Medikamente in der Hausapotheke ihrer Eltern ausprobieren. Wenn Ihr Teenager weiß, daß Sie gegen jeglichen Mißbrauch von Medikamenten sind und sich selbst strikt daran halten, ist dies die wirksamste elterliche

Anti-Drogen-Kampagne.

Sorgen Sie auch dafür, daß Ihr Kind sinnvolle und konstruktive Freizeitbeschäftigungen hat. Der Jugendliche muß etwas haben, woran er glaubt, ein Ideal, das größer ist als er selbst. Er muß ein Mittel haben, um seine Ideen zum Ausdruck zu bringen. Bleibt ihm dies versagt, kommt er in Versuchung, zur Droge zu greifen. Das Problem besteht also vor allem darin, daß die Jugendlichen sich unnütz vorkommen. Den Kinderschuhen entwachsen, sind sie noch nicht ins Erwachsenenalter eingetreten. Sie fühlen sich in einer Art Niemandsland. Helfen Sie ihnen, dieses psychologische Vakuum überbrücken, indem Sie ihnen Gelegenheit geben, sich nützlich zu machen. Es gibt so viele Aktivitäten, so viele Projekte, an denen sich die Jugendlichen aktiv beteiligen können. Wenn Sie sich selbst allerdings nur wenig für die aktuellen Probleme unserer Zeit und Gesellschaft interessieren, können Sie auch nicht erwarten, daß Ihr Sohn oder Ihre Tochter daran Anteil nimmt. Denken Sie auch in diesem Zusammenhang daran, daß Ihr Vorbild einen entscheidenden Einfluß hat.

Nachdem ich Ihnen gezeigt habe, wie Sie Ihr Kind vor allfälligem Drogenmißbrauch schützen können, möchte ich Sie noch auf einige Fehler aufmerksam machen, die manche Eltern in ihrem Übereifer begehen.

Erstens, *vermeiden Sie Indiskretionen*, und werden Sie nicht zum Schnüffler. Aus Angst, daß ihr Kind Drogen nehmen könnte, bespitzeln viele Eltern ihre Teenager, belauschen deren Telefongespräche, durchsuchen das Zimmer. Bedenken Sie immer, daß der Jugendliche auf die Respektierung seiner privaten Sphäre allergrößten Wert legt. Wenn Ihr Sohn oder Ihre Tochter schwankt, ob er Drogen ausprobieren will, wird ihn Ihre Spionage geradezu dazu treiben.

Zweitens, *hüten Sie sich vor Moralpredigten* und großen emotionalen Szenen. Als ich noch an der Yale-Universität studierte, überraschte uns eines Tages der Sohn eines Pfarrers mit der Mitteilung: «Wißt ihr, was ich nun tun werde? Ich werde mir eine Flasche Schnaps beschaffen, in einem Hotel ein Zimmer mieten, mich dort einschließen, die ganze Flasche austrinken und stinkbesoffen sein. Ich möchte mal sehen, wie das ist. Mein Leben lang hat man mich vor den Sünden des Alkohols gewarnt. Nun will ich es selbst herausfinden.» Offensichtlich bewirkten die Predigten in diesem Fall genau das Gegenteil von dem, was die Eltern damit bezweckten.

Obschon dieser Vorfall aus einer Zeit stammt, in der das Drogenproblem noch nicht akut war, sind die psychologischen Hintergründe dieselben. Wird die Droge zu einem Tabu hochgespielt, fühlt sich das Kind davon fasziniert.

Drittens, *machen Sie Ihrem Kind keine Vorwürfe wegen seiner Freunde*. Manche Eltern verlieren gleich die Nerven, wenn ihnen zu Ohren kommt, daß die Freunde ihres Kindes Drogen nehmen. Gehen Sie der Sache zuerst auf den Grund, bevor Sie Ihrer Tochter oder Ihrem Sohn den Umgang mit den betreffenden Jugendlichen verbieten. Andernfalls hat das Kind den Eindruck, daß Sie ihm nicht genügend Vertrauen schenken und es für unfähig halten, die Fehler seiner Freunde zu vermeiden. Unsere Tochter hatte in der Mittelschule Kameraden, die Drogen konsumierten. Da unsere gegenseitigen Beziehungen sehr offen waren, zog sie uns ins Vertrauen. Wir gaben ihr zu verstehen, daß wir keinen Moment an ihrer Widerstandskraft gegen diese Versuchung zweifelten, und wir taten recht daran.

Freunde sind für einen Jugendlichen sehr wichtig. Wenn Sie ihm offiziell verbieten, diese zu sehen, wird er sich insgeheim mit ihnen treffen. Er nimmt Ihnen Ihre strafende Haltung übel und kann aus Ressentiments zur Droge greifen, falls er dies bis dahin noch nicht getan hat.

Viertens, *klagen Sie Ihr Kind nicht des Drogenkonsums an, ohne* dafür *stichhaltige Beweise* zu haben. Dr. Donald Louria, ein amerikanischer Fachmann auf dem Gebiet des Drogenmißbrauchs, erwähnt in diesem Zusammenhang ein trauriges Beispiel:

«Ich hielt vor kurzem ein Referat über Drogenkonsum, dem sich eine Diskussion anschloß. Die Organisatoren hatten die Zuhörer ihre Fragen auf Kärtchen schreiben lassen, unter denen ich eine Auswahl traf. Ein Jugendlicher hatte notiert: ‹Meine Eltern glauben, daß ich Drogen nehme. Das ist aber nicht wahr. Wie kann ich sie davon überzeugen, daß sie sich irren?› Kann man die Kluft zwischen Eltern und Kind anschaulicher ausdrücken? Die Frage dieses jungen Menschen beweist mit aller Deutlichkeit, daß ein Mangel an gegenseitiger Verständigung auch einen Mangel an Vertrauen bedeutet.»

Nichts ist für einen Jugendlichen bedrückender, als zu Unrecht verdächtigt zu werden. Dies könnte ihn veranlassen, sich zu sagen: «Meine Eltern glauben ohnehin, daß ich Drogen nehme, also tue ich es auch.» Behalten Sie also Ihre Befürchtungen für sich und belasten Sie Ihren Teenager nicht unnötigerweise mit Ihren eigenen Ängsten.

Fünftens zählen die Autoren vieler Bücher gewisse Symptome auf, die im Zusammenhang mit Drogenkonsum auftreten. Ich empfehle Ihnen, besser *nicht nach* solchen *Symptomen zu fahnden, weil Sie zu wenig Erfahrung auf dem Gebiet der Drogen haben,* um eine richtige Diagnose zu stellen. Sie könnten sich höchstens zu einem übereifrigen Detektiv entwickeln, der schon ganz normale Ermüdungserscheinungen eines Teenagers als mögliche Drogenauswirkungen interpretiert. Also lassen Sie besser die Finger davon.

Ich gebe Ihnen einen weit besseren Rat. Gebrauchen Sie Ihren gesunden Menschenverstand. Im Moment, wo Ihr Kind ins Jugendalter kommt, haben Sie es schon viele Jahre gekannt. Sie kennen seine Stärken und Schwächen. Sie kennen Persönlichkeit und Charakter Ihres Kindes. Sollte nun dieses Kind, das Ihnen so gut vertraut ist, plötzlich anfangen, sich eigenartig zu benehmen, dann erst sollten Sie sich Sorgen machen.

Nehmen wir einmal an, Ihr Sohn verbrenne Räucherstäbchen in seinem Zimmer. Sie würden bestimmt auf der Liste der Symptome für Drogenkonsum einen Hinweis darauf finden, daß viele Jugendliche durch das Verbrennen von Räucherstäbchen den Geruch von Haschisch zu übertönen suchen. Viele Teenager verbrennen solche Stäbchen oder Kegel aber nur, weil dies momentan «in» ist. Sie riskieren den Abbruch der gegenseitigen Verständigung, wenn Sie nun ins Zimmer Ihres Sohnes stürzen und ihn des Drogenmißbrauchs anklagen.

Seien Sie also vorsichtig. Übersehen Sie aber auch eigenartiges

Gebaren Ihres Sprößlings nicht. Versuchen Sie der Sache auf die Spur zu kommen. Sagen Sie ihm in einem günstigen Moment unter vier Augen vielleicht: «Du weißt, daß ich mich für dich interessiere. Es scheint mir, daß du dich in letzter Zeit etwas ungewöhnlich benimmst. Du bist ganz anders als sonst. Ich bin fast versucht zu glauben, daß du Drogen nimmst. Stimmt das?»

Diese einfache Methode bewahrt Sie davor, Ihr Kind zu bespitzeln, verhindert aber, daß Sie sich selbst Sand in die Augen streuen.

*Was können Sie tun, falls Ihr Kind wirklich Drogen nimmt?* Der wichtigste Rat, den ich Ihnen erteilen kann: Unternehmen Sie nichts am ersten Tag Ihrer schwerwiegenden Entdeckung. Überschlafen Sie das Ganze zunächst einmal. Denken Sie gründlich darüber nach, bevor Sie Ihr Kind zur Rede stellen. Sprechen Sie darüber mit Ihrer Frau, konsultieren Sie Ihren Hausarzt oder einen Psychologen oder Psychiater.

Zweitens, nehmen Sie nicht gleich zu Strafmaßnahmen Zuflucht. Hier ein Beispiel für eine solche unüberlegte Reaktion:

Als der fünfzehnjährige Erich eines Abends nach Hause kam, sah er sich seinen erzürnten Eltern gegenüber. Bevor er überhaupt dazu kam, zu fragen, was los sei, schleuderte ihm sein Vater ein Päckchen Haschisch-Zigaretten ins Gesicht mit den Worten: «Dich kümmert's wohl überhaupt nicht, was du uns antust, nicht wahr?» Seine Mutter brach in Tränen aus und schluchzte: «Das ist nun also der Dank für alles, was ich für dich getan habe!» In der nachfolgenden Tirade vernahm der Junge kein einziges Wort darüber, daß seine Eltern sich seinetwegen Sorgen machten. Sie dachten dabei nur an sich. Aber Erich konnte ihnen dies nicht verständlich machen.

Leider reagieren viele Eltern auf diese Weise. Sie nehmen sich nicht die Mühe, herauszufinden, warum ihr Kind Drogen nimmt. Sie geben ihm nicht Gelegenheit, seine Gefühle zum Ausdruck zu bringen. Sie begnügen sich mit einer einseitigen Mitteilung, einer Anklage des Delinquenten und einer harten Strafe, ohne ihn überhaupt anzuhören.

Solche Maßnahmen sind zum Scheitern verurteilt. Meist hat ein Jugendlicher Schuldgefühle, wenn er Drogen nimmt, und wäre gerne redlich bemüht, davon loszukommen. Allzu harte Maßnahmen und Panik seitens der Eltern lassen diese Schuldgefühle aber oft in Ärger umschlagen. Der Jugendliche verliert nun jeglichen Antrieb, sein Verhalten zu ändern, hegt dafür aber seinen Eltern gegenüber bitteren Groll und Rachegefühle. Ungeachtet seiner ursprünglichen Motivation wird er nun aus Trotz gegen die Eltern weiterhin Drogen nehmen.

Denken Sie immer daran, daß Gefühle wichtiger sind als Fakten. Ermutigen Sie daher Ihr Kind, sich auszudrücken. Fragen Sie es, wie es sich an dem Tag fühlte, an dem es zum ersten Mal Haschisch rauchte. Fragen Sie es auch, was es dabei empfand und wie es nachher darüber dachte. Solche Fragen haben keinen inquisitorischen Charakter, sie können den Jugendlichen veranlassen, Ihnen sein Herz auszuschütten.

Nur zu oft kümmern sich die Eltern nur um Tatsachen und vergessen dabei die Gefühle des Delinquenten. Sie verhören ihn: «Wie lange nimmst du schon Drogen? Wo hast du das Zeug her? Wer von deinen Freunden hascht? Woher hast du das Geld, um das Zeug zu beschaffen?» Diese Fragen drängen den Jugendlichen meist in die Defensive und erschweren eine Verständigung.

Drittens, inszenieren Sie keine «geographische Kur», indem Sie Ihr Kind zu entfernten Verwandten schicken oder gar selbst den Wohnort wechseln, um den allfälligen «schlechten Einflüssen» zu entgehen. Solche Unternehmen sind meist von vornherein zum Scheitern verurteilt, weil der Jugendliche ja aus psychologischen Gründen Drogen nimmt, die durch eine Ortsveränderung nicht aus der Welt geschafft sind.

Viertens, versuchen Sie die Sachlage genau abzuklären, wenn nötig mit Hilfe eines erfahrenen Psychologen oder Psychiaters. Es gilt zunächst einige grundlegende Dinge abzuklären. Hat der Jugendliche nur mit Drogen experimentiert? Handelt es sich bereits um Drogenmißbrauch? Geht es um harte oder weiche Drogen? Als weiche Drogen gelten: Haschisch, Marihuana, Hustensaft, Muskatnuß, Codein, Stimulantien in geringen Dosen, Sedative, orale Beruhigungsmittel. Harte Drogen sind: LSD, Kokain, Opium, Morphium, Mescalin, Methedrin, Heroin und alle

Rauschgifte, die gespritzt werden.

Ich möchte Ihnen zu Ihrer Information nur einen kurzen Überblick über die verschiedenen Arten von Drogen geben.

1. *Amphetamine oder Anregungsmittel.* Sie wirken auf das zentrale Nervensystem ein, heben die Moral, steigern die intellektuellen Fähigkeiten und schärfen die Sinneswahrnehmungen. Sie werden von den Erwachsenen oft als «Diät-Pillen» geschluckt, ohne daß dabei speziell an Aufputschung gedacht wird. Sie sind in vielen Hausapotheken zu finden. Methedrin ist das stärkste dieser Mittel. Es kommt in verschiedenen Formen vor: Benzedrin, Dexedrin usw. Unter den Jugendlichen zirkuliert das Gerücht, daß Methedrin «tötet», und viele wissen, daß die Depression, die einer Überdosis folgt, tödlich verlaufen kann. Auch Kokain ist ein Anregungsmittel.

2. *Barbiturate oder Schlafmittel.* Dazu gehören viele der Schlafpillen, die man ebenfalls in den meisten Hausapotheken findet. Sie können Vergiftungserscheinungen hervorrufen und sind besonders gefährlich, wenn gleichzeitig Alkohol konsumiert wird.

Die Jugendlichen experimentieren oft mit verschiedenen Mischungen von Anregungs- und Schlafmitteln, um sich in den Zustand einer dauernden Euphorie zu versetzen.

3. *Tranquilizer oder Beruhigungsmittel.* Die Erwachsenen nehmen vermehrt Zuflucht zu Meprobamaten und davon abgeleiteten Beruhigungsmitteln. Man findet diese ebenfalls in vielen Hausapotheken. Sie führen seltener zu Mißbrauch als die anderen Drogen. Sie bewirken eine Reduktion von Angst-, Spannungs- und Erregungszuständen.

In normalen Dosen eingenommen, wirken diese Mittel nicht anregend, dämpfen unsere Sinne nicht und putschen nicht auf. Die Jugendlichen vermischen sie hingegen oft mit Anregungsmitteln, um einen spezifischen ekstatischen Zustand herbeizuführen.

4. *Halluzinogene oder Rauschmittel.* Diese Drogen verändern das Bewußtsein. Sie versetzen den Konsumenten in einen rauschhaften Zustand, in dem er Dinge sieht und fühlt, die nicht wirklich existieren.

Die am häufigsten konsumierte, weil am leichtesten erhältliche, halluzinogene Droge ist Haschisch. Die psychologischen Auswirkungen des Haschisch-Rauchens sind verschieden; sie können eine Modifizierung des Gehörsinns, der visuellen Wahrnehmung und des Zeitbewußtseins zur Folge haben. Die Gedanken des Verbrauchers verschwimmen in einer Art Traumzustand. Haschisch vermittelt (ebenso wie Marihuana) ein Gefühl passiver Verzückung und des Wohlbefindens.

Obschon das Rauchen von Haschisch keine physische Abhängigkeit zur Folge hat, läßt sich bei Jugendlichen, die chronisch zu diesem Rauschgift greifen, das Syndrom der «Nichtmotivation» diagnostizieren. Der Jugendliche verliert jegliches Interesse an der Arbeit und an der Weiterentwicklung. Er läßt sich in einen passiven Dauerzustand gleiten, in welchem sein ganzer Lebenszweck darin besteht, sich den «Stoff» zu beschaffen.

Ein sehr starkes Halluzinogen ist LSD. Der durch LSD hervorgerufene Zustand ist je nach der Persönlichkeit des Konsumenten, der Umgebung, in der die Droge eingenommen wird, und der Dosierung verschieden. Im allgemeinen verändert sich bei Einnahme von LSD die Wirklichkeitswahrnehmung in entscheidendem Maße. Vor allem die Veränderungen der visuellen Wahrnehmungen sind frappierend. Der LSD-Konsument denkt in Bildern. Auch das Zeit- und Selbstgefühl verändert sich in drastischer Weise; man schwebt in einem Zustand der Illusionen und Halluzinationen.

Unter dem Einfluß von LSD hat der betreffende Drogenkonsument entweder eine gute oder schlechte «Reise», d. h. einen guten oder einen schlechten Trip. Der gute Trip vermittelt angenehme Visionen und Empfindungen. Beim schlechten Trip versetzen die Visionen den Konsumenten in Angst und Panik. So suchte mich ein Sechzehnjähriger in meiner Praxis auf, da eine schlechte LSD-Reise bei ihm plötzlich unterdrückte homosexuelle Gefühle aktiviert hatte. Er war von panischer Angst gepeinigt, wirklich homosexuell veranlagt zu sein. Unangenehme Reisen, sogenannte «Flash-backs», können sich auch noch Monate oder Jahre später ereignen.

Es gibt keine Möglichkeit, zum voraus zu wissen, ob man

eine gute oder eine schlechte Reise haben wird. LSD ist ohne Zweifel die gefährlichste halluzinogene Droge, wenn man die Folgen in Betracht zieht, die eine schlechte Reise haben kann. Die Kenntnis davon hat sich auch bei den Jugendlichen durchgesetzt, und der Konsum von LSD ist erheblich zurückgegangen.

5. *Narkotika oder Betäubungsmittel.* Dies sind schmerzstillende Mittel, die betäubend wirken. Die meisten sind Derivate des Opium-Mohns. Morphium ist ein solches Derivat, wie auch Heroin, das chemisch behandeltes Morphium und daher sechsmal stärker ist. Heroin ist das stärkste illegale Narkotikum auf dem Schwarzen Markt, und neunzig Prozent der Süchtigkeitsprobleme gehen auf sein Konto. Es wird unter den verschiedensten Bezeichnungen gehandelt.

Nach einer Heroinspritze fühlt sich die betreffende Person entspannt, hoch in Form, in einem angenehmen, traumähnlichen Zustand. Der Heroinsüchtige bedarf immer größerer Dosen, um dieses Hochgefühl zu erreichen und die unangenehmen Mangelerscheinungen zu vermeiden, da der Körper eine Toleranz für Heroin entwickelt. Mit andern Worten: Der Konsum von Heroin hat eine körperliche und psychische Abhängigkeit zur Folge. Die Körpergewebe bedürfen der Droge. Wie das einzige Ziel des Alkoholikers darin besteht, sich Alkohol zu beschaffen, dreht sich das Leben des Heroinsüchtigen einzig und allein um die tägliche Dosis Heroin. Zum Glück für den Heroinsüchtigen hat sich die Anzahl der Narkotika-Ersatzmittel, die der Arzt während einer Entziehungskur verabreichen kann, erhöht.

Dieser kurze Überblick genügt wohl, um Ihnen eine Vorstellung davon zu geben, worin die große Anziehungskraft der Drogen für den Jugendlichen besteht, der dadurch ein vorübergehendes Vakuum in seinem jungen Leben zu kompensieren sucht. Die Droge verschafft ihm ein sofortiges Glücksgefühl. Alle Jugendlichen haben mit Schwierigkeiten zu kämpfen, die es zu überwinden gilt. Wen wundert es da, daß sie in unserer Gesellschaft, in der man so schnell zur Pille greift, dieses Mittel ebenfalls für sich beanspruchen?

Glauben Sie nun aber ja nicht, wie viele Eltern dies tun, daß

Informationen allein genügen, um den Jugendlichen vom Drogenkonsum abzuhalten. Information allein kann das Verhalten nicht beeinflussen, *nur Änderungen auf der Gefühlsebene können auch Änderungen des Verhaltens bewirken.* Nehmen wir ein Beispiel aus der Welt der Erwachsenen. Es besteht nachgewiesenermaßen ein Zusammenhang zwischen Lungenkrebs, Herzkrisen und Zigarettenrauchen. Wären die Erwachsenen rein verstandesmäßig reagierende Wesen, so müßte man annehmen, daß sie längst keine Zigarette mehr anrühren würden. Dies ist aber ganz offensichtlich nicht der Fall. Die Informationen über die Gefahren des Zigarettenrauchens reichen nicht aus, um die Erwachsenen am Rauchen zu hindern. Rauchen hängt mit einem affektiven Bedürfnis zusammen und kann nur von dieser Warte aus bekämpft werden.

Sie können sich auch an Spezialdienste wenden, wenn Sie Ihrem Teenager helfen wollen, vom Drogenmißbrauch loszukommen. In allen großen Städten gibt es Wiedereingliederungszentren. Informieren Sie sich rechtzeitig darüber.

Und vor allem, lassen Sie sich nicht entmutigen, falls sich der Prozeß, Ihr Kind von Drogen abzubringen, als langwierig erweisen sollte. Das ist kein Problem, das sich gleichsam über Nacht aus der Welt schaffen läßt. Machen Sie sich auch auf Rückschläge gefaßt. In einem solchen Fall hat Ihr Sohn oder Ihre Tochter Sie doppelt nötig. Rügen Sie sie nicht. Glauben Sie mir, sie machen sich selbst Vorwürfe und möchten mit Ihnen üher ihr Versagen und die große Versuchung sprechen können. Wenn Sie Ihrem Teenager helfen, kann er vielleicht noch einmal darüber hinwegkommen.

Auf diese Weise habe ich Ihnen einige Anhaltspunkte gegeben, was ein Vater tun kann, um seinen Sohn oder seine Tochter vor Drogenmißbrauch zu schützen oder sie davon zu heilen. Sie werden finden, daß ich ein sehr düsteres Bild gemalt habe. Aber die Welt der Drogen ist deprimierend, und der Tod auch nur eines einzigen Teenagers infolge einer Überdosis an Rauschgift ist schon zuviel. Wir müssen den Tatsachen ins Auge sehen und uns der Gefahren klar bewußt sein. Ob der Jugendliche in der Früh- oder in der Spätjugend mit Drogen experimentiert, die Prinzipien zur Behandlung des Problems bleiben die gleichen.

An dieser Stelle möchte ich noch einige kurze Bemerkungen zum Problem des Alkohols anfügen. Erstaunlicherweise haben viele Eltern eine panische Angst vor Drogen, bleiben aber dem Alkoholkonsum gegenüber relativ gleichgültig. Alkoholmißbrauch ist für den Teenager ebenso gefährlich wie Drogenmißbrauch, und auf vielen Parties huldigen die Jugendlichen dem einen oder anderen. Wenn Sie feststellen, daß Ihr Sprößling sich betrinkt, müssen Sie die gleichen Methoden anwenden wie beim Drogenmißbrauch.

Zusammenfassend sei nochmals daran erinnert, daß der beste Schutz gegen Drogen und Alkohol eine enge und tragfähige Beziehung zwischen Eltern und Kind ist. Lassen Sie sich durch die Pseudo-Selbständigkeit des Jugendlichen nicht täuschen, er braucht Sie noch.

# Die Spätjugend 10

*(die Sechzehn- bis Zwanzigjährigen)*

In psychologischer Hinsicht verdanke ich beim Abfassen dieses Buches sehr viel der pionierartigen Forschungsarbeit von Dr. Arnold Gesell und seinen Mitarbeitern. Bei ihren gründlichen Untersuchungen verfolgten sie eine Gruppe von Kindern von deren Geburt bis zum sechzehnten Lebensjahr und erstellten ausführliche Charakteristiken für jedes einzelne Lebensjahr*. Ihre Studie hört aber beim Alter von sechzehn auf. Es wäre unehrlich, zu behaupten, daß wir über das Alter zwischen siebzehn und zwanzig die gleichen detaillierten Informationen besitzen, wie sie über den Jugendlichen von der Geburt bis zum sechzehnten Jahr vorliegen. Das heißt aber noch nicht, daß über dieses Alter keine gründlichen Forschungsarbeiten geleistet wurden. Nur hat man sie nicht in derselben Weise nach einzelnen Jahren klassiert.

## *Sechzehn – die Schwelle zum Erwachsensein*

Es ist schwer, mit Bestimmtheit zu sagen, wo die Wasserscheide zwischen Frühjugend und Spätjugend verläuft, und natürlich gibt es bei den einzelnen Jungen und Mädchen in dieser Hinsicht enorme individuelle Unterschiede. Doch scheint mir der

* Arnold Gesell/Frances L. Ilg: *Säugling und Kleinkind in der Kultur der Gegenwart – Das Kind von fünf bis zehn – Jugend. Die Jahre von zehn bis sechzehn,* alle erschienen im Christian-Verlag, Bad Nauheim.

sechzehnte Geburtstag die den Tatsachen wohl am nächsten kommende Demarkationslinie zu sein.

Das *wichtigste psychologische Merkmal Ihres Sechzehnjährigen* ist aber wahrscheinlich, daß er sich jetzt zum größten Teil durch die heftigen emotionalen Kämpfe um die Unabhängigkeit hindurchgearbeitet hat, die mit dreizehn, vierzehn und fünfzehn so bezeichnend für ihn waren. Er fühlt, daß er das Ziel nun mehr oder weniger erreicht hat und sich *eine entspanntere Haltung* leisten kann. Er ist viel selbstsicherer, als er es mit fünfzehn war. Die eigenbrötlerischen Stimmungen und die Griesgrämigkeit von fünfzehn werden von einer ausgeglicheneren und gelasseneren Gemütslage abgelöst – sehr zur Erleichterung der Eltern. Er muß sich nicht länger gegen die Eltern auflehnen, um sich zu beweisen. Sein neues, inneres Gleichgewicht bewirkt auch eine vermehrte Ausgeglichenheit in seinen Beziehungen zu den Eltern.

Sie werden sich erinnern, wie ich im siebten Kapitel darauf hinwies, daß zehn Jahre ein ausgewogenes Alter ist, das in vieler Hinsicht die mittlere Kindheit kennzeichnet. Es ist aber auch das Alter, in dem man auf der Schwelle zu den neu aufbrechenden Kräften der Vorpubertät steht. Sechzehn ähnelt diesem Alter. Mit sechzehn ist der innere Antagonismus zwischen dem Wunsch nach Unabhängigkeit und dem Bedürfnis nach kindlicher Geborgenheit überwunden, und der Jugendliche hat eine vernünftige Balance errungen. Nun steht er auf der Schwelle zu einem neuen und differenzierteren Entwicklungsprozeß, der sich zwischen siebzehn und einundzwanzig abspielt.

*Sechzehn ist ein Übergangsjahr* zwischen der Früh- und der Spätjugend. Dr. Arnold Gesell beschreibt den Sechzehnjährigen als «in der Jugendmitte, eine Art von Prä-Erwachsener». Sein Gefühlsleben hat mehr Ausgewogenheit und Maß. Er ist aufgeschlossener, geselliger, weniger empfindlich und meist guter Laune.

Wie der Zehnjährige lebt auch der Sechzehnjährige im «Hier und Jetzt». Er neigt dazu, sich selbst, seine Mitmenschen und das Leben als selbstverständlich hinzunehmen. Die neugefundene Reife des Sechzehnjährigen äußert sich in seiner Haltung und

Selbstsicherheit im gesellschaftlichen Umgang. Er braucht sich nicht länger in eine Ecke zurückzuziehen, weil er das Gefühl hat: «Das sind Erwachsene, und ich mag keine Erwachsenen.» Jetzt denkt er vielmehr: «Das sind Erwachsene, aber ich bin praktisch ja auch erwachsen, also kann ich ihnen jetzt auf gleicher Ebene begegnen.» So manches Mal wird die Liebenswürdigkeit des Sechzehnjährigen gegenüber Gästen und Freunden der Familie die Eltern in Erstaunen versetzen.

Obwohl sich gegenüber der Frühjugend die Beziehungen innerhalb der Familie wesentlich verbessert haben, verbringt der Sechzehnjährige mehr Zeit außer Haus als mit Eltern und Geschwistern. Er betrachtet sein Zuhause eher als eine Art Hintergrund für seine zahlreichen und verschiedenartigen Aktivitäten. Gesell charakterisiert das sehr gut, wenn er sagt, daß der Sechzehnjährige «sich auf eine glückliche Art von seiner Familie zu entfernen scheint».

Sechzehn ist das Alter für ungezwungene Parties und Zusammenkünfte. Zahlreiche Freundschaften werden geschlossen und bilden einen Teil der sozialen Entwicklung. Jungen wählen ihre Freunde hauptsächlich auf der Basis gemeinsamer Interessen in Sport, Hobbys oder ganz bestimmten Beschäftigungen. Mädchen schließen eher auf rein persönlicher Basis Freundschaft. Sie verbringen viel Zeit damit, über persönliche Beziehungen zu reden und vertrauen einander intime Geheimnisse an. Ihre Unterhaltungen drehen sich meist um Eigenschaften und Persönlichkeit ihrer Freunde. Jungen und Mädchen wählen einander aus all den zahllosen Gründen, aus denen sich Männer und Frauen gegenseitig anziehen. Meistens verstricken sich Jungen und Mädchen mit sechzehn sowohl emotional wie sexuell weit mehr miteinander, als viele Eltern realisieren. Wie man als Eltern darauf reagieren kann, werden wir später in diesem Kapitel behandeln. Im allgemeinen verbringt der Sechzehnjährige den größten Teil seiner Zeit mit seinen Freunden.

Auf Grund seines neugewonnenen Gefühls der Unabhängigkeit handelt der Sechzehnjährige wie ein Erwachsener und kümmert sich selbst um seine persönlichen Angelegenheiten. Er achtet auf sein Äußeres, versucht seine Kleider und sein Zimmer in Ordnung zu halten und seine Aufgaben zu erledigen. Was die Schlafenszeit anbetrifft, so empfindet er sich jetzt als Halberwachsener, der weiß, daß er genügend Schlaf braucht und daß er selbst dafür besorgt sein muß. Auf viele Streitpunkte, bei denen er früher den Drang verspürte, sich selbst zu bestätigen, indem er den Eltern widersprach, reagiert er nun vernünftiger.

Sechzehn ist das Alter, in dem Jugendliche arbeiten dürfen. Für viele Jungen und Mädchen ist das ein lange ersehntes Ereignis: *der erste Job* und damit verbunden natürlich der erste Lohn. Ich kann mich erinnern, wie begeistert ich war, als ich mit sechzehn meinen ersten Ferienjob in einem Architekturbüro antrat und während der Schulzeit dann stundenweise in einer Druckerei arbeitete. Es ist schon aufregend, wenn man das erste Mal von einem *echten* Arbeitgeber bezahlt wird und nicht von der Familie für irgendwelche Arbeiten in Haus und Garten. Der Sechzehnjährige will einen *richtigen* Job, sei es im Warenhaus, bei der Post, bei der Straßenbahn. Dies stärkt sein Selbstbewußtsein und ist für Jungen und Mädchen ein Symbol für den Erwachsenenstatus. Dazu gehört auch, daß sie sich nun meistens ihre Kleider selber kaufen, und sie sind sehr stolz darauf.

Früher wurde Babysitting im allgemeinen von den Mädchen bevorzugt. Aber je mehr die alten Klischees, daß «nur Mädchen Kinder hüten» abgebaut werden, interessieren sich auch die Jungen dafür. Ich persönlich halte das für ein fabelhaftes Training für einen späteren Vater.

Was die *Ausbildung* anbetrifft, zeichnet sich jetzt die Richtung ab, die der Jugendliche einschlagen wird. Die einen entschließen sich definitiv für ein höheres Studium, andere entscheiden sich für eine praktische Berufslehre. Manche Sechzehnjährigen sind sich über ihre Berufswahl noch nicht im klaren, sie reifen langsamer, sind «Spätentwickler» oder haben emotionale Probleme. Spätentwickler brauchen viel Geduld und Verständnis seitens der Eltern und Lehrer.

Aus all diesen Gründen ist es *schwierig, ein einheitliches Bild des «typischen» Sechzehnjährigen zu entwerfen.* Im selben Maß, wie der Sechzehnjährige psychologisch gesehen erwachsener wird, zeigt er auch mehr von der Vielfalt der individuellen

Unterschiede, die er in unserer Gesellschaft entfalten kann, vom Automechaniker bis zum Lehrer, vom Programmierer bis zum Rechtsanwalt.

Vor welcher *Entwicklungsaufgabe* steht Ihr Jugendlicher in diesen Spätjugendjahren? Wie im vorhergehenden Kapitel beschrieben, besteht die zentrale Aufgabe des Jugendlichen darin, seine Identität zu finden. Im Frühjugendstadium versucht der Teenager die Frage nach dem «Wer bin ich?» noch sichtlich im Rahmen der Familie zu beantworten. Er fragt sich: «Bin ich eine unabhängige Person oder immer noch das abhängige Kind an Mutters Schürzenzipfel?»

In der Spätjugend wird sich der Teenager darüber klar, daß er «es geschafft» hat, mit Anstand das Ziel der Unabhängigkeit zu erreichen. Daher ändert sich sein Selbstkonzept zu dem des Halberwachsenen. Jetzt, und erst jetzt, kann er sich mit den *anderen Aspekten der zentralen Entwicklungsaufgabe* der Jugend, dem Erwerb seiner Ichidentität auseinandersetzen. Er muß erstens eine *Berufswahl* treffen und sich entsprechend vorbereiten; zweitens eine befriedigende *Beziehung zum anderen Geschlecht* entwickeln und ein Verhaltensmuster für ein heterosexuelles Liebesleben etablieren; drittens seine *vollständige Loslösung von Eltern und Familie* vollziehen.

## *Hilfestellung bei der Berufswahl*

Beginnen wir mit der Entwicklungsaufgabe der Berufswahl. Das ist ein zweischneidiges Schwert: Auf der einen Seite, und unabhängig von wirtschaftlichen Aspekten, bestimmt die Persönlichkeitsstruktur, welchen Typ von Beruf man wählt. Sie wird im großen und ganzen von den Neigungen, die man befriedigen will, diktiert, sei es beim einen als Architekt, beim anderen als Automechaniker, beim nächsten als Lehrer und beim vierten als Ingenieur. Verpflanzt man den Ingenieur ins Lehrerseminar, läßt man ihn den Platz tauschen mit dem Professor für Literatur, werden beide unglücklich sein, weil ihr Beruf ihre psychologischen Bedürfnisse nicht befriedigt.

Auf der anderen Seite ist der Beruf, den ein Jugendlicher wählt, mitbestimmend für den Erwachsenen, zu dem er sich entwickelt. Der Beruf ordnet dem Menschen eine bestimmte gesellschaftliche Rolle zu. Damit sind gewisse Ziele, Ideale, Sitten und ein bestimmter Lebensstil verbunden.

Die Berufswahl ist also von entscheidender Bedeutung für den Entwicklungsprozeß, der in der Spätjugend bewältigt werden muß. Viele Väter leisten ihren jugendlichen Söhnen und Töchtern dabei nicht die notwendige Hilfe. Meine eigenen Beobachtungen zeigen, daß viele heutige Väter von ihren eigenen Vätern in bestimmte Berufe gedrängt wurden und nun entschlossen sind, ihren Söhnen und Töchtern nicht dasselbe anzutun. Ich glaube, daß diese Haltung, sobald sie zum Extrem geführt wird, falsch ist.

Je komplexer unsere technologische Gesellschaft wird, desto schwieriger gestaltet sich die Berufswahl. Das mindeste, was ein Vater für seinen Sohn oder für seine Tochter tun kann, ist, die Kommunikation aufrechtzuerhalten. Er kann durch die Rückkoppelungstechnik der Resonanzboden sein für die Ansichten des Jugendlichen über dieses Problem, für dessen Zweifel und Schwierigkeiten, die mit der Berufswahl und der Ausbildung zusammenhängen. Unglücklicherweise sind viele Väter nicht einmal das. Über die Berufswahl wird in diesen entscheidenden Jahren zwischen Vater und Spätjugendlichem überhaupt nie ernsthaft gesprochen. Meist diskutieren Jungen und Mädchen dieses Problem nur mit Gleichaltrigen, ein Vorgehen, das auffallend an den Blinden, der den Lahmen führt, erinnert.

Oft diskutieren Väter deshalb nicht mit ihren Kindern über die Berufswahl, weil sie fürchten, als autoritär oder anmaßend angesehen zu werden, oder weil sie sich als Ratgeber bei einer so wichtigen Entscheidung als zu wenig kompetent vorkommen. Viele Väter wissen nicht einmal, wie *viele Hilfsmittel* ihnen zur Verfügung stehen. Schicken Sie Ihren Sechzehnjährigen zum *Berufsberater*, der seine Berufseignung durch erprobte Testverfahren abklärt. Diese *Tests* sollten folgende vier Aspekte *der Per-*

*sönlichkeit und der Intelligenz des Jugendlichen* erfassen: seine Intelligenz, und zwar anhand eines individuellen Tests, und nicht eines Gruppentests; seine Interessen; seine Fähigkeiten und seine Persönlichkeit, bewertet nach den einschlägigen Persönlichkeitstets, wie etwa dem Rorschach-Test. Es ist notwendig, den Intelligenzgrad eines Jugendlichen zu bestimmen, denn er sollte dem Anspruchsniveau des zukünftigen Berufs angemessen sein. Andernfalls könnte er im Beruf entweder versagen oder sich entsetzlich langweilen.

Es überrascht mich immer wieder, wie unrealistisch Eltern manchmal die Intelligenz ihrer Kinder beurteilen. Von einem ausgebildeten Psychologen durchgeführte individuelle Intelligenztests können einem Jugendlichen nicht nur bei seiner Berufswahl helfen, sondern auch bei der Wahl des Ausbildungsweges. Auch hier sind Eltern oft nicht genügend im Bild.

Die Interessen eines Jugendlichen sollten im Rahmen eines *Berufseignungstests* gewertet werden. Es liegt auf der Hand, daß ein Mensch in der Richtung interessiert sein sollte, die mit dem gewählten Beruf zusammenhängt. Allerdings kann man sich durchaus auch für Dinge interessieren, für die man keine Eignung mitbringt.

Die Fähigkeiten eines Jugendlichen spielen eine ausschlaggebende Rolle für den beruflichen Erfolg. Eine der Schwierigkeiten besteht darin, daß viele Jugendliche für Berufe geeignet sind, von deren Existenz sie keine Ahnung haben. Ein Mädchen erklärte mir bei einem Test, daß sie gerne Krankenschwester würde, schnitt jedoch beim Test für Beschäftigungstherapeuten als allerbeste ab. Sie hatte noch nie etwas von Beschäftigungstherapie gehört und wußte nicht, was eine Beschäftigungstherapeutin zu tun hat. Ich wies sie darauf hin, daß dieser Beruf viele der sozialhelferischen Interessen, die sie an eine Krankenschwesterlaufbahn denken ließen, erfüllen könnte und ihre Eignung dafür deutlich ausgeprägt sei.

Der *Persönlichkeitstest* ist ein weiterer, *wichtiger Bestandteil der Berufswahltests.* Jugendliche haben meist stereotype Vorstellungen von der Persönlichkeit, die man ihrer Meinung nach für eine erfolgreiche Laufbahn in bestimmten Berufen braucht, also

Vorsicht: Ein Junge, den ich testete, bewies eine hohe Intelligenz sowie Interesse und Eignung für die Rechtswissenschaften. Aber er war sehr scheu und introvertiert. Obwohl ihn die Rechtswissenschaften faszinierten, war er entmutigt, weil er glaubte, die falsche Persönlichkeit dafür zu haben. Er ging von dem Klischee aus, daß jeder Anwalt brillant und sprachgewandt sein müsse. Ich erklärte ihm, daß dies nur *eine* Seite der Rechtswissenschaften sei, daß es Anwälte gibt, die noch nie ein Wort an eine Jury gerichtet haben und auf ganz andere Gebiete spezialisiert sind. Das eröffnete ihm ganz neue Perspektiven und gab ihm grünes Licht für die Berufslaufbahn, die ihm wirklich zusagte.

Ein anderer Vorteil des Persönlichkeitstests besteht darin, daß er möglicherweise emotionale Blockierungen zum Vorschein bringt, die einem Erfolg in dem gewählten Beruf im Weg stehen können, falls man sie nicht behandelt. Sonst kann es zum Beispiel passieren, daß ein für den Arztberuf bestens geeigneter junger Mann das Studium abbrechen muß, weil er Schwierigkeiten im Umgang mit Patienten und Kollegen hat. Das hätte sich verhindern lassen, wenn schon Jahre vorher ein Berufswahltest diese emotionalen Schwierigkeiten ans Licht gebracht hätte.

Berufswahltests sind aber keine Zaubermittel, die alle Schwierigkeiten und Zweifel bei der Berufswahl beseitigen und dem Jugendlichen die eigene Entscheidung ersparen. Nach der Auswertung zeigt sich, auf welchem Gebiet die Stärken des Probanden liegen und für welche Art von Beruf er sich am besten eignen würde. Test ist nicht die alleinseligmachende Antwort. Bei meiner berufsberaterischen Tätigkeit lasse ich die Jugendlichen eine Beschreibung des Berufs anfertigen, der sie interessiert. Sie müssen Auskunft geben über spätere Anforderungen, mögliches Gehalt, Aufstiegschancen, Arbeitszeit, Ferien und Vorteile, verlangte Ausbildung, Ausbildungsdauer, usw. Außerdem fordere ich sie auf, sich mit Leuten zu unterhalten, die in dem betreffenden Beruf tätig sind. Will ein Junge beispielsweise Zahnarzt werden, schicke ich ihn zu den Zahnärzten seines Wohnortes. Er soll sich bei dieser Gelegenheit auch danach erkundigen, worin sich die Berufspraxis von den Vorstellungen, die sich der Betreffende als Jugendlicher von diesem Beruf machte, unterscheidet. Denn es ist beinahe die Regel, daß die Berufswahl durch die Phantasie gefärbt und verzeichnet wird. Wie ein Beruf wirklich ist, kann man nur in der praktischen Ausübung erfahren.

Das *Problem der Berufswahl* liegt etwas anders *für Mädchen* als für Jungen. Auch wenn mir bewußt ist, daß meine Ansichten über die Unterschiede zwischen der Berufswahl von Mann und Frau in den Augen mancher Leute hoffnungslos altmodisch erscheinen, bin ich doch der Meinung, daß die psychologisch befriedigendste Berufswahl für die meisten Frauen drei Phasen beinhalten sollte: 1. Sich für einen Beruf zu entscheiden und sich dafür ausbilden zu lassen. 2. Zu heiraten und eine Familie zu gründen (was während der Ausbildungszeit, der ersten Berufszeit oder wann immer geschehen kann). 3. Irgendwann später im Leben in den gewählten Beruf zurückzukehren (oder vielleicht zu einer anderen beruflichen Beschäftigung). Diese dritte Phase beginnt für manche Frauen erst zu dem Zeitpunkt, wo alle Kinder ausgeflogen sind, für andere bereits, wenn die Kinder die Schule besuchen. Die Frau kann dann einer Teilzeit- oder Ganztagsbeschäftigung außer Haus nachgehen, ohne durch ihre *Doppelrolle als Mutter und Berufstätige* zu stark belastet zu werden. Der Anteil der Frauen am Arbeitsmarkt wird immer größer, und unsere alten Verhaltensmuster, wer in der Familie die Brötchen verdient und wer sich um die Kinder kümmert, verändern sich rapid.

Es ist daher eine kompliziertere Aufgabe, einer Tochter bei der Berufswahl zu raten als einem Sohn. Nehmen wir einmal an, die Tochter will heiraten und eine Familie gründen, dann tut sie klug daran, einen Beruf zu wählen, in den sie nach dem Flüggewerden der Kinder ohne besondere Schwierigkeiten wieder zurückkehren kann (zum Beispiel Lehrerin). Hat eine Tochter keine Heiratsabsichten (aber man hat schon gehört, daß Frauen in dieser Beziehung ihre Meinung geändert haben?), dann gelten für sie bei der Berufswahl die gleichen Kriterien wie beim Sohn.

Ich möchte aber das Thema der Berufswahl nicht abschließen,

ohne noch auf einen besonders vernachlässigten Beruf hinzuweisen – denjenigen der Elternschaft. Wir fassen den Begriff der Berufswahl viel zu eng und betrachten ihn praktisch als synonym mit der Arbeit, durch die wir unsern Lebensunterhalt verdienen. Für den *Beruf der Elternschaft* werden wir nur wenig oder gar nicht ausgebildet. Abgesehen von wirtschaftlichen Erwägungen ist dies einer der Gründe, warum viele Frauen Beschäftigungen außer Haus annehmen, auch wenn ihre Kinder noch klein sind, und warum sich so viele Männer und Frauen als Eltern unzulänglich vorkommen. Eine Frau braucht eine Ausbildung, um Sekretärin, Ärztin, Anwältin zu werden, aber niemand hat es bisher für notwendig befunden, sie für den Beruf, Kinder großzuziehen, auszubilden. Ein Mann wird als Installateur, Buchhalter oder Architekt ausgebildet, aber nicht als Vater.

Ich hoffe sehr, daß Sie die Notwendigkeit dieser Art von Ausbildung in die Kommunikation mit Ihrer Tochter oder Ihrem Sohn miteinbeziehen. Eine sehr günstige Gelegenheit dazu ergibt sich, wenn sie Ihnen über ihren Babysitter-Job erzählen (und sich über das «Balg» beklagen, das sie hüten müssen). Das ist ein guter Zeitpunkt, um darauf hinzuweisen, daß von niemand erwartet werden könne, mit einem «Balg» umzugehen, der nicht die leiseste Ahnung von Kinderpsychologie und dem Beruf des Elternseins hat. Sie können einschlägige Bücher zur Lektüre empfehlen.

### *Liebe und Sexualverhalten – eine Gewissensfrage*

Die zweite Entwicklungsaufgabe der Spätjugend besteht darin, zu einer befriedigenden *Beziehung zum anderen Geschlecht* zu kommen und *dauerhafte Verhaltensmuster* der heterosexuellen Liebe auszubilden. Im Kapitel über die Frühjugend wies ich darauf hin, daß Ihr Teenager lernen muß, mit seinen neuen sexuellen Impulsen in der Pubertät zurechtzukommen, und daß seine ersten Versuche damit gewöhnlich linkisch und unsicher und seine Gefühle zwiespältig sind. Dazu erwacht in der Frühjugend die Familien-Romanze zu neuem Leben. In der Spätjugend sind der Junge oder das Mädchen dann ernsthaft bereit, es mit dem anderen Geschlecht zu versuchen.

Dabei gibt es große individuelle Unterschiede, aber im allgemeinen beginnt die Bewegung hin zum anderen Geschlecht mit Gruppenzusammenkünften und Gruppenparties. Der nächste Schritt ist oft ein Ausgehen zu viert, was schließlich zur Zweisamkeit führt. Natürlich gibt es in diesem Muster viele Variationen. Ein sechzehnjähriger Junge ist vielleicht absolut uninteressiert an Parties oder am Ausgehen, aber auf einmal entdecken seine Eltern, daß er eine Freundin hat.

Im Laufe dieser graduellen Entwicklung von Gruppenparty über Vierertreffen zur Zweisamkeit überwindet der Jugendliche allmählich seine Ängste und Hemmungen. Dieses allgemeine Muster hat sich in den Zeitläufen nicht verändert. Was sich in den letzten Jahren verändert hat, ist die Geschwindigkeit, mit der Ängste und Hemmungen hinsichtlich Sex von den heutigen Jugendlichen über Bord geworfen werden. Dies geht klar hervor aus einer kürzlich erschienenen Studie über Jugendsexualität in Amerika von Dr. Robert Sorensen, einem Sozialpsychologen. Es ist die bisher umfassendste Untersuchung über das sexuelle Verhalten der amerikanischen Teenager. Die Informationen stammen aus mehr als 600 Interviews mit Jugendlichen im Alter von dreizehn bis zwanzig, die einen repräsentativen Querschnitt der amerikanischen Teenagerbevölkerung darstellen.

Die sehr aufschlußreichen Befunde dieser Untersuchung decken sich weitgehend mit den Erfahrungen vieler Therapeuten, die oft und sehr vertraulich mit Jugendlichen sprechen, wenn auch viele Eltern davon schockiert sein werden. 52 % aller befragten Jugendlichen zwischen dreizehn und neunzehn hatten sexuelle Beziehungen, ehe sie das zwanzigste Lebensjahr erreicht haben. Beinahe 40 % der ersten sexuellen Erfahrungen fanden bei den Jungen oder Mädchen zu Hause statt. Das Auto war nur noch bei 20 % Ort der Handlung. Unter den nicht mehr unberührten Jugendlichen hatten 71 % der Jungen und 56 % der

Mädchen den ersten Verkehr mit fünfzehn. Nur 5 % der nicht mehr unberührten Jungen und 17 % der Mädchen warteten, bis sie achtzehn oder neunzehn waren.

Die *Einstellung zum Sex* bei den heutigen Jugendlichen weist eine *auffallende Veränderung* zu früher auf. So fanden 85 % der befragten Jugendlichen ihr «Sexleben für ihr Alter ganz normal». 84 % glauben, daß sie zu ziemlich schlüssigen Ergebnissen darüber gekommen sind, was recht oder unrecht sei. Im Gegensatz zu den vergangenen Jahren, wo es noch üblich war, daß ein Junge eine Jungfrau heiraten wollte und ein Mädchen verachtete, das seine Jungfräulichkeit verloren hatte, sind 65 % der männlichen Jugendlichen mit der Feststellung «Ich würde kein Mädchen heiraten, das nicht mehr Jungfrau ist» nicht einverstanden. 71 % der Jungen erklären sich nicht damit einverstanden, daß «ein Mädchen, das vor der Ehe mit einem Mann schläft, dessen Achtung verliert».

Die Untersuchung zeigt aber auch, daß eine stille Minderheit von Jugendlichen immer noch an früheren Ansichten und Einstellungen festhält. 21 % aller Jugendlichen hatten weder sexuelle Kontakte noch je Verkehr gehabt. Die Untersuchung definiert «sexuelle Unerfahrenheit» als «das völlige Fehlen jeglichen sexuellen Kontakts mit einer anderen Person, der auf eine angenehme physische Reaktion hinzielt oder daraus resultiert, außer Küssen». (Es muß dabei beachtet werden, daß nach dieser Definition ein Jugendlicher, der masturbiert, immer noch als sexuell unerfahren gilt, da er keine intimen Sexbeziehungen zu einer anderen Person hatte.) Sexuelle Unerfahrenheit nimmt mit dem Älterwerden rapid ab. Der Prozentsatz von Jugendlichen, die sexuelle Erfahrungen haben, steigt von 68 % im Alter von fünfzehn auf ungefähr 90 % im Alter von sechzehn. Mit neunzehn sind nur noch etwa 5 % aller Jugendlichen sexuell unerfahren.

Der Autor faßt die Ergebnisse seiner Untersuchung folgendermaßen zusammen: «Man kann sehen, daß von den amerikanischen Jugendlichen eine neue Art von Liebe entwickelt wird, die in starkem sexuellem Kontext steht. Gegenseitigkeit und Hingabe werden von vielen jungen Leuten stark unterstrichen, wenn sie beschreiben, was sie unter Liebe verstehen. Eine Folge davon ist die nachlassende Notwendigkeit, Sex als fundamentale Bedingung für eine Liebesbeziehung zu fordern. Volle 82 % aller Jugendlichen bestritten, daß Sex das Wichtigste in einer Liebesbeziehung sei, wobei die Erfahrenen diese Überzeugung nicht weniger fest vertraten als die noch Unberührten.»

Was bedeuten diese Erkenntnisse? Als Psychologe kann ich nicht raten, wie man sich ethisch, moralisch oder religiös zu dieser Situation stellen soll. Wir leben in einer Gesellschaft pluralistischer Moralgrundsätze und religiöser Werte. Sogar in der gleichen kirchlichen Gemeinschaft gehen beispielsweise unter den Eltern von Jugendlichen die Meinungen weit auseinander, was den *Maßstab des sexuellen Verhaltens* betrifft, den sie sich für ihre Teenager wünschen. Das bedeutet, daß Sie sich *aufgrund Ihrer eigenen Wertsetzungen* Ihre Meinung bilden müssen.

Wir können die Eltern Spätjugendlicher, gemäß ihren sexuellen Ansichten und Maßstäben, in vier Gruppen unterteilen. Da ist zuerst die Gruppe, die an der Ansicht festhält, daß Sex und sexueller Verkehr der Ehe vorbehalten bleiben müssen. Ich kenne solche Eltern, und sie geben diese Ansicht unverblümt an ihre Kinder weiter. Aus meiner praktischen Erfahrung als Psychologe weiß ich aber auch, daß viele dieser Eltern keine Ahnung von den sexuellen Aktivitäten ihrer Kinder haben.

Die zweite Gruppe sind jene Eltern, die eine Art Vogel-Strauß-Politik betreiben. Sie sind meist ziemlich gut im Bild über die sexuellen Beziehungen ihrer Kinder, verbergen diese Kenntnis aber vor sich selbst. Wie mir ein Vater in der Therapiestunde sagte: «Wenn Betty sexuelle Beziehungen mit diesem Jungen hat, dann will ich es nicht wissen.» Allein die Tatsache, daß er überhaupt davon sprach, weist darauf hin, daß er es auf irgendeiner Bewußtseinsebene bereits *wußte* und sich damit beschäftigte. Die Botschaft der ersten Elterngruppe ist klar: Wir wollen, daß du dir den Sex für die Ehe aufhebst. Die Botschaft der zweiten Elterngruppe ist doppelbödig und unentschlossen: Wir wissen selbst nicht, welche sexuellen Maßstäbe wir für dich wollen, also nehmen wir ganz einfach an, daß du dich in keinerlei sexuelle Aktivitäten einläßt. Auf diese Art müssen wir uns auch nicht mit den Folgen befassen.

Die dritte Elterngruppe vermittelt ihren Kindern eine ähnliche Einstellung: Wir glauben, es ist besser, du wartest, bis du älter und reifer wirst, ehe du sexuelle Erfahrungen oder Verkehr hast. Aber wir sind der Meinung, daß eine unerwünschte Schwangerschaft eine ziemlich üble Sache ist. Und deshalb möchten wir, daß du ganz genau über alle Verhütungsmittel informiert bist und weißt, welche zuverlässig sind und welche nicht. Zu einer Tochter sagen sie wahrscheinlich: Wir sind zwar nicht einverstanden, daß du in deinem Alter schon sexuelle Beziehungen hast, aber wenn du glaubst, du mußt die Pille haben, geben wir lieber unser Einverständnis, als das Risiko einer unerwünschten Schwangerschaft einzugehen. Die Statistiken in Dr. Sorensens Untersuchung (und ebenso die Erfahrungen von Psychologen und Psychiatern, die regelmäßig Jugendliche in ihrer Praxis sehen), weisen darauf hin, daß unerwünschte Schwangerschaften tatsächlich ein Problem für viele Jugendliche darstellen. 11 % aller nicht mehr jungfräulichen Mädchen zwischen dreizehn und fünfzehn und 28 % aller nicht mehr jungfräulichen Mädchen zwischen sechzehn und neunzehn gaben an, mindestens einmal schwanger gewesen zu sein.

Es ist ein weitverbreiteter Aberglaube, daß die heutigen Teenager intensiven Gebrauch von der Pille als Verhütungsmittel machen. Dr. Sorensens Untersuchung, und auch meine Erfahrungen aus der klinischen Praxis, bestätigen diesen Aberglauben nicht. So geben zum Beispiel 55 % aller nicht mehr jungfräulichen Jugendlichen an, daß weder sie noch ihr Partner beim ersten Verkehr irgendeine Verhütungsmethode anwandten. Als häufigste Verhütungsmethode wurde von den Mädchen die Pille angegeben (33 %). Als zweithäufigste der Coitus interruptus, das Zurückziehen des Glieds aus der Scheide vor der Ejakulation (17 %). In meiner eigenen klinischen Praxis habe ich die unglaublichste Naivität über Verhütungsmethoden erlebt, wenn Teenager mir über ihre sexuellen Erfahrungen berichteten. Ich denke da an ein Mädchen, das über ein Jahr lang keinerlei Verhütungsmittel benutzte und durch ganz unwahrscheinliches

Glück nicht schwanger wurde. Ich denke an all jene, die Coitus interruptus betreiben, ohne zu wissen, wie unzuverlässig diese Methode ist. Viele der Mädchen benutzten Scheidenschaum, weil sie davon gehört oder gelesen hatten und weil man ihn einfach in der Apotheke kaufen kann, auch hier nicht wissend, wie unzuverlässig dieses Verhütungsmittel sein kann. Diese Erfahrungen zeigen, daß die heutigen Jugendlichen – weit davon entfernt, in der Technik der Geburtenkontrolle versiert zu sein – sogar in hohem Grade unwissend sind.

Und wie könnte es auch anders sein. Wo sollten sie sich die notwendige Aufklärung über die verschiedenen Techniken der Geburtenkontrolle beschaffen? Diese Art Information wird beim sogenannten Aufklärungsunterricht meist ausgelassen, und die meisten Jugendlichen erfahren darüber auch nichts von ihren Eltern. 68 % aller Mädchen und 80 % aller von Dr. Sorensen befragten Jungen erklärten, daß ihre Eltern ihnen keinerlei Tatsachen über die Geburtenkontrolle mitgeteilt hatten.

Die dritte Gruppe von Eltern, die ich vorher beschrieben habe, die ihren Kindern nahelegt, Sex und Verkehr «vorsichtig» anzugehen, ist also, mit der Norm verglichen, immer noch eine sehr offene und direkte Informationsquelle für ihre Teenager.

Dann gibt es schließlich noch eine vierte Elterngruppe; ihre Haltung ist, kurz zusammengefaßt, folgende: Sie glauben, daß es zwei wirklich gefährliche Dinge für den Jugendlichen auf seinem Weg zu einer gefestigten, heterosexuellen Einstellung gibt. Das eine ist die unerwünschte Schwangerschaft, das andere eine Frühehe. Diese Einstellung übermitteln sie ihren Kindern so: «Die Zeiten haben sich geändert. Als ich jung war, herrschte eine große Verlogenheit über den Sex. Ich habe zu Hause überhaupt keine Aufklärung erhalten, eine Menge Dinge getan, von denen meine Eltern nichts wußten, und mich grauenhaft schuldig gefühlt. Heute denke ich darüber anders, und ich möchte nicht, daß du dasselbe durchmachen mußt. Ich wünsche mir, daß du jemanden heiratest, mit dem du eine glückliche und befriedigende Ehe führen kannst, auch in punkto Sex. Ich weiß, daß dein Weg dahin anders ist, als meiner es war. Eine der Gefahren, die du vermeiden mußt, ist eine unerwünschte Schwangerschaft. Deshalb gebe ich dir angemessene Informationen über Geburtenkontrolle und erlaube dir, diese Mittel zu benutzen, wenn du in deiner Beziehung mit deinem Partner an diesen Punkt kommst. Ich vertraue dir und glaube, daß du nicht wahllos mit jedem schlafen wirst. Ich weiß, daß du zuerst eine tiefe Liebesbeziehung zu jemandem haben willst, ehe du körperlich intim mit ihm wirst. Ebensowenig möchte ich, daß du dich zu früh in eine Ehe stürzt. Die Statistik zeigt, daß von drei Ehen heute eine mit Scheidung endet, bei Frühehen sogar jede zweite. Ich weiß, daß manche Paare früh heiraten, damit sie ‹legal› miteinander schlafen können. Ich weiß, daß manche Paare früh heiraten, weil das Mädchen ein Kind erwartet, und sie glauben, heiraten zu müssen. Ich weiß, und die Statistik gibt mir da recht, daß bei einer in älteren und reiferen Jahren geschlossenen Ehe die Chancen für einen Erfolg wesentlich größer sind. Ich wünsche mir, daß du einige Erfahrungen mit dem anderen Geschlecht hast, bevor du heiratest. Ehepsychologen schätzen, daß heute 50 % aller Ehepaare ernsthafte sexuelle Probleme haben. Vielleicht ließe sich das durch vermehrte und vertiefte sexuelle Erfahrungen vor der Ehe verhindern. Auf jeden Fall möchte ich nicht, daß du glaubst, Sex sei für dich nur durch Ehe erreichbar, und daß du dich in eine frühe Ehe stürzen mußt, nur um deine sexuellen Bedürfnisse zu befriedigen.

Ich möchte unsere Kommunikation immer so offen halten, daß du mich jederzeit fragen und mit jedem Problem in dieser Hinsicht zu mir kommen kannst, ohne das Gefühl zu haben, ich schaue dich schief an.»

Natürlich vermittelt keine der vier Elterngruppen die hier beschriebenen Ansichten und Maßstäbe ihren Kindern in *einem* solchen Gespräch oder in *einer* bestimmten Situation. Meist werden diese Ansichten auf tausend verschiedene Arten, verbal und nicht verbal, weitergegeben.

Über Jahre habe ich beobachtet, wie merkwürdig wenig Eltern ihren Kindern *irgendeine* Sexualerziehung mitgegeben haben und wie wenige fähig waren, die Kommunikation über Sex aufrechtzuerhalten. Meist wohl deshalb, weil der Jugendliche – zu Recht oder zu Unrecht – glaubt, daß er es nicht wagen darf, mit seinen Eltern über die Dinge zu sprechen, die er wirklich getan hat, weil sie ihn sonst verachten würden.

Als Wissenschaftler ist es nicht an mir, Ihnen zu sagen, zu welcher Elterngruppe Sie gehören oder welche Maßstäbe Sie Ihrem Sohn oder Ihrer Tochter vermitteln sollten. Das ist eine Frage Ihrer persönlichen ethischen, moralischen und religiösen Einstellung. Ich möchte lediglich betonen, daß, ganz gleich welcher Art *Ihre Wertmaßstäbe* sind, es *wichtig ist, sie Ihrem Kind mitzuteilen.* Auf dem Gebiet des Sex ist die Kluft zwischen Eltern und Jugendlichen am allergrößten. Eines der erstaunlichsten Ergebnisse von Dr. Sorensens Untersuchung ist, daß 80% aller Jugendlichen eine ganze Menge Achtung vor den Idealen und Anschauungen ihrer Eltern haben. Also lassen Sie Ihr Kind diese Ideale und Anschauungen wissen. Selbst wenn *der Jugendliche* später gegen diese Ansichten rebelliert, *er will wissen, woran er ist.*

Manche Eltern haben das Gefühl, daß sie im Leben ihrer Teenager nicht mehr viel gelten und daß ihre Söhne und Töchter nicht wirklich auf das hören, was sie ihnen sagen. Diese Eltern haben gewöhnlich unrecht. Ich möchte noch einmal betonen: Lassen Sie sich nicht durch Äußerlichkeiten täuschen. Selbst wenn Sie psychologisch bei Ihrem Teenager mehr im Hintergrund stehen, sind Sie doch noch eine sehr wichtige Person für ihn. Er muß wissen, wie Ihre Ansichten sind, ohne daß Sie die seinen verachten. Sprechen Sie offen mit ihm, wenn Sie das Gefühl haben, er mache einen ernsthaften Fehler.

Für manche Väter mögen die Ergebnisse aus Dr. Sorensens Untersuchung, die neue Haltung und das Sexverhalten der Spätjugendlichen, tief schockierend und verwirrend sein. Sie wünschen sich sehnlichst, die Dinge wären noch wie «in der guten alten Zeit», als Eltern noch nicht mit der neuen sexuellen Freiheit ihrer Kinder fertig werden mußten. Aber Wunschdenken dreht die Uhr nicht zurück. Die heutigen Jugendlichen sind nun einmal so. Wahrscheinlich haben Sie außerdem noch mit den psychologischen Überhängen aus Ihrer eigenen Jugend zu kämpfen. Auf jeden Fall sollten Sie versuchen, die Kommunikationskanäle offenzuhalten, so daß der Jugendliche nicht das

Gefühl hat, Sex sei im Gespräch mit Ihnen tabu.

Spätjugendliche bemühen sich, ihre Fähigkeit zur *Intimität* mit dem anderen Geschlecht zu entwickeln, und die Sexualität ist nur ein Teil dieses Kampfes. Ein Gymnasiast oder Lehrling hat nur sehr wenig tiefgreifende oder intime Erfahrung mit dem anderen Geschlecht. Seine «erste Liebe» ist ein sehr wesentliches Erlebnis für ihn. Während früher zu dieser ersten Liebe keine intimen sexuellen Erfahrungen gehörten, ist das heute anders. Aber das Problem heißt nicht nur Sex. Der Jugendliche ist ein Neuling im Geben und Nehmen in der Liebe. Er lernt, jemandem nahe zu sein und zu ihm eine offene und echte Beziehung zu haben. Er lernt das Selbstvertrauen, daß er als Individuum geliebt werden kann, aufzubauen. Welche sexuellen Erfahrungen Ihr Teenager in seiner frühen Jugend auch gemacht haben mag, sie waren wahrscheinlich immer selbstbezogen und narzißtisch. Psychologisch gesehen war er vor der Spätjugend noch nicht reif, um das Problem der Intimität anzugehen. Jetzt beginnt er schrittweise *eine weniger selbstbezogene Orientierung seiner gefühlsmäßigen und sexuellen Bedürfnisse* vorzunehmen. Er beginnt zu lernen, daß das Wohl des anderen ebenfalls wichtig ist. Zum ersten Mal in seinem Leben ersetzt eine intensive emotionale Bindung, die Gefühl und Erotik vereint, die intensive Bindung an einen Elternteil.

Wenn das passiert, werden viele Eltern eifersüchtig, ob es ihnen bewußt ist oder nicht. Sie finden es sehr verwirrend, daß ein «Fremder» oder eine «Fremde» jetzt die Hauptfigur im Leben ihres Kindes darstellt.

Auch wenn solche Schülerlieben meistens nicht andauern, so sind sie doch für das spätere Erleben von Bedeutung. Sie bilden eine Art Rollenstudium dafür, wie man mit einem Vertreter des anderen Geschlechts auf einer intimen Ebene umgehen kann. Sie sollten von den Eltern ernstgenommen und niemals verniedlicht oder lächerlich gemacht werden!

## *Die letzte Etappe: der Jugendliche ist flügge*

Wir kommen jetzt zur dritten und letzten Entwicklungsaufgabe des Spätjugendlichen, die der *vollständigen Ablösung von Eltern und Familie.*

Der Unterschied zwischen dem Früh- und Spätjugendlichen – was seine Bestrebungen angeht, sich von Eltern und Familie zu lösen – ist der, daß der Frühjugendliche immer noch der Kindheit und damit der Abhängigkeit nahe ist, gegen die er kämpft. Also sucht er sich durch ein «Schnellprogramm» zu befreien und tut dies auf überall aneckende Weise. Wenn Sie Glück haben, überwindet Ihr Jugendlicher diese Gefühle recht bald, so daß er sich während seiner Spätjugendzeit auf ruhigere Art von der Familie emanzipieren kann.

Er wird für sich sein wollen, für die Schule oder seine Interessen arbeiten. Er wird sich versuchsweise mit diesem oder jenem beschäftigen und damit herumexperimentieren. Er wird Unmengen von Zeit mit seinen Freunden verbringen, Jungen und Mädchen. Er wird seine erste Liebe und seine ersten intimen Beziehungen zum anderen Geschlecht erleben. Bei all diesen Aktivitäten bildet die Familie den notwendigen stabilen Hintergrund. Eltern sind jetzt eher angenehme Stützen, denn schimpfende Monstren, gegen die man dauernd kämpfen und sich auflehnen muß.

Es ist aber auch möglich, daß Ihr Teenager in der Frühjugend konformistisch war und seine offene Rebellion für die Spätjugend aufgespart hat. Jeder Teenager ist ein Individuum und macht eine individuelle Entwicklung durch. Aber im allgemeinen beginnt Ihr Teenager in der Spätjugend wie ein Halberwachsener zu reagieren, der auf der Schwelle zum Vollerwachsensein steht. Er verliert seine kindliche, völlig egozentrische Perspektive der Welt. Wenn Sie Glück haben, betrachtet er Sie und seine Mutter nun als Menschen mit einem eigenen Leben, und nicht nur als Despoten, die versuchen, ihn zu unterdrücken, und gegen die er kämpfen muß.

Wenn Ihr Sohn oder Ihre Tochter erst in späteren Jahren revoltieren, dann haben sie eine Menge emotionaler und intellektueller Waffen, mit denen sie ihre Eltern empfindlich treffen können. Unglücklicherweise drehen viele Eltern den Spieß dann um und kritisieren den angreifenden Jugendlichen erbarmungslos. Das vertieft nur die Generationenkluft, verschärft die Fehde und macht die Dinge noch schlimmer. So sehr Sie es auch auf der intellektuellen Ebene zu verstehen suchen, auf der Gefühlsebene ist er für Sie einfach undankbar. Er entfernt sich gefühlsmäßig von Ihnen und verläßt Sie. Wie kann er nur, nach allem, was Sie für ihn getan haben? Und da Sie nicht in die Zukunft sehen und *fühlen* können, machen Sie sich auch nicht klar, daß Sie beide – nachdem er sich gefühlsmäßig durch die Jugendzeit von Ihnen entfernt hat – *eine neue, befriedigende Beziehung aufbauen* können, nämlich die *eines älteren Erwachsenen zu einem jüngeren Erwachsenen.*

Die Spätjugend ist für manche Eltern doppelt hart, weil sie mit einer sehr schwierigen Periode ihres eigenen Lebens zusammenfällt, derjenigen der mittleren Jahre und der oft damit verbundenen Krise. Konfrontiert mit den emotional schwierigen Belastungen der mittleren Jahre, gilt es nun gleichzeitig mit den emotionalen Bomben fertig zu werden, die der Jugendliche auslegt. Ist es da ein Wunder, daß die Eltern Spätjugendlicher eine schlimme Zeit durchmachen? Aber denken Sie daran, seit Jahrhunderten sind Eltern dieser Doppelaufgabe gegenübergestanden und haben sie gemeistert. Auch wenn es Zeiten gibt, wo Sie entmutigt und verzweifelt vor den Problemen stehen, die der Versuch mit sich bringt, einen Jugendlichen erfolgreich großzuziehen, auch Sie werden es schaffen!

Vielleicht habe ich ein zu düsteres Bild dieser spätjugendlichen Jahre von sechzehn, siebzehn und achtzehn gemalt, mit ihren neuen sexuellen Maßstäben, der Drogengefahr, dem für dieses Alter so typischen Fortstreben von den Eltern, den Neuanpassungen der mittleren Jahre der Eltern, die oft zur gleichen Zeit stattfinden, wo ihre Kinder Spätjugendliche werden. Deshalb wollen wir auch nicht die lichteren Seiten des Bildes vergessen. Einer großen Anzahl Spätjugendlicher droht keine Gefahr von Drogen, und sie liegen sich auch nicht emotional mit den Eltern in den Haaren. Auch wenn sie in ihrer eigenen Aktivität ganz ausgeprägt sind, unterhalten sie doch noch freundliche und herzliche Beziehungen zu den Eltern.

Ob Ihr Sohn oder Ihre Tochter nun eine Lehre machen, in den Beruf eintreten oder die Universität oder eine andere Fortbildungsschule besuchen, meiner Ansicht nach ist es für sie von Vorteil, außer Hause zu leben. Während dieser Ausbildungsjahre macht der Jugendliche enorme emotionale und psychologische Veränderungen durch. Es ist für ihn und seine Eltern außerordentlich schwierig, freundschaftlich unter einem Dach zu leben. Selbst wenn er während seiner Studienzeit oder seinen ersten Berufsjahren zu Hause leben *will*, bin ich der Meinung, daß die Eltern darauf bestehen sollten, daß er für sich lebt, um Erfahrungen zu sammeln.

Ist er dann aber aus dem Hause, müssen Sie sich mit einigen unerfreulichen Realitäten abfinden. Die eine ist, daß Ihr Spätjugendlicher Ihnen sehr wenig schreiben wird. Wie meine Tochter in ihrem *ersten* Brief schrieb, als sie bereits zweieinhalb Monate auf der Universität war: «Jeder macht darüber Witze, daß man nur nach Hause schreibt, wenn man Geld braucht. Ich schreibe jetzt also – und ich brauche Geld!»

Wie die meisten Eltern fühlen Sie sich wahrscheinlich vernachlässigt und gekränkt, aber denken Sie daran: Die Tatsache, daß Sohn oder Tochter nicht oft schreiben, bedeutet nicht, daß sie aufgehört haben, Sie zu lieben. Und wenn sie selbst auch nur selten schreiben, so schätzen sie es doch sehr, wenn man ihnen schreibt. Der Jugendliche ist ja zum ersten Mal im Leben ganz auf sich selbst gestellt und muß wissen, daß er zu Hause eine sichere Basis hat.

Kommen Sohn oder Tochter am Wochenende oder an Feiertagen nach Hause, müssen Sie für das gewappnet sein, was Sie erwartet. Bringen sie Freunde mit, versuchen Sie sie mit Respekt zu behandeln. Nörgeln Sie nicht an Kleidung, Haaren und all dem herum, was in Ihrer Jugendzeit anders war. Der Jugendliche wird auch nicht viel Zeit mit seinen Eltern verbringen, er will mit seinen Freunden zusammen sein.

Eltern neigen dazu, beleidigt zu sein, weil Sohn oder Tochter nur wenig Zeit für sie haben. Noch einmal: Auch das ist das typische Verhalten für diese Jahre. Trotzdem wurmt es die Eltern, und sie sagen sich: «Da gebe ich all das Geld für ihre Ausbildung aus, und dann kommen sie heim und benehmen sich wie Fremde. Das ist der Dank!» Trösten Sie sich, lieber Vater – sie sind eben doch noch nicht erwachsen. Und wenn die Spätjugendzeit schließlich vorbei ist, wenn das Berufsleben beginnt, dann werden Sie sich gegenseitig als Erwachsene verstehen. Bereits nach dem ersten Jahr außer Haus werden Sie einen Fortschritt sehen und die Beziehung mehr auf die Erwachsenenebene verlegen können.

Es gibt spezielle Umstände, die Ihnen hoffentlich während dieser Jahre erspart bleiben, und das sind Notfälle. Ein Notfall kann in verschiedener Form auftreten: Durchfallen beim Examen, Drogenprobleme, unerwünschte Schwangerschaft, Autofahren in angetrunkenem Zustand. Falls Sie einen unerfreulichen Anruf oder Brief erhalten, hoffe ich nur, daß Sie nicht mit voller Wucht über Ihren Sprößling herfallen. Ich hoffe statt dessen, daß Sie ihn anhören. Geben Sie ihm Gelegenheit, Ihnen zu berichten, was wirklich vorgefallen ist, und benutzen Sie wieder die Rückkoppelungstechnik, um ihn wissen zu lassen, daß Sie verstehen, wie er fühlt. Vor allem aber, egal, welcher Art die Krise ist, halten Sie die Kommunikationsleitungen offen. Wie Sie jetzt reagieren, kann bestimmend für sein ganzes Leben sein.

Aber nehmen wir an, Ihr Sohn oder Ihre Tochter bleiben zu Hause. Vom psychologischen Standpunkt aus empfehle ich das nicht, aber vielleicht ist es finanziell nicht anders möglich. Ich selbst habe während meiner Studienzeit zu Hause gelebt, und für die Beziehung zu meinen Eltern war das gar nicht gut. Ich kann mich immer noch an einige Konflikte erinnern, die am Eßtisch ausgetragen wurden, wenn ich meine neuerworbenen «ismen» anbrachte, um meine Eltern zu provozieren. Da werden Feststellungen auf Sie zukommen, wie: «Ehe ist ein alter Hut. Die moderne Form des Zusammenlebens heißt Gruppensex!» oder: «Heute nimmt doch jeder Drogen!» Widerstehen Sie der Versuchung, auf solche Provokationen zu reagieren. Wenn Sie es fertigbringen, eine einigermaßen sachliche Diskussion über das Thema zu führen, tun Sie es. Wenn nicht, lassen Sie die Finger davon.

Ein anderes allgemein übliches Phänomen dieser Jahre ist das Zimmer Ihres Spätjugendlichen, das zu seiner Festung wird und worin er, außer vielleicht den Mahlzeiten, meist seine ganze Zeit verbringt. In manchen Fällen spricht er kaum mit seinen Eltern und benimmt sich mehr wie ein Besuch, der vorübergehend im Hause weilt, denn als Familienmitglied. Auch das bedeutet nicht, daß er Sie haßt oder ablehnt, sondern daß er in der Schlußphase seiner gefühlsmäßigen Ablösung von Ihnen steckt. Diese Schlußphase kann emotional nur schmerzvoll sein. Wenn Sie es sich leisten können, erlauben Sie Ihrem Spätjugendlichen, lieber eine eigene Bude oder Wohnung zu nehmen, als zu Hause zu leben. Sie werden sich gegenseitig sehr viel mehr schätzen.

Komischerweise mögen seine Eltern für seine Freunde fabelhafte Menschen sein, aber er selbst kann sie nicht ausstehen. Der Grund dafür ist, daß der Spätjugendliche immer noch psychologisch daran arbeiten muß, sich loszulösen; manchmal kann er das nur, wenn er einen gewissen Groll gegen seine Eltern in sich ansammelt.

Natürlich kann es auch sein, daß nichts von dem hier Besprochenen auf Ihren Sohn oder auf Ihre Tochter zutrifft. Vielleicht leben sie zu Hause und unterhalten trotzdem eine vernünftige und freundliche Beziehung zu Ihnen. Wenn das so ist, um so besser. Freuen Sie sich über Ihr Glück, und lassen Sie sie zu Hause leben. Vielleicht hat Ihr Jugendlicher keine Pläne für seine Zukunft und beginnt sofort zu arbeiten. Das ist seine Entscheidung, und Sie sollten ihn darin unterstützen. Wenn er aber arbeitet, sollte er finanziell für sich aufkommen. In einer solchen Situation ist es am besten, er nimmt sich eine eigene Wohnung. Wenn er aber zu Hause lebt, sollte er für sein Zimmer und sein Essen bezahlen.

Einen Fehler sollten Sie nicht begehen, nämlich, Ihrem Spätjugendlichen zu erlauben, weder eine Ausbildung zu machen noch zu arbeiten, sondern ganz einfach zu Hause zu leben. Versucht er das, dann sollten Sie liebevoll, aber fest einen harten Standpunkt einnehmen: «Wenn du irgendeine Schule besuchen oder eine Ausbildung haben willst, werden deine Mutter und ich dich auch weiterhin finanziell unterstützen. Wir sind der Meinung, daß es zu unseren Elternpflichten gehört, dir zu einer anständigen Ausbildung zu verhelfen. Wenn deine Ausbildung beendet ist, sind es unsere finanziellen Verpflichtungen auch. Also mach dich selbständig und alles Gute!»

Ich erwähne das besonders deshalb, weil ich viele Spätjugendliche kenne, die herumgammeln oder in Kommunen leben, weil sie angeblich versuchen, «ihre Identität zu entdecken» und «sich selbst finden» wollen. Der einzige Weg, dabei finanziell zu überleben, ist der Scheck von zu Hause. Ich halte das für einen Fehler und glaube, daß Eltern unter diesem Deckmantel des «Sich-selber-Findens» genau das «Sich-selber-*nicht*-Finden» unterstützen. Einer der besten Wege, wie Eltern diesen Spätjugendlichen helfen können, ist, den Geldhahn zuzudrehen. Dann müssen die jungen Leute lernen, finanziell auf eigenen Füßen zu stehen.

Das Bild, das ich hier von der Beziehung zwischen Ihnen und Ihrem Spätjugendlichen gemalt habe, ist keineswegs dasjenige ungetrübter Freude und Harmonie. Deshalb möchte ich noch einmal erwähnen, daß Sie vielleicht eine sehr friedliche, tragfähige und gefühlsmäßig dankbare Beziehung zu Ihrer spätjugendlichen Tochter oder Ihrem Sohn finden können. Sie kann aber auch anstrengend, schwierig und mit schmerzlichen und häßlichen Gefühlen auf beiden Seiten verbunden sein. Aber ich möchte dieses Kapitel doch mit einer positiven Note beenden. Der Hauptgrund für die Schwierigkeiten in der Beziehung zu einem Spätjugendlichen von achtzehn, neunzehn oder zwanzig liegt darin, daß er die Schlußphase der Ablösung von seiner Kindheitsabhängigkeit durchmacht, seine Identität finden und auf seinen eigenen Füßen als Erwachsener stehen muß. Manche Spätjugendliche – und das hängt von ihrem gutartigen Temperament ab und von einer sehr guten Beziehung zu Ihnen, die ihren Ursprung in den Vorschuljahren hat – mögen fähig sein, die verbliebenen Bindungen an die Eltern ziemlich sanft und angepaßt abzulösen. Andere, mit stürmischerem Temperament und nicht so guten Beziehungen aus früheren Jahren, lösen sich mit Stürmen, Schmerzen und Ungestüm.

Aber wie schwierig die Beziehung zu Ihrem Spätjugendlichen auch sein mag, wenn Sie sich Mühe geben und die Kommunikationsleitungen offenhalten, ändern sich die Dinge drastisch, sobald er vom Stadium der Spätjugend in das des frühen Erwachsenseins überwechselt. Bleibt zu hoffen, daß diese neue und positive Beziehung dann für den Rest Ihres Lebens andauert. Damit wäre Ihre Aufgabe als Erzieher beendet und der Zweck meiner Funktion als Ratgeber erfüllt.

# Der alleinstehende Vater 11

Ich möchte nicht schließen, ohne noch kurz auf die speziellen Probleme einzugehen, die geschiedene, bzw. «alleinstehende» Väter zu bewältigen haben. Zu den allgemein gültigen Erziehungsaufgaben, die sich jedem Elternteil stellen, kommt in diesem Fall hinzu, daß der Vater zuerst einmal selber mit dem sogenannten «Scheidungsschock», nämlich dem Verlust der intakten Familie und der Trennung von den Kindern, fertig werden muß*. Aber auch Kinder empfinden den Schock der Trennung, wenn der Vater auszieht; sie fühlen sich im Stich gelassen. Es ist daher besonders wichtig, ihnen das Gefühl zu geben, daß Sie sie genauso lieben wie vorher, auch wenn Sie nicht mehr zusammenleben.

Sie können zum Beispiel mit Ihrem Kind telefonieren. Nur dürfen Sie nicht erwarten, daß es am Telefon sehr gesprächig sein wird. Lassen Sie sich davon nicht enttäuschen, Ihr Anruf bedeutet dem Kind mehr, als Sie ahnen.

Sie können Ihrem Kind auch Briefe oder kleine Botschaften schicken, die seinem Alter angemessen sind, und ihm so zeigen, daß Sie es nicht vergessen haben. Das gilt beileibe nicht nur für kleine Kinder, auch Sechzehnjährige brauchen solche Zeichen der Verbundenheit!

Genauso wichtig ist es, daß Sie für Ihr Kind erreichbar sind. Geben Sie ihm die Möglichkeit, sich an Sie zu wenden, Sie anzurufen, Sie zu sehen, wenn es das Bedürfnis hat.

* In diesem Zusammenhang sei das Buch von Mel Krantzler, *Der Weg aus dem Scheidungsschock* (Scherz Verlag, 1975) erwähnt, das auch auf das Verhältnis des geschiedenen Vaters zu seinen Kindern eingeht.

Am meisten hat das Kind natürlich von Besuchen. Die regelmäßigen, in der Scheidung vereinbarten Treffen, die seinem Leben einen gewissen Rhythmus geben, helfen, das Gefühl des Verlassenseins zu überwinden. Wichtig ist dabei nur, daß diese Besuche auch vom Vater eingehalten werden, denn das Kind braucht sie und freut sich darauf. Und wenn es einmal wirklich nicht geht, so erklären Sie es Ihrem Kind, damit es sich nicht im Stich gelassen fühlt.

Betrachten Sie andererseits die Besuchsregelung nicht als ein starres Schema. Sofern nicht Ressentiments zwischen den geschiedenen Ehepartnern es unmöglich machen, sollte ein Vater sein Kind (oder seine Kinder) auch einmal überraschend zu irgendeinem besonderen Anlaß einladen.

Am Anfang ist es vielleicht schwer für Sie, sowohl seelisch wie praktisch, Ihr Kind ein ganzes Wochenende «zu Besuch» zu haben, ganz allein mit ihm zu sein, sich mit ihm zu beschäftigen. Beginnen Sie also mit häufigeren kurzen Besuchen oder besser noch, laden Sie Ihr Kind zum Eisessen, ins Kino, zu einer Sportveranstaltung oder etwas ein, das Ihnen beiden Freude macht, bis Sie sich darauf eingestellt haben, ein Wochenende, d. h. zwei volle Tage mit ihm zu verbringen. Denken Sie stets daran, daß die Qualität der miteinander verbrachten Zeit wichtiger ist als die Quantität.

Hüten Sie sich vor Schuldgefühlen, die Sie dazu verführen, den Kindern gegenüber allzu nachsichtig zu sein oder sie mit Geschenken zu überhäufen. Fahren Sie aber fort, Ihrem Kind ein Taschengeld zu geben, so wie Sie es bisher getan haben. Und falls Sie es noch nicht taten, so fangen Sie damit an. Das hat nichts mit Verwöhnen zu tun, sondern ist ein ganz normales Zeichen Ihrer Liebe. Ein Taschengeld sollte ein Kind sich nicht «verdienen» müssen. Das Kind darf auch ruhig wissen, daß Sie der Mutter regelmäßig Geld schicken, damit sie Essen, Kleider usw. kaufen kann. Das gibt dem Kind das Gefühl, daß Sie weiter für die Familie sorgen und sich um sie kümmern.

Vergessen Sie nicht, daß es auch für die geschiedene Mutter nicht einfach ist, ganz alleine die Erziehung der Kinder zu übernehmen. Kinder geschiedener Ehen sind besonders stark seelischem Druck ausgesetzt. Sie können unter Ängsten, Zweifeln und auch Schuldgefühlen leiden. Daher ist es besonders wichtig, daß der Vater beiträgt, ein gutes «psychologisches Klima» zu schaffen. Gerade der geschiedene Vater sollte Bescheid wissen über die einzelnen Etappen der psychischen Entwicklung des Kindes von der Geburt bis zum Erwachsenenalter, damit er gewisse Verhaltensweisen als normale Erscheinungen erkennt und sie nicht als Folge der Scheidung betrachtet (und sich schuldig fühlt). Dann kann er weiterhin seiner Vaterrolle gerecht werden und seinem Kind helfen, ein glücklicher, ausgeglichener Mensch zu werden. Und selber ein glücklicher Vater sein.